Fixez des limites à votre enfant

Robert J. MacKenzie

Fixez des limites à votre enfant

... et réduisez les conflits !

Ixelles éditions

Traduction : Christophe Billon

Titre original : *Setting limits with your strong-willed child*

1ère publication : Three Rivers Press

ISBN 978-2-87515-010-3
D/2009/11.948/11
Dépôt légal : 2e trimestre 2009
Imprimé en Belgique

Ixelles Publishing SA
Avenue Molière, 263
B-1050 Bruxelles

E-mail : contact@ixelles-editions.com
Site Internet : www.ixelles-editions.com
Ixelles éditions est une division de Ixelles Publishing SA

Introduction

Vous souhaitez découvrir ce qui est susceptible de *ne pas fonctionner* dans la vie ? Rien de plus simple : mariez-vous, montez votre société ou élevez un enfant difficile ! J'ai fait les trois et je peux vous dire qu'élever un enfant difficile est l'expérience qui m'a le plus appris sur moi-même, les autres et l'importance de poser fermement des limites claires.

Je suis fier d'être le père de deux merveilleux fils. L'aîné a mon caractère. Il est coopératif, sensible et veut toujours faire plaisir. En règle générale, il fait ce qu'on lui demande et j'ai appris à compter sur sa coopération. « C'est facile d'être parent », me suis-je dit pendant les trois premières années. Mais les choses ont changé à la venue de mon second. Je n'étais absolument pas préparé à l'expérience qui allait suivre.

Il lambinait au moment des repas et de la séance d'habillage, rechignait à ranger ses jouets et son fouillis et était toujours le dernier à être prêt. Son rythme semblait ne jamais être en phase avec celui du reste de la famille. Il présentait plusieurs traits de caractère très marqués, mais celui qui ressortait le plus était une détermination doublée d'un entêtement incroyable.

Quand je lui demandais de coopérer, il comprenait ce que j'attendais de lui mais, la plupart du temps, il refusait tout bonnement de s'exécuter. Les demandes simples et polies qui fonctionnaient à merveille avec son frère restaient lettre morte. Il en faisait constamment à sa tête avec une détermination redoutable. Je faisais de mon mieux pour obtenir sa coopération : je répétais, rappelais les choses, je l'avertissais, le cajolais, lui donnais une seconde chance, le suppliais, le soudoyais et négociais. C'était non seulement épuisant, mais, le pire, c'est que cela ne fonctionnait pas !

Au bout d'un moment, je perdais patience et me mettais en colère. J'élevais la voix et le menaçais de le priver de ses jouets et activités préférés pendant longtemps. Cela marchait... parfois. Quand je parvenais à mes fins, je me sentais affreusement mal car je m'étais promis de ne jamais traiter mes enfants de la sorte. Je mettais alors de nouveau la pédale douce et revenais aux sempiternelles séances de répétitions, rappels et persuasions qui avaient échoué la première fois. C'était incroyable !

J'étais censé savoir comment procéder car j'avais une maîtrise de psychologie, une solide expérience en matière de développement de l'enfant et je passais à cette époque un doctorat en psychologie du conseil. Pour une raison que j'ignore, aucun de ces atouts ne me permettait d'obtenir la coopération du plus jeune de mes fils. Je faisais de mon mieux avec les outils dont je disposais, mais en vain. Et je ne savais pas quoi faire d'autre. Je commençais à me demander si quelque chose ne tournait pas rond chez moi ou chez lui.

Par chance, j'ai pu acquérir les outils me faisant défaut auprès de véritables professionnels. En 1979, j'ai participé à des travaux de recherche sur l'efficacité des enseignants à l'université de Californie. Ma mission était d'observer des enseignants efficaces évoluer dans leur classe et de consigner les actes et paroles favorisant l'instauration d'un climat de coopération et de réussite.

Je ne m'en suis pas rendu compte sur le moment, mais les professeurs que j'ai observés excellaient dans l'art de fixer des limites. Ils ne capitulaient pas face aux étudiants peu coopératifs ou irrespectueux et n'essayaient pas de les dominer à coups de menaces, de séances d'humiliation ou en faisant planer l'ombre des conséquences irrémédiables de leurs actes. Ils tenaient bon, gardaient un ton empreint de respect, envoyaient des messages clairs qu'ils renforçaient avec des actions efficaces. Ils obtenaient une coopération et un respect importants en laissant une impression de facilité.

Le plus beau, c'est que leurs méthodes fonctionnaient aussi bien avec les étudiants dociles ou difficiles, ou encore ceux qui se situaient entre ces deux catégories. Ces enseignants étaient prêts à dicter leurs règles en douceur ou avec la manière forte. Cela importait peu car ils disposaient des outils pour mener leur mission à bien.

L'importance de cette découverte n'a influé sur ma vie familiale que lorsque j'ai commencé à employer ces outils pour l'éducation de mes deux fils. J'ai même obtenu la coopération du plus jeune ! Il me testait et résistait moins et a commencé à consentir à mieux coopérer, à l'image de son frère. Les luttes de pouvoir quotidiennes ont commencé à se faire plus rares. Pour la première fois depuis des années, j'étais de nouveau dans la peau d'un parent efficace. Il m'avait simplement manqué les bons outils pour réussir.

J'estimais que si j'étais parvenu à obtenir ces résultats, les autres devaient aussi en être capables. En 1985, j'ai piloté un atelier pour enseignants qui a été accueilli de manière extraordinairement positive. Les méthodes étaient claires, faciles à assimiler et, surtout, elles fonctionnaient avec tous les types d'élèves et d'étudiants, pas seulement avec les éléments dociles. L'atelier est devenu un livre, *Setting Limits in the Classroom*, testé et adopté avec bonheur par des milliers d'enseignants aux États-Unis, au Canada et en Europe.

En 1987, j'ai commencé à animer ce même atelier à l'intention des parents, avec la même réussite. Là aussi, l'atelier est devenu un livre, *Setting Limits*, dont la popularité a crû aux États-Unis, au Canada et en Europe.

Avec le recul, je me rends compte que je ne suis pas différent de la plupart des parents et enseignants qui participent à mes ateliers. Ils ne viennent pas chercher des solutions aux problèmes qu'ils rencontrent avec des enfants sans histoires. Ils s'inscrivent car ils s'épuisent à relever les défis lancés par l'éducation de rejetons difficiles. Comme moi, ces enseignants et parents possèdent déjà des outils, mais pas les bons car ils ne conviennent pas au tempérament et au mode d'apprentissage de leurs enfants.

Fixez des limites à votre enfant vous apporte les informations et outils nécessaires pour comprendre votre progéniture, mettre un terme à ses écarts de conduite et luttes de pouvoir et dicter vos règles de la façon la plus claire et accessible possible. Vous allez pouvoir dire adieu à toutes les méthodes inefficaces et usantes qui ne vous mènent nulle part. Fini les séances de répétitions, de rappels, les tentatives pour raisonner votre enfant, les explications sans fin, les disputes, les réprimandes, les menaces, les punitions et les contraintes. Quand vous aurez appris à délivrer avec fermeté des messages clairs et à accompagner votre discours d'actions efficaces, votre enfant comprendra ce que vous voulez. Cet ouvrage va vous montrer comment vous y prendre. Ces méthodes doivent être une alternative salutaire aux extrémités inefficaces que sont la répression et la permissivité.

Ce livre est divisé en deux parties qui vous aideront à répondre à deux questions élémentaires : « Que se passe-t-il ? » et « Que faire pour y remédier ? ». Les chapitres 1 à 5 sont destinés à vous aider à reconnaître la dynamique qui s'instaure entre vous et votre enfant et à identifier les mesures qui ne donnent pas de bons résultats. Sans cette prise de conscience, il est difficile, voire impossible, de ne pas répéter les mêmes erreurs, car la plupart sont commises inconsciemment.

Le chapitre 1 va vous permettre d'identifier le tempérament de votre enfant, ainsi que le vôtre, et de découvrir l'influence du tempérament sur le comportement. Dans le chapitre 2, vous verrez comment votre enfant difficile assimile vos règles et pourquoi le processus enseignement-apprentissage échoue souvent. Dans les chapitres 3 et 4, vous identifierez votre approche en matière de fixation de limites et déterminerez si ces dernières sont fermes ou floues.

Le chapitre 5 vous permettra de reconnaître votre danse familiale. Presque toutes les familles évoluant sans limites claires ou efficaces possèdent leur propre danse, qu'elles répètent inlassablement dans les situations conflictuelles. L'un des principaux objectifs de ce livre est de vous libérer de ces danses.

Vous serez prêt à apprendre de nouvelles techniques une fois que vous aurez compris ce qui *n'a pas fonctionné* dans votre cas. Les chapitres 6 à 11 constituent la base du programme d'acquisition de compétences et habiletés. Vous y apprendrez à véhiculer des messages clairs avec vos propres mots, à tuer dans l'œuf les luttes de pouvoir et à faire suivre votre discours de mesures efficaces.

Savoir mettre un terme aux écarts de conduite est une habileté importante, mais les messages clairs et les seules conséquences des actes ne motivent pas toujours les enfants ou ne permettent pas de leur indiquer les habiletés nécessaires pour se comporter de manière acceptable. Les chapitres 9 et 10 vous montreront comment procéder. Dans le chapitre 9, vous apprendrez à inciter votre enfant difficile à coopérer sans le menacer, le soudoyer ou le contraindre. Le chapitre 10 vous fournit diverses stratégies simples mais efficaces pour apprendre à résoudre des problèmes à un enfant ne disposant pas des habiletés nécessaires pour bien se comporter.

Apprendre les méthodes présentées dans cet ouvrage est relativement facile. La plupart sont claires et plutôt simples. Pour la majorité des personnes, la partie la plus difficile est de résister à l'envie de reprendre ses anciennes habitudes. Objectivement, vous jugerez peut-être ces méthodes propices à l'obtention des résultats souhaités, mais leur application et les changements associés engendreront peut-être chez vous ou chez votre enfant, dans les premiers temps, un sentiment d'inconfort. Vous serez soumis à une pression et rencontrerez de la résistance de la part de votre enfant, mais aussi en votre for intérieur. Le chapitre 11 vous aidera à comprendre et affronter cette résistance et à vous préparer aux changements qui s'annoncent.

Vous serez sans doute tenté de mettre en pratique vos nouvelles habiletés et compétences au fur et à mesure, mais je vous conseille de commencer par lire l'intégralité du livre avant d'appliquer les nouveaux préceptes. Pourquoi ? Parce que les outils forment un ensemble et se complètent. Votre nouvel arsenal ne sera complet qu'une fois acquise la faculté d'utiliser conjointement actes et paroles.

Quand vous aurez terminé la lecture de ce livre, reportez-vous aux suggestions formulées pour commencer les travaux pratiques, après le chapitre 11. Ces conseils vous aideront à démarrer sur un rythme confortable et vous fourniront un calendrier pour l'ajout de nouveaux outils dans votre boîte.

Attendez-vous à commettre des erreurs les premiers temps. Peu importe. Se tromper fait partie de l'apprentissage. Votre objectif doit être de vous améliorer pas d'atteindre la perfection. Et plus vous pratiquerez, plus vous progresserez. Visez la cohérence mais ne soyez pas trop intransigeant avec vous-même quand vous vous fourvoyez. En cas de problème inattendu, reportez-vous aux chapitres correspondants pour obtenir des conseils.

Plus la cohérence entre vos méthodes et celles des personnes qui comptent dans la vie de votre enfant sera importante, plus vite s'améliorera son comportement. Partagez vos méthodes avec l'enseignant de votre enfant, le personnel de la crèche, les proches, les amis et quiconque gravite dans sa sphère. Leur soutien portera ses fruits.

Enfin, la plupart des exemples figurant dans ce livre reflètent de véritables cas rencontrés dans mon activité de consultation familiale. Les méthodes de ce livre ont aidé des milliers de parents et d'enseignants à vivre des relations plus satisfaisantes avec des enfants difficiles, dans une atmosphère de coopération. Si vous souhaitez consacrer du temps et de l'énergie à l'apprentissage des habiletés présentées, vous en serez vous aussi récompensé. Je vous souhaite une bonne lecture.

Chapitre I

Comprendre l'enfant difficile

Bruno, 4 ans, est particulièrement difficile. Il commence sa journée en refusant de porter les vêtements choisis par sa mère, puis lambine pendant les vingt minutes suivantes tandis que celle-ci le pousse et le supplie de s'habiller. Arrivé à table pour prendre son petit-déjeuner, il prend un air dégoûté et se plaint de ne pas aimer ce qui lui est proposé. « Je ne veux pas entamer un bras de fer », se dit sa mère tout en préparant le repas spécial de Bruno. Elle fait part à son mari de ses inquiétudes à propos du régime alimentaire de Bruno mais est surtout préoccupée par la colère que ce dernier va piquer s'il n'obtient pas ce qu'il veut. Son mari pense qu'elle lui cède trop souvent, avis partagé par ses deux filles. « C'est pas juste ! se plaignent-elles. Il n'en fait toujours qu'à sa tête. »

Quand Bruno a enfin franchi le seuil de la porte, sa mère opterait bien pour une sieste. Mais ce n'est que le début. Le deuxième acte a lieu l'après-midi, lorsque Bruno revient de la crèche. Parfois, sa mère se demande combien de temps elle va pouvoir tenir.

Christelle, 6 ans, est gentille et obéissante un moment puis se met en colère et défie tout le monde l'instant d'après. La moindre chose la met hors d'elle : un imprévu, un événement étranger à la routine ou simplement des choses qui ne se passent comme elle le voudrait. Les colères sont monnaie courante. « Vivre avec Christelle, c'est comme faire des tours de montagnes russes, dit sa mère. C'est épuisant ! » Les parents de Christelle punissent ou cèdent en fonction de leur degré de fatigue, mais rien ne semble y faire. Ils se demandent si le comportement de leur fille est normal et s'ils sont responsables de cette attitude.

Alex, 9 ans, se met facilement en rogne et agit souvent sans réfléchir. Quand tout ne se déroule pas comme il veut à l'école ou dans le quartier, il hurle, insulte, menace et parfois frappe les autres enfants. Alex a été renvoyé trois fois cette année pour avoir manqué de respect à des enseignants et s'être battu dans la cour. Et nous ne sommes qu'au milieu de l'année. « Quel dommage que l'on ne donne plus de fessées à l'école, regrette le père d'Alex. Quand Alex se comporte en sale môme à la maison, nous lui passons un savon puis nous lui donnons une fessée. Il faut qu'il comprenne ! Nous avons menacé de le priver de télévision pour le restant de l'année s'il se fait renvoyer encore une fois. »

Élise, 12 ans, veut devenir une grande avocate. Elle est brillante, passionnée et très obstinée. Elle va se disputer avec n'importe qui si elle estime avoir une chance d'obtenir ce qu'elle veut. Elle n'hésitera pas à jouer la comédie, à être grossière et irrespectueuse si elle pense avoir une chance de parvenir à ses fins. « Je n'aurais jamais imaginé qu'elle puisse un jour nous parler comme elle le fait, se plaint son père. Nous tournons les choses dans tous les sens mais cela se termine systématiquement par une dispute. »

Cela vous rappelle quelqu'un ? Si l'un de ces enfants ressemble au vôtre, sachez que vous n'êtes pas seul au monde. Chaque année, je vois plus d'une centaine d'enfants décrits par leurs parents et enseignants comme difficiles, surexcités, têtus, désordonnés, colériques, voire carrément impossibles. Si un seul terme ne peut qualifier tous les enfants ou la plupart de ceux que je rencontre, il en est un qui revient très souvent : « difficile ». Il s'agit d'enfants normaux affichant un comportement extrême, difficiles à élever et à canaliser.

Les enfants difficiles ne sont pas les acteurs d'une quelconque conspiration dont le but serait de mener la vie dure aux autres. Ils se comportent tout simplement en enfants difficiles. Ils vous testent plus en profondeur et plus souvent, résistent plus longtemps, crient plus fort, jouent plus la comédie et poussent le bouchon plus loin que nous ne pouvons l'imaginer. Il s'agit d'enfants au pouvoir important et particulièrement influents qui suscitent de fortes réactions chez les autres.

Pour les enseignants et chefs d'établissement, 10 à 15 % des enfants sont à l'origine de 90 % des problèmes disciplinaires. Éduquer ces enfants représente un véritable défi pour les parents. Je les appelle affectueusement « mes gosses » car je passe beaucoup de temps à leurs côtés, aussi bien au travail qu'à la maison. Eh oui, je suis fier d'être le père d'un fils difficile ! Mon cadet est un amour, mais l'élever, c'est du boulot ! Et il n'est pas le moins du monde impressionné par le fait que j'écrive des livres sur les enfants difficiles ou que je sois censé savoir comment m'y prendre. À la maison, je ne bénéficie d'aucune trêve ni d'une quelconque immunité professionnelle. Il s'oppose avec vigueur à mes règles et à mon autorité. Il m'est arrivé de me demander s'il avait un comportement normal.

Les enfants difficiles ne sont pas les acteurs d'une quelconque conspiration dont le but serait de mener la vie dure aux autres. Ils se comportent tout simplement en enfants difficiles. Ils testent.

Vous demandez-vous parfois si le comportement de votre enfant est normal ? Vous craignez peut-être d'être à l'origine de ce comportement. Dans ce cas, vous serez soulagé d'apprendre que, la plupart du temps, les parents ne sont pas à l'origine du problème. Ces derniers font généralement de leur mieux avec les outils disciplinaires dont ils disposent. Le problème n'est pas non plus l'enfant. Les enfants difficiles sont tout simplement eux-mêmes. Le véritable problème est l'inadéquation entre le tempérament de l'enfant et les méthodes des parents en matière de discipline. Les outils des parents ne sont pas adaptés à la mission qu'ils doivent mener. Résultat prévisible ? Des conflits et des luttes de pouvoir.

Quand les parents débarquent dans mon bureau en quête d'assistance pour élever leur enfant difficile, l'une de mes premières tâches est de les aider à comprendre le tempérament de leur progéniture. Nous étudions ensuite l'adéquation entre leurs outils disciplinaires et le tempérament de l'enfant, puis discutons des conflits et frictions prévisibles en cas d'inadéquation.

C'est ce que vous réserve le présent chapitre. Une nouvelle perspective vous attend. Vous n'êtes pas le problème mais vous êtes en grande partie la solution. Vous avez parfaitement le pouvoir d'améliorer cette adéquation entre les outils employés et le tempérament de l'enfant.

Qui est cet enfant difficile ?

Mon fils cadet, Ian, est un élément fort de notre famille et une grande source de fierté et de joie. Il est brillant, créatif, sensible et très déterminé. Il lui arrive de penser qu'il est plus déterminé à former ses parents que nous le sommes à l'élever. Il nous force à rester vigilants. Si nous ne sommes pas clairs, faisons preuve d'un manque de cohérence ou paraissons indécis quand nous lui demandons de faire quelque chose, Ian nous le dit. Il tient bon de façon à nous envoyer un signal clair.

À l'instar de la plupart des enfants difficiles, Ian cerne bien l'objectif et sait comment l'atteindre. Il pousse jusqu'à parvenir à ses fins et, une fois le but atteint, il va encore un peu plus loin afin de sonder les limites. Quand il voit que la limite est solide, il cesse de se faire prier, au moins pendant un moment, et l'accepte. Mais Ian persiste avant de parvenir à cette extrémité. C'est épuisant ! Mon fils aîné, Scott, accepte généralement de coopérer sans se faire beaucoup prier.

Comment réagiriez-vous si vous demandiez à deux enfants de coopérer dans le respect et obteniez deux réponses radicalement différentes ? Le prendriez-vous mal ? Vous demanderiez-vous si quelque chose ne tourne pas rond ?

Les tests permanents si caractéristiques du comportement des enfants difficiles rendent fous la plupart des parents. Je me demandais : « Pourquoi fait-il cela ? » Je ne pousserais jamais quelqu'un à bout comme le fait Ian avec moi.

Votre enfant remet-il en cause vos règles et votre autorité ? Agit-il ainsi depuis qu'il est tout petit ? Réagissez-vous de manière extrême et vous demandez-vous si votre enfant est normal ? Bienvenue au club. L'heure est venue d'apprendre à bien faire connaissance avec votre rejeton. Voici des vérités classiques sur les enfants difficiles qui vont vous aider à mieux cerner votre enfant ainsi que vos réactions face à son comportement.

Les tests permanents si caractéristiques du comportement des enfants difficiles rendent fous la plupart des parents.

- **Les enfants difficiles sont normaux**. Vous avez probablement craint que votre enfant ne soit anormal quand un enseignant ou un proche bien intentionné a souligné le caractère extrême de son comportement. Extrême ne signifie pas pour autant anormal.

  La plupart des enfants difficiles sont normaux, mais avec des traits de caractère bien définis. Ils

ne sont atteints d'aucune lésion cérébrale, ne souffrent pas de perturbations ni de troubles émotionnels. Si certains peuvent avoir des problèmes, ce n'est pas le cas de la majorité.
En outre, rien ne dit qu'il ne doit vous arriver qu'une seule chose à la fois dans votre vie. Certains enfants difficiles ont des problèmes d'apprentissage, souffrent d'hyperactivité et présentent d'autres besoins spéciaux, mais une forte volonté n'est pas synonyme d'anormalité.

- **Les enfants difficiles ne se ressemblent pas tous**. Chaque enfant difficile est un être unique qui a son tempérament. Deux enfants difficiles ne se comporteront jamais de manière identique. Certes, ils testent tous leurs parents et se comportent de manière excessive, mais pas tous de la même façon, ni avec la même intensité. Certains sont plus faciles, d'autres plus difficiles, et d'autres encore pratiquement ingérables.

- **Il n'est pas facile de comprendre les enfants difficiles**. Notre tempérament sculpte notre façon de penser, d'apprendre et de nous comporter. Quand les autres pensent et se comportent comme nous, nous nous identifions facilement à eux et comprenons sans problème ce qu'ils vivent. Mais quand il existe de grandes différences de fonctionnement, la compréhension ou l'identification à l'autre pose problème. « Comment peut-on faire cela ? » nous demandons-nous. Ce comportement n'a de notre point de vue aucun sens. C'est précisément la raison pour laquelle il n'est pas évident de comprendre les enfants difficiles. À mesure que vous apprendrez des choses sur le tempérament de votre enfant et sur l'influence de son caractère sur son comportement, une attitude qui vous semblait auparavant troublante prendra alors tout son sens.

Quand il existe de grandes différences de fonctionnement, la compréhension ou l'identification à l'autre pose problème.

- **Les enfants difficiles requièrent beaucoup de conseils et de discipline**. Cet énoncé semble bien entendu évident. Les enfants qui vous testent souvent doivent être sans cesse recadrés. Mais si vous prenez cet énoncé comme une réalité de la vie et non comme une source de tracas, votre attitude et votre point de vue changent. Les miens ont évolué. J'ai arrêté d'éprouver de la colère et du ressentiment quand mon fils me testait. J'ai pris conscience que sa mission était de me tester et la mienne, de l'orienter dans la bonne direction. C'est la main que nous avions chacun dans notre jeu. Ma nouvelle vision des choses n'a pas modifié son comportement mais m'a grandement facilité la vie. J'ai cessé de prendre son comportement pour une attaque personnelle.

- **Les méthodes disciplinaires semblant fonctionner avec les autres enfants ne portent pas leurs fruits avec les enfants difficiles**. Pourquoi les enfants régissent-ils si différemment à une même demande ? L'un coopère, l'autre résiste. L'enfant réfractaire constitue-t-il le problème ? Ou est-ce la demande qui pose problème ? La plupart des parents se sentent perdus quand leurs conseils fonctionnent avec un enfant mais pas avec l'autre. La situation est moins perturbante si vous prenez en compte le rôle du tempérament des différents enfants. Les enfants dociles répondent favorablement à la plupart des approches disciplinaires, même celles qui ne sont pas efficaces, car ils éprouvent un désir profond de coopérer. Ils permettent aux parents de bénéficier d'une grande marge d'erreur. En revanche, les enfants difficiles ne répondent pas aux mesures disciplinaires inefficaces. Ils ont besoin de conseils clairs, fermes et cohérents. Dans leur cas, une discipline inefficace conduit tout droit à des luttes de pouvoir.

Avec un enfant difficile, une discipline inefficace conduit tout droit à des luttes de pouvoir.

- **Les enfants difficiles apprennent différemment de leurs pairs**. Ils optent plutôt pour la « manière douloureuse », à savoir qu'ils subissent souvent les conséquences de leurs choix et comportements avant de tirer les leçons de ce que nous essayons de leur enseigner. Leur dire simplement qu'il ne faut pas jouer au ballon dans la maison ne suffit pas. Les enfants difficiles ont besoin de se faire confisquer le ballon pendant un certain temps à chaque fois qu'ils décident de tester la règle et d'enfreindre l'interdiction. Il faut parfois qu'ils répètent ce petit jeu plusieurs fois avant de considérer cette règle comme incontournable. Leur comportement n'est pas malicieux mais peut s'avérer très frustrant et déroutant car il est aux antipodes de l'attitude des enfants dociles, qui obtempèrent à la première injonction.

- **Les enfants difficiles provoquent des réactions extrêmes chez les autres**. Comment vous sentez-vous quand votre enfant remet en cause vos règles et conteste votre autorité ? Vous êtes en colère, frustré, dérouté, vous vous sentez menacé, intimidé, gêné, coupable, incompétent, découragé, épuisé ?
  Vous éprouvez tous ces sentiments à la fois ? Il s'agit de réactions normales à un comportement extrême. Les enfants difficiles mettent souvent les mariages à rude épreuve, sont à l'origine de conflits entre frères et sœurs et de problèmes familiaux.

- **Moyennant des conseils avisés, les enfants difficiles peuvent devenir dynamiques, coopératifs et responsables**. Une fois découverte la volonté hors norme de votre enfant, la première question est la suivante : comment la gérer ? Les options qui s'offrent à vous sont claires. Vous le combattez et essayez de le contrôler. Vous pouvez lui céder et le laisser vous contrôler. Vous pouvez faire un mélange des deux approches. Mais vous pouvez également accepter le caractère de votre enfant en considérant que cela fait partie de la vie, ne pas le prendre de front et apprendre à mieux l'orienter vers le droit chemin. Le choix vous incombe. Les traits de caractère des enfants difficiles qui rendent fous nombre d'entre nous peuvent en fait devenir des atouts si nous apportons à nos enfants la compréhension et les conseils dont ils ont besoin pour emprunter la bonne voie.

Les traits de caractère des enfants difficiles qui rendent fous nombre d'entre nous peuvent en fait devenir des atouts si nous apportons à nos enfants la compréhension et les conseils dont ils ont besoin pour emprunter la bonne voie.

Découvrir le tempérament de son enfant

Quand mon fils est né, il ne portait aucune étiquette à la cheville indiquant : « Attention ! Enfant difficile. À gérer avec prudence. » Il n'y avait aucun signe avant-coureur. J'ai découvert son tempérament comme la plupart des parents : avec le temps.

Dès le début, certains indices ont révélé un peu son tempérament. Il a souffert de coliques et beaucoup crié les premiers mois. Quand nous avons commencé à lui donner des aliments solides, il s'est montré difficile. La période la plus délicate était le matin. Il avait du mal à se mettre en route et était grincheux. Sans que nous sachions pourquoi, son rythme ne semblait jamais coller avec celui du reste de la famille.

Mais Ian n'a révélé son jeu qu'à l'âge de 8 mois et demi. Un samedi matin, alors que j'étais assis dans le canapé à lire le journal, je l'ai vu se mettre debout. « Attention, me suis-je dit. Nous entrons dans la phase de progression debout, accroché aux meubles. » Son frère aîné avait connu cette phase à peu près au même âge et je pensais savoir ce qui nous attendait. Mais, à ma grande surprise, Ian a laissé de côté les meubles pour traverser carrément le séjour ! Une fois parvenu à l'autre bout de la pièce, il s'est laissé tomber lourdement, s'est remis debout et a recommencé. Ouah !

J'ai appelé ma femme, qui était dans la pièce d'à côté, pour qu'elle vienne voir Ian marcher. Quand elle est arrivée, j'ai fait tout ce que je pouvais pour qu'il recommence. Je l'ai supplié, amadoué et cajolé, mais rien n'y a fait. Il est simplement resté assis là, avec cette expression qui signifiait : « Attention, c'est moi, Ian. » Près de deux semaines se sont écoulées avant qu'il ne marche de nouveau, et il l'a fait comme il entendait le faire. Avec le recul, je pense qu'il s'agissait d'un moment crucial.

Ian a révélé une caractéristique marquée de son tempérament bien avant que j'aie pu l'influencer avec mes méthodes de fixation de limites. Il se conduit ainsi depuis cette époque. Cela fait partie de son comportement unique. Je n'y suis pour rien, je n'ai fait que découvrir cette caractéristique.

Tous les enfants ont un tempérament qui leur est propre, un style comportemental inné qui n'est donc pas dû aux actes, mode de vie, valeurs et croyances des parents. Le tempérament n'est pas causé par les facteurs environnementaux mais il interagit avec ces derniers.

Cela signifie-t-il que le comportement de votre enfant est immuable ? Non. Le tempérament n'a pas la rigidité d'un objet pris dans le ciment. Il peut être façonné à l'aide de conseils adéquats, mais la tendance de base à se comporter d'une certaine manière demeure présente. Prenez par exemple un enfant d'âge préscolaire qui se braque et refuse de coopérer lorsque vous lui demandez de ranger ses jouets. Une fois parvenu à l'âge adulte, il aura appris à ne pas se comporter ainsi mais il est très probable qu'il fasse preuve d'une grande fermeté sur des questions qui le touchent, aussi bien au travail qu'à la maison. Il sera toujours obstiné mais apprendra à exprimer ce trait de caractère de manière plus appropriée.

Nous devons un grand nombre de nos connaissances sur le tempérament aux travaux de recherche novateurs des docteurs Alexander Thomas, Stella Chess et Herbert Birch, de l'université de New York. Leur étude, démarrée en 1956 et qui se poursuit actuellement, suit 133 personnes depuis leur enfance et analyse les différences de réaction à leur environnement. Ces différences ou réactions caractéristiques ont révélé le tempérament de chaque enfant. Thomas, Chess et Birch ont ainsi identifié neuf traits de tempérament présents, à des degrés divers, chez tous les enfants. Ces neuf traits se sont avérés des éléments de prédiction relativement stables de la façon dont un enfant en particulier réagit à différents moments et dans diverses situations. Détaillons chacun de ces traits et voyez si vous parvenez à repérer le tempérament de votre enfant. Voici ces différents traits :

1. **La persévérance**. La propension à s'adonner à une tâche ou à résister aux limites rencontrées varie dans la durée d'un enfant à l'autre. L'aspect positif de la persévérance se traduit par la détermi-

nation à poursuivre l'exécution d'une tâche difficile. La persévérance devient négative quand elle se transforme en entêtement à résister à des règles ou à une autorité. Pendant combien de temps votre enfant reste-t-il sur une tâche ? Longtemps ? Très peu de temps ? Quand il veut quelque chose, quel degré d'entêtement affiche-t-il ? Quel est son degré de résistance lorsqu'il fait face à des limites ? Presque tous les enfants difficiles présentent un trait de persévérance négative élevé.

Presque tous les enfants difficiles présentent un trait de persévérance négative élevé.

2. **L'intensité**. Certains enfants réagissent avec calme et modération quand ils sont contents ou contrariés, tandis que d'autres se manifestent avec beaucoup d'intensité. Comment votre enfant réagit-il lorsqu'il est heureux ou frustré ? Est-ce qu'il sourit ou crie doucement ? Est-ce qu'il rit à gorge déployée ou crie fort ? Est-ce qu'il jubile et pleurniche ? Les enfants difficiles peuvent s'exprimer de manière très théâtrale. Ils sont nombreux à faire preuve de beaucoup d'intensité.

3. **La régularité**. Certains enfants mettent rapidement en place des routines et s'y tiennent, tandis que d'autres affichent une plus grande variabilité et irrégularité. De quelle régularité votre enfant fait-il preuve en termes d'alimentation, de sommeil et de fonctions urinaires et intestinales ? Votre enfant s'adapte-t-il facilement aux horaires et routines ?

4. **La concentration**. Certains enfants peuvent rester concentrés très longtemps. D'autres se laissent très vite et facilement distraire. Combien de temps votre enfant peut-il rester concentré sur une tâche ? Se laisse-t-il facilement distraire ? Passe-t-il d'une tâche à l'autre sans l'avoir terminée ?

5. **L'énergie et le niveau d'activité**. L'énergie et le niveau d'activité varient d'un enfant à l'autre. Certains sont pleins d'énergie et très actifs tandis que d'autres sont passifs et sans entrain. La plupart se situent entre ces deux niveaux extrêmes. Quelle activité affiche votre enfant ? De quelle énergie fait-il preuve ? Le moteur semble-t-il toujours tourner à plein régime ? Votre enfant est-il capable de mettre la pédale douce si la tâche l'exige ?

6. **La sensibilité sensorielle**. Les enfants réagissent différemment à la stimulation sensorielle. Certains sont très sensibles et réactifs tandis que d'autres sont moins influencés par les stimuli envoyés par leur environnement. Comment votre enfant réagit-il à la stimulation sensorielle ? Est-il très sensible aux odeurs, au goût de certains aliments, aux changements de température, à la texture des vêtements, aux sons, aux lumières vives ou aux mouvements soudains ?

7. **L'adaptabilité**. Certains enfants s'adaptent facilement aux changements et aux nouvelles situations alors que d'autres les jugent stressants et contrariants. Les transitions vécues dans la journée (quit-

ter la maison pour aller à l'école ou entrer dans la classe après la récréation) sont des moments difficiles pour certains et ne posent aucun problème à d'autres. Comment votre enfant vit-il les changements ? Gère-t-il facilement ou difficilement ces transitions ?

8. **La réactivité**. Certains enfants plongent dans de nouvelles situations sans hésitation ni répugnance mais d'autres se mettent en retrait, se donnent du temps pour prendre leurs marques et s'y mettent progressivement. Quel est le comportement de votre enfant face à une nouvelle situation ou des personnes qu'il rencontre pour la première fois ? Se lance-t-il volontiers ou y va-t-il à reculons ? A-t-il tendance à éviter les nouvelles situations ou à s'en désengager ?

9. **L'humeur**. L'humeur varie d'un enfant à l'autre : positif et joyeux, sérieux et avec un esprit d'analyse, grincheux et négatif. Comment décririez-vous l'humeur générale de votre enfant ?

Quelle est l'utilité de ces informations ? Ces neuf traits sont les pièces du puzzle que constitue le tempérament de votre enfant. Une fois qu'elles sont assemblées, vous commencez à obtenir une vision d'ensemble de son tempérament. N'oubliez pas que tous les enfants présentent ces traits à des degrés divers. Chez certains, les traits forcés à l'extrême sont peu nombreux. Ces enfants sont alors plutôt faciles à gérer. Mais, chez d'autres, le côté extrême est souvent présent, ce qui les rend difficiles à canaliser. Combien de traits difficiles votre enfant présente-t-il ? Évaluez le comportement à l'aide de l'échelle du tableau 1, qui est une version modifiée de l'échelle d'évaluation inventée par Stanley Turecki dans son excellent livre *Comprendre l'enfant difficile*[1].Entourez les degrés qui décrivent le mieux les caractéristiques comportementales de votre enfant.

Tableau 1. Le profil de tempérament de votre enfant

Caractéristique	Facile à gérer	⟶	Difficile à gérer
Persévérance négative	Faible	Moyen	Élevé
Intensité	Faible	Moyen	Élevé
Régularité	Normal	Variable	Irrégulier
Concentration	Faible	Moyen	Élevé
Énergie et niveau d'activité	Faible	Moyen	Élevé
Sensibilité sensorielle	Léger	Moyen	Extrême
Adaptabilité	Faible	Moyen	Élevé
Réactivité	Faible	Moyen	Élevé
Humeur	Léger	Moyen	Extrême

À quoi ressemble le profil de tempérament de votre enfant ? Présente-t-il une persévérance négative élevée ? Si c'est le cas, il affiche la caractéristique propre aux enfants difficiles, mais voyons les autres dimensions. Combien de réponses avez-vous dans la colonne « Difficile à gérer » ? Une ? Plusieurs ? Beaucoup ? Plus elles sont nombreuses, plus votre mission est

[1] Stock, 1987.

difficile. Vous commencez à comprendre pourquoi vous vous sentez si épuisé ?

Passons maintenant aux bonnes nouvelles. Vous venez de vous faciliter un peu la vie. Une fois compris le tempérament de votre enfant, vous serez en mesure de prévoir son comportement et vous pourrez utiliser des outils d'éducation et d'orientation plus efficaces et mieux adaptés au caractère de votre progéniture.

Comment mon enfant a-t-il pu devenir comme ça ?

Le débat inné-acquis sur l'origine des différences de personnalité et de tempérament a fait rage pendant des années. À ce jour, l'incertitude demeure. Nous savons bien que les facteurs génétiques et environnementaux jouent un rôle important dans le développement du tempérament, mais ce sont les influences associées à ces facteurs qui demeurent inconnues. Le débat est toujours d'actualité mais nous pouvons retracer l'évolution de la pensée et de la recherche jusqu'à aujourd'hui.

Dans les années 1950, c'est l'acquis qui avait la préférence. Les chercheurs pensaient que les influences environnementales telles que l'éducation parentale expliquaient la plupart des différences de comportement chez les enfants. Quand ces derniers affichaient des comportements extrêmes ou difficiles, on suspectait d'emblée les parents d'être responsables, lesquels devaient donc porter un sacré fardeau.

Mais la dimension de l'acquis était déroutante aussi bien pour les parents que pour les chercheurs. Les parents soulignaient à juste titre que les enfants réagissent différemment aux mêmes méthodes éducatives. Certains coopèrent, d'autres non. Pourquoi ? Si c'est l'éducation qui est à l'origine du problème, les enfants ne devraient-ils pas réagir à l'identique ? Les chercheurs ont admis que les influences environnementales ne pouvaient à elles seules expliquer les différences observées chez les enfants. Les travaux ont continué, en quête d'une meilleure explication.

Nous savons bien que les facteurs génétiques et environnementaux jouent un rôle important dans le développement du tempérament, mais ce sont les influences associées à ces facteurs qui demeurent inconnues.

L'option de l'inné a fait l'objet de recherches. Selon ses principes, les différences de comportement étaient très largement dues à des influences héréditaires. Elle expliquait pourquoi les enfants réagissent différemment aux mêmes influences éducatives et environnementales et non pourquoi certains enfants présentant des traits de tempérament extrêmes s'adaptent mieux que d'autres.

Aucune des deux visions (inné et acquis) ne parvenait à expliquer de manière satisfaisante les différences de tempérament observées. L'une mettait excessivement l'accent sur le rôle de l'éducation, ce qui avait pour effet de générer un sentiment de culpabilité chez les parents, tandis que l'autre sous-estimait l'influence de l'éducation, poussant ainsi les parents à se sentir impuissants et résignés. Existait-il une meilleure explication ? Eh bien oui !

Un autre groupe de chercheurs a proposé un modèle interactif englobant à la fois les influences innées et acquises, ces deux dimensions se côtoyant dans un même cadre. Les deux contribuaient, à divers degrés, au développement du tempérament. Ce dernier était considéré comme le résultat d'une interaction continue entre des facteurs biologiques (traits innés) et des facteurs environnementaux (traits acquis). Autrement dit, la nature de l'enfant entre en scène et les parents apportent la dimension de l'acquis. Et c'est l'interaction entre ces facteurs qui façonne le résultat final. L'éducation joue un rôle important mais les parents doivent tenir compte des caractéristiques innées.

L'influence du tempérament sur le comportement

Le tempérament est comme un plan des comportements. Dame Nature fournit avec le bébé un plan qui n'est pas figé puisqu'il sera ensuite façonné par les architectes, en l'occurrence les parents. Notre mission est d'exploiter le plan donné par dame Nature.

Une fois le tempérament de votre enfant identifié, vous pouvez commencer à comprendre le plan. Un comportement qui semblait auparavant déroutant commence à s'expliquer. La question n'est plus « pourquoi fait-il cela ? » mais devient « que faire pour l'orienter quand il fait cela ? ». Sur la base de ce que vous savez du comportement de votre enfant, vous pouvez prévoir son comportement et mettre en place des stratégies plus efficaces pour le canaliser.

Par exemple, si je demande à mon fils Ian de ranger son fouillis, d'expérience, je sais qu'il va me tester et résister à la demande. Il dira probablement « je vais le faire » mais ne s'y mettra pas. En fait, Ian veut dire « je le ferai s'il le faut vraiment », car il n'est pas convaincu de devoir le faire. Il attend un signal plus explicite. Il va lambiner et essayer de me faire attendre.

Si je mords à l'hameçon et lui demande quand il envisage de s'y mettre, je connais d'avance sa réponse : « Bientôt. » Mais il continuera de traîner. Pour Ian, « bientôt » peut signifier « dans plusieurs heures », voire « jamais » s'il estime qu'il existe une chance de pouvoir échapper à l'exécution de la tâche en question. Je dois donc rester pendu à ses basques suffisamment longtemps pour le convaincre qu'il ne pourra y échapper. Une fois convaincu, il se met à ranger ses affaires.

Est-ce beaucoup d'efforts que d'obtenir d'un gamin qu'il range ses affaires ? Pour moi, oui, et si j'acceptais d'aller à chaque fois au bout de ce processus, je serais encore plus épuisé que je ne le suis. Mais je ne veux pas me laisser faire. Je sais ce qu'il est susceptible de faire et lui me lit très bien également. Je vais donc rapidement à l'essentiel. La première fois que je remarque la pagaille qu'il a semée, je lui dis fermement mais d'une manière respectueuse : « Ian, s'il te plaît, range tes affaires immédiatement. » Puis je reste dans les parages pour qu'il ne puisse pas s'éclipser. Généralement, il s'exécute.

La plupart des parents sont capables de prédire assez précisément le comportement de leur enfant à des situations données, mais nombreux sont ceux à être déroutés et frustrés par la nature de cette réaction. Ils choisissent l'affrontement ou cèdent au lieu de façonner et d'orienter le comportement de leur enfant. Considérons le tempérament de notre enfant comme faisant partie de la vie et nous parviendrons plus facilement à comprendre et gérer son comportement.

Considérons le tempérament de notre enfant comme faisant partie de la vie et nous parviendrons plus facilement à comprendre et gérer son comportement.

En quoi le comportement de votre enfant vous affecte-t-il ?

Cédric, 10 ans, est le portrait type des enfants difficiles que je reçois en consultation. Il est brillant mais aussi vif, obstiné et se laisse facilement distraire. Il peut avoir un comportement tapageur et n'a pas peur de se disputer avec des adultes s'il estime pouvoir obtenir ce qu'il veut. Oui, Cédric présente un certain nombre de traits de tempérament propres aux enfants difficiles à gérer. Il est arrivé dans mon bureau accompagné de ses parents, fort d'un troisième renvoi pour avoir eu une altercation avec son institutrice et l'avoir défiée.

« C'est chaque année la même histoire, regrettait le père de Cédric. Cela commence par des appels téléphoniques de l'enseignant, nous recevons ensuite des mots à la maison, puis nous sommes convoqués à l'école. En milieu d'année, Cédric épuise déjà les enseignants. Il est prié d'aller dans le bureau du directeur, qui le renvoie à la maison. Son institutrice et le directeur ne se rendent pas compte que nous sommes aussi épuisés qu'eux. » Rien qu'à la mine du père de Cédric, je sentais que c'était du vécu.

À la maison, la vie de la famille tourne autour du comportement difficile de Cédric. Tout le monde en pâtit. Il se dispute et se bat constamment avec sa sœur cadette, qui n'accepte pas toute l'attention dont il bénéficie. Il fait des éclats et mène tous ses camarades de jeu du quartier à la baguette. Il tient tête et se dispute avec ses parents dès qu'ils lui demandent de faire quelque chose qu'il ne souhaite pas. Les tâches ménagères et devoirs sont de véritables batailles quotidiennes.

En fin de journée, la mère de Cédric est si épuisée qu'il ne lui reste plus beaucoup d'énergie pour consacrer du temps à son mari. Il lui en veut et se sent abandonné tandis qu'elle se sent coupable et seule, alors qu'ils font tous deux de leur mieux.

À l'instar de la plupart des enfants difficiles, Cédric provoque de vives réactions chez tout le monde. Son institutrice se met en colère, est épuisée et lui en veut. « Il m'a tout fait, je n'en peux plus, se plaint-elle. Quand Cédric est absent, l'atmosphère est radicalement différente dans ma classe. » Elle espère que le directeur consentira à le changer de classe.

Sa mère passe de la déprime et du sentiment d'échec à la culpabilité et à l'excès de protection. « C'est de la folie ! dit-elle. Quand Cédric se conduit mal à la maison ou en public, je me sens responsable. Je prends son parti et le défends contre son père, l'école et les voisins. » Elle se dit que le comportement de Cédric n'est qu'une étape passagère mais a peur d'être considérée comme une mauvaise mère par les autres. La pression que le comportement de son fils exerce sur son couple la soucie également.

Le père de Cédric est dérouté, frustré et plein de ressentiment. Il n'arrive pas à comprendre pourquoi la situation est devenue si incontrôlable. Avant la naissance de Cédric, il s'imaginait une vie de famille heureuse, avec une merveilleuse relation pleine d'affection avec son fils. Mais la réalité est tout autre.

Comme nombre de parents d'enfants difficiles, le père de Cédric bataille depuis si longtemps avec son fils qu'il s'agit aujourd'hui d'un véritable mode de vie. Il se sent dans une impasse et carrément visé par le comportement de son fils. « Pourquoi me fait-il ça ? » se demande son père. Il rend Cédric responsable du tumulte familial et des tensions régnant au sein de son couple.

Pour compliquer les choses, les parents de Cédric ne sont pas sur la même longueur d'ondes en termes de discipline. Sa mère opte pour une méthode tout en douceur. Elle répète, avertit, cajole, raisonne et explique, méthode qui fonctionne très bien avec sa fille mais pas avec Cédric. Il campe sur ses positions et tient bon jusqu'à ce que sa mère cède.

« Je dois faire quelque chose qui ne convient pas, pense sa mère. Cette méthode porte toujours ses fruits avec ma fille. C'est un amour. J'aimerais en avoir deux comme elle. »

Le père de Cédric essaie de contrebalancer l'indulgence de sa femme en se montrant très strict. Il crie, fait des reproches, critique et se dispute jusqu'à atteindre la limite de sa capacité de résistance. Il menace alors Cédric de lui confisquer ses jouets et de le priver de ses privilèges pendant longtemps. Plus il crie fort et menace, plus Cédric se déchaîne et résiste. L'inefficacité de la discipline instaurée par les parents accroît le mauvais comportement de Cédric et intensifie les luttes de pouvoir. Cédric peut tenir ainsi pendant des heures.

Quand les esprits s'échauffent trop, la mère de Cédric s'interpose et vole au secours de son fils. Son intention n'est pas de saper l'autorité de son mari, mais elle ne supporte pas ses disputes avec son fils. Le père comprend ce qu'éprouve sa femme mais ne sait pas quoi faire d'autre. Il a peur que Cédric ne mette à mal son couple.

Les enfants difficiles épuisent les autres. Quand j'ai fait la connaissance de Cédric, il avait épuisé ses parents et plusieurs enseignants, le directeur de l'école était exaspéré et il s'était mis à dos la moitié du voisinage. Sa sœur lui en voulait et ses parents étaient sur le point de consulter un conseiller conjugal. L'impact du comportement extrême de Cédric dépassait le cadre du cercle familial restreint pour gagner l'école, le voisinage et la communauté.

Quelle est l'influence de votre enfant difficile sur votre vie ? Vous arrive-t-il de vous sentir épuisé, submergé, isolé, perdu, déprimé, découragé, incompétent, gêné, coupable, protecteur, responsable, frustré, en colère, plein de ressentiment, enlisé dans des luttes de pouvoir ? Êtes-vous inquiet des répercussions du comportement de votre enfant sur votre couple et les autres liens familiaux ? Si la réponse est oui, rassurez-vous, vous n'êtes pas la seule personne dans ce cas. Ce genre d'expérience est couramment rapporté par les parents d'enfants difficiles.

Quel est le rôle joué par votre tempérament ?

Nous avons parlé de l'importante interaction entre le tempérament de l'enfant et la gestion de la discipline par les parents, mais le tempérament de ces derniers entre également en ligne de compte. En quoi le tempérament des enfants influe-t-il sur l'interaction ?

Quand parents et enfant ont le même tempérament, les parents parviennent bien plus facilement à cerner et comprendre le comportement de leur progéniture. Mais quand le tempérament des deux parties est radicalement différent, les parents ont beaucoup plus de mal à s'identifier à leur enfant et à comprendre son comportement. À leurs yeux, la conduite de leur enfant ne répond à aucune logique. Voyons comment cette dynamique s'instaure dans la famille de Cédric.

Les parents et la sœur cadette de Cédric sont des personnes dociles, avec peu de traits de caractère difficiles à gérer. Dans la plupart des situations, ils coopèrent et s'entendent très bien. Dans la mesure où ils partagent les mêmes styles de comportement, les parents de Cédric s'identifient facilement à leur fille et comprennent sa conduite.

En revanche, la dynamique entre Cédric et ses parents est radicalement différente. Cédric est un enfant difficile avec plusieurs traits de caractère difficiles. Dans la plupart des situations, il a tendance à tester ses parents et à leur tenir tête lorsqu'ils lui demandent quelque chose. Ses parents ont du mal à s'identifier à lui ou à le comprendre car leur style comportemental n'a aucun point commun avec le sien. Le comportement de Cédric n'a pour eux aucune logique. Associer le tempérament des parents à celui de Cédric revient à mélanger sans adaptateur un courant alternatif et un courant continu. Le courant ne peut bien passer. Ici, l'adaptateur est une meilleure compréhension de leur tempérament respectif. Êtes-vous prêt à monter un adaptateur sur votre point de vue ? Maintenant que vous avez découvert le tempérament de votre enfant, le moment est venu de mieux faire connaissance avec le vôtre. Reprenez le tableau 1 et évaluez-vous sur les neuf caractéristiques présentées. Quelle est la concordance entre votre tempérament et celui de votre enfant ?

La discipline inefficace ou comment aller tout droit vers des luttes de pouvoir

Les enfants difficiles testent plus que les autres enfants. Il faut donc que leurs parents dispensent plus de conseils et fassent plus de discipline. C'est inévitable, quelle que soit la méthode, il faut l'utiliser fréquemment. Les enfants difficiles ont besoin de se heurter sans cesse aux limites que vous fixez avant de les considérer comme obligatoires et non facultatives. Si vos méthodes sont peu claires ou inefficaces, vous pouvez vous attendre à rencontrer des problèmes car, avec les enfants difficiles, vous avez très peu de marge de manœuvre.

Les enfants difficiles ont besoin de se heurter sans cesse aux limites que vous fixez avant de les considérer comme obligatoires et non facultatives.

Laissez-moi illustrer mon propos à l'aide d'un exemple personnel. Si je dis à mon fils docile : « Scott, j'espère qu'aujourd'hui tu vas ranger ta chambre », je peux dire sans hésiter qu'il le fera, tôt dans la journée, et je n'aurai pas à revenir dessus. Mon message n'était pas particulièrement précis ou ferme, mais Scott ressent le désir de plaire et de coopérer. Un message inefficace suffira avec Scott mais pas avec Ian. Si j'utilise le même message vague avec Ian, j'entends d'ici sa réponse : « Je vais le faire. » Mais, il remettra la tâche à plus tard dans l'espoir que je vais oublier. Si jamais il finit par ranger sa chambre, ce sera en toute fin de journée et parce que j'aurai insisté.

Avec Ian, mes demandes doivent être très claires et fermes : « Merci de ranger ta chambre avant de faire quoi que ce soit d'autre. » Il sait d'expérience que je ne le laisserai pas faire autre chose tant qu'il n'aura pas rempli sa mission. Une demande hésitante ou peu claire le poussera à me tester et à s'engager dans une lutte de pouvoir.

Avec les enfants difficiles, l'inefficacité des instructions est une invitation aux luttes de pouvoir. Mais la plupart des parents dont les méthodes sont inefficaces n'ont pas conscience de ce point faible. Ils ne se rendent pas compte que leur message manque de clarté et de fermeté et qu'ils favorisent en fait les tests auxquels ils essaient de mettre un terme. Plus l'enfant teste, plus les parents répondent avec des méthodes inefficaces, et plus les deux parties se retrouvent engluées dans des luttes de pouvoir.

C'est un véritable cercle vicieux qui s'installe. J'appelle cela des danses familiales, mais il s'agit simplement de modèles de communication inefficaces qui se répètent inlassablement dans les phases au cours desquelles les parents essaient de faire régner la discipline.

Plus l'enfant teste, plus les parents répondent avec des méthodes inefficaces et plus les deux parties se retrouvent engluées dans des luttes de pouvoir.

Si vous avez des problèmes de discipline avec votre enfant difficile, c'est que vous exécutez probablement quelques pas de danse. Les danses familiales sont stressantes et épuisantes. L'un des principaux objectifs de cet ouvrage est de vous aider à arrêter la danse.

Adéquations et inadéquations

La plupart des parents ont une image en tête, un ensemble d'espoirs et d'attentes concernant le comportement de leurs enfants. Quand celui-ci est en adéquation avec la vision des parents, la relation entre les deux parties est harmonieuse et naturelle. Tout semble coller.

Que se passe-t-il quand le comportement de l'enfant ne correspond pas aux attentes des parents ? Le moment est venu d'introduire la notion d'adéquation et de parler des ajustements à réaliser par les parents en cas de divergence. On évalue généralement l'adéquation à deux niveaux :

- le niveau émotionnel (les sentiments des parents à propos de l'enfant),
- le niveau comportemental (à quel point le comportement de l'enfant est acceptable pour les parents).

Dans l'exemple pris plus haut, vous vous souvenez de la mère de Cédric, qui se sent bien en phase avec sa fille, décrite comme « un amour » ? La mère et la fille présentent une excellente adéquation émotionnelle et comportementale. Dans la plupart des familles saines, une adéquation se développe naturellement entre des enfants dociles et leurs parents. Les enfants faciles à gérer sont faciles à aimer. Leur comportement pousse à l'amour et à l'affection.

Mais les parents de Cédric avaient du mal à le voir d'un œil positif. Ils l'aimaient mais n'appréciaient pas son comportement, fort différent de ce qu'ils espéraient. L'inadéquation émotionnelle et comportementale les affligeait. « Je suis déçu, c'est certain, confessait le père de Cédric. J'espérais pouvoir faire des choses amusantes avec lui, mais Cédric ne veut jamais s'adonner aux activités que j'aime. Je souhaitais vraiment que nous soyons proches et, parfois, je me sens coupable qu'il en soit autrement. »

Le père de Cédric ne s'est pas rendu compte, mais il était chagriné par la perte du fils idéal qu'il n'a jamais eu. Il peut être très douloureux de voir son rêve s'envoler. À mesure qu'il faisait son travail de deuil, il a progressivement abandonné l'image idéale et commencé à accepter Cédric tel qu'il était.

Laisser s'évanouir l'image idéale est peut-être l'une des tâches les plus difficiles pour un parent, mais elle est nécessaire. Pour votre enfant, il faut que vous passiez par là. Si cela implique de verser des larmes, de dire adieu à des rêves non réalisés ou de se forger de nouveaux rêves pour vous et votre enfant, passez par ces étapes, car se raccrocher à l'irréel ne fera que vous maintenir dans une impasse.

Parvenir à une meilleure adéquation : l'objectif de ce livre

Nous avons jusqu'à présent étudié trois facteurs importants de l'éducation d'un enfant difficile : le tempérament de votre enfant, votre tempérament et vos méthodes éducatives. L'éducation d'un enfant est une perpétuelle interaction entre chacun de ces facteurs.

Le problème que rencontrent nombre de parents, c'est qu'ils consacrent trop de temps et d'énergie à essayer de changer la seule chose qu'ils ne peuvent modifier : le tempérament de leur enfant. S'il est impossible de changer le tempérament, nous pouvons le comprendre, l'orienter et le façonner de manière positive.

Passons à la bonne nouvelle : vous pouvez parfaitement contrôler les deux autres facteurs. Améliorez vos méthodes éducatives et apprenez à mieux gérer votre propre tempérament. Cet ouvrage va vous montrer comment procéder, mais nous devons analyser dans un premier temps le rôle essentiel des limites dans le processus d'enseignement et d'apprentissage.

Chapitre 2

L'assimilation de vos règles par les enfants difficiles

Charles, 8 ans, et son frère Michaël, 6 ans, savent qu'ils ne doivent pas remplir leur pistolet à eau dans la maison. Mais le robinet de la cuisine fonctionne beaucoup mieux que le tuyau d'arrosage du jardin ! Alors qu'ils se dirigent vers la cuisine, arme au poing, leur mère suspecte la manœuvre : « Si vous remplissez vos pistolets dans la maison, je vous les confisque, dit-elle d'un ton neutre. C'est bien compris, Charles ? » Elle lui pose cette question car elle s'attend à ce qu'il la teste.

« Bon, oui, d'accord », répond Charles à contrecœur. Les deux garçons sortent de la maison afin d'utiliser le tuyau d'arrosage. Le jeu continue.

Quelques minutes plus tard, Charles remarque que sa mère parle avec la voisine d'en face. « C'est le moment », se dit-il. Il gagne furtivement la cuisine afin de remplir son pistolet. Michaël se souvient de ce qu'a dit sa mère et décide de jouer la sécurité en optant pour le tuyau d'arrosage extérieur.

Charles a pratiquement fini l'opération de remplissage quand sa mère le prend en flagrant délit. « Donne-moi le pistolet, dit-elle calmement. Tu le récupéreras demain à condition que tu le remplisses au tuyau d'arrosage. » Charles insiste en promettant qu'il ne recommencera plus, mais sa mère tient bon. Il n'est pas content mais sait qu'il pourra rejouer demain. À l'instar de la plupart des enfants difficiles, Charles a choisi d'apprendre la règle de sa mère à ses dépens. Il a décidé de tester cette règle afin de vérifier si elle était sérieuse. C'était bien le cas. Charles et sa mère devront probablement répéter plusieurs fois cette leçon avant qu'il ne soit convaincu que la règle est bien en vigueur, mais sa mère obtiendra certainement le résultat escompté grâce à ses méthodes.

Pour les enfants difficiles, le moyen le plus clair d'assimiler une règle est de l'apprendre à leurs dépens.

La mère de Charles a conscience que ses deux fils ont des tempéraments et des modes d'apprentissage différents. Mais elle est prête à dicter ses règles en tenant bon quelle que soit la situation. Charles affiche une grande détermination. Elle s'attend à ce qu'il la teste et est prête à aller jusqu'au bout lorsqu'il dépasse les limites fixées. Comme avec la plupart des enfants qui ont besoin d'apprendre les règles à leurs dépens, il faut faire souvent la police avec Charles. Il est difficile à élever.

En revanche, Michaël est un enfant docile. Il ne teste pas souvent car son désir profond est de faire plaisir et de coopérer. Sa mère s'attend à ce qu'il coopère mais elle est prête à tenir bon et à lui faire subir les conséquences de sa désobéissance lorsque ce n'est pas le cas. À l'instar de la plupart des enfants qui apprennent les règles sans chercher à les enfreindre, Michaël n'a pas souvent besoin d'être remis sur la bonne voie à coups de mesures disciplinaires. Il est facile à élever.

La mère de Charles et Michaël ne perd pas son temps avec des méthodes disciplinaires inefficaces. Pas de cris, ni de menaces, ni de disputes, ni de débats sans fin, ni de sermons, ni de coups de colère spectaculaires. Elle leur envoie seulement un message clair, ses paroles étant suivies d'une action efficace. La règle associée est tout aussi claire. Et il est très facile de l'apprendre à ses dépens.

Dans ce chapitre, vous allez découvrir pourquoi apprendre une règle à ses dépens est le meilleur moyen pour un enfant difficile d'assimiler vos principes et pourquoi le processus enseignement-apprentissage échoue souvent. Une fois ce chapitre lu, vous serez mieux en mesure de dicter vos règles d'une manière plus claire et compréhensible.

Les enfants ont besoin de concret pour apprendre

Les enfants ne sont pas des adultes miniatures. Les travaux du psychologue suisse Jean Piaget sur le développement intellectuel des enfants nous ont appris que la pensée et l'apprentissage des enfants différaient en termes qualitatifs de ceux des adultes. Les enfants ont besoin de concret pour apprendre. Leur vécu sensoriel immédiat joue un rôle prépondérant dans le développement de leurs croyances concernant la réalité.

Comment cela se traduit-il au quotidien ? Le vécu sensoriel des enfants (ce qu'ils voient, entendent, touchent et ressentent) conditionne leur perception des choses. Leurs croyances et perceptions du monde reposent avant tout sur les expériences concrètes.

La recherche de Piaget a d'importantes répercussions sur la façon dont nous enseignons les règles aux enfants, qui se résume en deux modes : les mots et les actes. Ces deux modes permettent d'apprendre à l'enfant, mais seules nos actions sont concrètes. Ce sont les actions et non les mots qui définissent les règles réellement appliquées.

Prenez par exemple l'expérience de Jean-Luc, âgé de 8 ans. Il est en train de construire un château avec des Lego quand on sonne à la porte. Sa mère va ouvrir :

« Est-ce que Jean-Luc peut venir jouer chez moi ? demande Kévin.

– Bien sûr, répond la mère de Jean-Luc, mais il doit d'abord ranger ses Lego. » Sa chambre en est jonchée. Elle répète sa requête à Jean-Luc et quitte la pièce.

Elle revient quelques minutes plus tard et trouve la chambre dans le même état. « Le petit diable ! Il m'a encore fait le coup », se dit-elle en se baissant pour ramasser les Lego.

Quand Jean-Luc rentre à la maison quelques heures plus tard, il remarque que les Lego sont bien rangés dans leur boîte et sourit intérieurement. Son observation confirme ce qu'il savait déjà de la règle de sa mère. Son discours disait « Range tes Lego avant de sortir », mais qu'ont signifié ses actes ? « Tu n'es pas vraiment obligé. » Qu'est-ce que Jean-Luc a fait ? Il n'a pas ramassé ses Lego car il sait que ce n'est pas une tâche vraiment obligatoire s'il parvient à filer suffisamment vite. Pensez-vous que Jean-Luc prendra sa mère au sérieux la prochaine fois qu'elle lui demande de ranger ses Lego avant d'aller jouer ?

Le vécu sensoriel des enfants (ce qu'ils voient, entendent, touchent et ressentent) conditionne leur perception des choses.

Rejouons la scène ci-dessus avec une fin différente. Cette fois-ci, quand la mère de Jean-Luc entre dans la chambre et voit les Lego éparpillés, elle va chez Kévin et ramène Jean-Luc à la maison. Puis elle met le minuteur sur dix minutes.

« Tu pourras retourner chez Kévin quand tu auras rangé tous tes Lego et lorsque le délai de dix minutes aura expiré, dit-elle d'un ton neutre. La prochaine fois que tu t'esquives afin d'éviter de faire quelque chose, je te prive de jeu. » Elle reste alors dans la pièce afin de le surveiller.

Qu'est-ce que Jean-Luc entend et ressent cette fois-ci ? S'agit-il du même message ? Vous pariez quoi ? Si sa mère lui impose régulièrement la règle de cette manière, Jean-Luc s'habituera à la prendre au sérieux la prochaine fois qu'elle lui demandera de ranger sa chambre avant de sortir.

Les raisons de l'échec de l'enseignement et de l'apprentissage

Quand notre discours est toujours en concordance avec nos actions, les enfants nous prennent au sérieux et acceptent les règles associées. Mais quand il existe un décalage entre les deux, ils apprennent à ignorer notre discours et fondent leurs croyances sur ce qu'ils ressentent et vivent. En fait, nous enseignons deux règles : la règle théorique et la règle pratique.

Cette mauvaise communication est à l'origine de la plupart des échecs du processus enseignement-apprentissage entre les enfants et leurs parents. La plupart des parents n'en ont même pas conscience. Ils continuent simplement de dicter leurs règles avec leurs mots à eux tandis que leurs enfants se fondent sur ce qu'ils vivent pour apprendre. Voici un exemple type.

Quand notre discours n'est pas en accord avec nos actions, les enfants apprennent à ignorer nos paroles et fondent leurs croyances sur ce qu'ils ressentent et vivent.

Sarah, 5 ans, est assise sur le canapé et dessine avec des feutres. Sa mère entre dans la pièce et repère tout de suite le danger pour le canapé :

« Sarah, je crois que ce n'est pas une bonne idée, dit sa mère. J'ai peur que tu ne taches le canapé.

– Je fais attention, maman, dit Sarah de façon convaincante.

– Je sais, ma chérie, répond sa mère, mais j'aimerais bien que tu te mettes sur la table. Là, tu ne risques rien.

– D'accord, réplique Sarah, mais je veux d'abord terminer ce dessin.

– Quand tu l'auras terminé, tu te mettras sur la table, on est bien d'accord ? demande sa mère avant de quitter la pièce.

– OK, dit Sarah, mais dix minutes passent et elle dessine toujours assise sur le canapé.

– Sarah, je croyais t'avoir demandé de te mettre sur la table, dit sa mère d'une voix contrariée. Ton père et moi serons très fâchés si jamais le canapé est taché. J'aimerais bien que tu fasses ce que je te dis.

– Je vais le faire, maman, répond Sarah, mais je veux juste terminer cette image, j'ai presque fini.

– Tu ferais bien de la terminer rapidement, lui dit sa mère. Tu commences à m'énerver. » Elle attend, tapant du pied impatiemment, mais Sarah continue de dessiner. Sa mère est en train de perdre patience.

« Sarah ! crie sa mère. Ça suffit maintenant, jeune fille ! Il faut que je te confisque tes feutres ?

– OK, j'ai terminé », dit Sarah en se levant du canapé avec ses dessins.

La mère de Sarah pense sincèrement véhiculer un message signifiant « stop ! » quand elle parle du risque à utiliser des feutres sur le canapé. Elle s'agace lorsque Sarah n'accède pas à sa requête. En fait, la mère de Sarah fait passer deux messages, tout en n'ayant conscience que d'un. Ses mots signifient une chose qui ressemble à « stop ! » mais que fait Sarah ? Elle ne s'arrête pas et entend quelques mots supplémentaires. Le message de sa mère dit en fait : « Vas-y, fais ce que tu veux. Je n'aime pas ça mais je ne vais rien faire, au moins pendant un moment. »

Sarah répond à ce message mitigé, comme le font la plupart des enfants difficiles lorsqu'ils soupçonnent leurs parents de ne pas penser ce qu'ils disent. Elle ignore les mots entendus et apprend de ce qu'elle vit. Comment Sarah interprète-t-elle la règle de sa mère sur l'utilisation de feutres sur le canapé ? Elle peut les utiliser tant qu'elle tolère les rappels agacés de sa mère.

Tester les limites : une façon de mener l'enquête pour l'enfant

Comment des enfants tels que Sarah savent que nos règles orales sont vraiment les règles que nous mettons en pratique ? Le plus souvent, ils ne le savent pas mais se débrouillent pour découvrir le pot aux roses… en testant. Ils font tout simplement ce que nous leur demandons de ne pas faire et attendent de voir ce qui va se passer. C'est leur façon de tester les limites ou de mener leur enquête. Les données qu'ils récoltent de ces expériences les aident à tirer des conclusions sur nos règles et à répondre à des questions cruciales : qu'est-ce qui est acceptable ? Qui mène la danse ? Jusqu'où puis-je aller ? Que se passe-t-il si je vais trop loin ?

Les conclusions auxquelles parviennent les enfants diffèrent souvent de celles attendues par les parents. Pourquoi ? Parce que les enfants mènent leur enquête de la même façon qu'ils apprennent : con-crè-te-ment. Ils fondent leurs croyances sur ce qu'ils vivent, pas simplement sur ce qu'on leur dit.

Jonathan, 8 ans, que je reçois en consultation, est l'exemple type de l'enfant ayant besoin de se brûler pour apprendre. Il est brillant et possède de solides capacités, mais il refuse de faire ce qu'on lui dit, aussi bien à la maison qu'à l'école. Il est arrivé dans mon cabinet avec ses parents.

Comment les enfants savent que nos règles orales sont vraiment les règles que nous mettons en pratique ? Ils testent.

« Jonathan explore toujours les limites, se plaint son père. Il conteste la plupart de nos requêtes et ne semble content que lorsque tout le monde est fâché. » J'avais idée que j'allais avoir affaire à un explorateur très accrocheur.

Comme l'avait dit son père, Jonathan m'a jaugé puis tout de suite testé. Dans mon cabinet, je possède six fauteuils pivotants confortables. Que pensez-vous qu'un explorateur tenace tel que Jonathan fait lorsqu'il entre dans un cabinet doté de fauteuils pivotants ? Eh bien oui, il les fait pivoter et met même parfois les pieds dessus. Je vois plus d'une centaine de « pivoteurs de fauteuils » par an !

Les gamins savent que ce n'est pas bien, mais cela ne les empêche pas de faire pivoter mes fauteuils. Ils regardent leurs parents, puis me regardent, font pivoter les fauteuils et attendent de voir ce qui se passe. Ils testent les limites. Quand cela se produit, je sais que je vais en apprendre beaucoup sur la façon dont la famille communique sur le thème des limites. J'observe l'enfant, les parents et les fauteuils pendant dix à quinze minutes. J'ai alors toutes les données dont j'ai besoin sur la situation.

Les parents de Jonathan ont réagi comme beaucoup de parents à la cérémonie des fauteuils orchestrée par ses soins. Ils lui ont lancé un regard désapprobateur mais n'ont pas prononcé un mot. Jonathan a pris en compte le regard, s'est brièvement interrompu, puis a repris de plus belle dès que ses parents ont détourné les yeux. Jonathan et ses parents reproduisaient leur danse familiale, celle à laquelle ils s'adonnent des dizaines de fois par semaine. Jonathan en connaissait tous les mouvements par cœur.

Par ce comportement, Jonathan posait les questions qu'il pose à la maison et à l'école : qui mène la danse ? Jusqu'où puis-je aller ? Que se passe-t-il si je vais trop loin ? Il menait son enquête sur mon autorité et les règles en vigueur dans mon cabinet. Entre deux regards désapprobateurs, Jonathan continuait de faire pivoter le fauteuil. J'attendais la prochaine réaction de ses parents.

Au bout de quelques minutes, le père de Jonathan a fait ce que certains parents font quand ils commencent à en avoir marre et à être gagnés par l'énervement. Il a arrêté le fauteuil avec sa main. La mère de Jonathan a lancé quelques regards désapprobateurs. Les deux messages ont généré la même réaction chez Jonathan : il a pris en compte les messages de ses parents, s'est brièvement interrompu puis a recommencé à faire pivoter le fauteuil dès qu'ils ont détourné le regard.

Les parents de Jonathan faisaient de leur mieux pour dire « stop ! », mais l'enfant savait que l'on n'attendait ou n'exigeait pas qu'il arrête son petit jeu. Les données qu'il avait recueillies au fil des ans l'avaient convaincu que l'adhésion à leurs règles était facultative et non obligatoire. Leurs mots et gestes n'étaient que des éléments futiles du scénario qui se déroulait. Jonathan a continué de faire pivoter le fauteuil.

Dix minutes plus tard, Jonathan n'avait toujours reçu aucun message clair ou ferme de la part de ses parents. Enfin, particulièrement exaspérée, sa mère s'est tournée vers moi et m'a dit : « Vous le voyez ! Il fait la même chose à la maison et dans sa classe ! »

À ce stade, je suis intervenu et ai tenté de fournir des réponses claires aux questions de l'enquêteur Jonathan. Je lui ai dit d'un ton neutre : « Jonathan, tu peux t'asseoir sur mes fauteuils si tu suis deux règles : ne pas les faire tourner et ne pas mettre les pieds dessus. Je suis persuadé que tu en es capable si tu le veux, mais si tu décides ne pas suivre les règles, tu passeras le reste de la séance assis sur la chaise orange. » (Je conserve à l'intention des « pivoteurs de fauteuils » une vieille chaise en plastique.)

À votre avis, qu'a fait Jonathan ? Eh bien, ce que font la plupart des enfants difficiles. Il m'a testé, mais pas immédiatement. Quelques minutes plus tard, il a fait faire un tour complet au fauteuil puis a guetté ma réaction.

Par ce comportement, il me disait : « Je t'ai entendu. Maintenant, voyons ce que tu vas faire. » C'est de l'exploration agressive. Il recueillait des données par la manière forte afin de vérifier si j'étais sérieux. Dans cette situation, je réagis toujours de la même façon. J'ai pris la vieille chaise en plastique, l'ai placée à côté de Jonathan et suis resté debout.

« Tu vas passer le reste de la séance sur cette chaise », lui ai-je dit. Pas de cris, ni de menaces, ni d'avertissements, ni de seconde chance. Je l'ai juste regardé, impassible, dans l'attente qu'il prenne place sur la chaise orange.

Jonathan a fait ce que font la plupart des enfants difficiles face à une limite fixée fermement. Il a obtempéré mais ne l'a pas fait avec respect. Il a roulé des yeux, m'a lancé un regard dégoûté et a murmuré quelque chose à voix basse qui n'avait sans doute rien d'un compliment. Puis il a accédé à ma requête. Il a adopté le bon comportement mais la mauvaise attitude afin de tenter de me plonger dans une lutte de pouvoir. L'appât était tentant et bien amené, mais je n'ai pas mordu à l'hameçon.

Qu'a-t-il appris de cette expérience ? Je lui ai fourni par la manière forte les données dont il avait besoin pour connaître les réponses à ses questions exploratoires. Il savait désormais jusqu'où il pouvait me pousser et ce qui l'attendait s'il allait trop loin. Il a reçu toutes les informations dont il avait besoin pour faire un choix acceptable. Avant la fin de la séance, il avait compris que je pensais vraiment ce que je disais. Ma règle et mes attentes étaient claires. Après cette rencontre, le moment était venu pour ses parents et moi de parler du tempérament et des styles d'apprentissage.

Le tempérament et les styles d'apprentissage

Tous les enfants testent les limites afin de connaître nos règles et attentes. C'est normal, mais tous ne le font pas de la même manière. Le tempérament conditionne énormément la façon dont les enfants mènent leurs enquêtes.

Les enfants dociles ne testent pas beaucoup car ils n'ont pas besoin d'aller jusqu'à la sanction pour accepter et suivre nos règles. Ils ont le désir sous-jacent de faire plaisir et de coopérer. La plupart se contentent de notre discours comme source d'information et coopèrent à la demande. Avec les enfants dociles, l'enseignement des règles est facile car leur processus d'apprentissage ne passe pas par l'affrontement.

Tous les enfants testent les limites afin de connaître nos règles et attentes. C'est normal, mais tous ne le font pas de la même manière.

En revanche, les enfants difficiles sont des explorateurs accrocheurs. Ils testent souvent et ont besoin de beaucoup de données, sous la forme d'expériences, avant d'être convaincus d'accepter et de suivre nos règles. Pour eux, le mot « stop » n'est que pure théorie. Ils tiennent à savoir ce qui se passera s'ils n'arrêtent pas et savent comment le découvrir. Ils continuent de nous tester et de nous pousser jusqu'à la prise de sanctions afin de voir ce qui se passe. Avec les enfants difficiles, l'enseignement est ardu car leur apprentissage passe majoritairement par l'affrontement.

Dans la mesure où ils ont chacun leur manière d'apprendre les règles, les enfants dociles et difficiles réagissent souvent différemment au même message parental. C'est parfois très déroutant. Pour illustrer cette réalité, je vais prendre un exemple personnel.

Mon fils aîné, Scott, est docile. La plupart du temps, il fait ce qu'on lui demande. En revanche, mon fils cadet, Ian, est difficile. Il lui faut une confrontation avant d'être convaincu que je ne plaisante pas. Mes fils mènent leur enquête différemment et j'ai appris à adapter mes messages en conséquence.

Ils aiment tous deux regarder la télévision avec le volume sonore à fond. Quand Scott monte le son, je lui dis simplement : « Scott, le son est trop fort. Baisse-le s'il te plaît. » Il obéit toujours, enfin jusqu'à présent, et j'ai appris à pouvoir compter sur sa coopération. Les seules données dont il a besoin sont mes mots.

Si je transmets le même message à Ian, je sais d'avance ce qu'il va faire. Soit il m'ignorera et attendra un message plus clair, soit il dira ce que je veux entendre : « Je vais le faire », mais continuera de n'en faire qu'à sa tête. Ian veut dire en fait ceci : « Je vais le faire si je le dois vraiment mais je n'ai pas entendu que je *devais* baisser le son. » Il continue donc à tester. À l'instar de la plupart des gamins difficiles, Ian cherche à savoir jusqu'où il va pouvoir aller. J'ai donc appris à lui fournir les informations dont il a besoin pour faire un choix acceptable. Quand le son de la télévision est trop fort, je lui dis : « Ian, baisse le son de la télévision s'il te plaît, sinon je l'éteins. »

Quand Ian entend le mot « éteins », il fait comme son frère, il baisse le son. Pourquoi ? Parce qu'il ne veut pas vivre la conséquence d'un mauvais choix consistant à ne pas accéder à ma requête. Par expérience, il sait que je vais éteindre la télévision.

Ma crédibilité auprès de Ian ne s'est pas faite du jour au lendemain : c'est le résultat d'années de persévérance et cohérence. Quand il était plus jeune, il ignorait nombre de mes demandes et je devais aller jusqu'au bout et éteindre la télévision. À chaque fois que je mettais ma menace à exécution, il me disait que j'étais méchant ou injuste. Mais, après avoir suffisamment souvent vécu l'expérience, il a compris que je pensais ce que je disais et a commencé à baisser le son comme demandé. Nous avons fini par y arriver. Cela ne s'est pas fait dans la simplicité, n'a pas toujours été marrant pour nous deux, mais il a intégré le fait que mes limites étaient clairement établies et fermes et a commencé à opter judicieusement pour la coopération.

Ian me teste toujours plus que son frère, mais il coopère aussi la plupart du temps quand il est face à une limite fermement posée et dispose des données dont il a besoin pour opérer un choix acceptable. J'en suis venu à prendre son exploration agressive comme faisant partie de la vie. Je ne le prends pas personnellement. Je suis prêt à employer la manière forte ou douce pour dicter mes règles, les deux méthodes me permettant de parvenir à mes fins.

Quand vos paroles sont en accord avec vos actes, votre enfant commence à être plus à l'écoute de votre discours et à le prendre au sérieux.

Si vous avez un enfant difficile, vous devrez travailler dur pour maintenir vos limites avec fermeté et lui fournir les informations dont il a besoin pour effectuer un choix acceptable. Les enfants difficiles croient plus en ce qu'ils vivent qu'en ce qu'ils entendent. Quand vos paroles sont en accord avec vos actes, votre enfant commence à être plus à l'écoute de votre discours et à le prendre au sérieux. Vous avez alors fait un grand pas dans la bonne direction, tout en sachant qu'il vous reste à vous assurer que vos paroles et actes inculquent les principes souhaités.

Nos actes sont la base de notre enseignement

Avec un enfant difficile, quelles que soient les méthodes utilisées pour dicter vos règles, vous devrez les employer fréquemment. Pourquoi ? Parce que les enfants difficiles apprennent par l'expérience. Il leur faut une grande quantité de données, recueillies « sur le terrain », pour être convaincus de votre sincérité. Si vos méthodes sont inefficaces, vous donnerez peut-être une leçon qui n'est pas celle que vous souhaitiez donner. C'est ce qui est arrivé aux parents de Daniel. Lorsque je les ai rencontrés pour la première fois, leur fils, en classe de CM1, avait déjà été renvoyé pour avoir frappé un camarade de classe, alors que l'année scolaire venait tout juste de commencer, puisque nous étions en octobre.

« Vivre avec Daniel revient à avoir à ses côtés une bombe à retardement toujours prête à exploser, a dit sa mère, particulièrement agacée. Il sait que c'est mal de frapper les autres, mais il le fait quand même. Il frappe son frère cadet, d'autres enfants du quartier et des camarades à l'école. Nous lui avons parlé à plusieurs reprises, mais rien ne semble y faire.

– Que lui dites-vous exactement lorsqu'il frappe son frère ? ai-je demandé, soucieux de connaître la teneur du message verbal.

– Eh bien, je crie un peu, a confessé son père. Voir Daniel maltraiter son jeune frère me met hors de moi. Je lui fais savoir très clairement qu'il n'est pas question pour moi de tolérer ce comportement.

– Comment vous y prenez-vous pour faire passer le message ? lui ai-je demandé.

– Nous lui donnons une fessée quand il le mérite, a répondu son père. Nous ne croyons pas du tout à l'approche permissive en vogue aujourd'hui. Les gamins doivent prendre conscience que vous ne plaisantez pas.

– Combien de fois par semaine Daniel a-t-il besoin de ce genre de rappel ? ai-je demandé.

– Deux ou trois, parfois même plus, a répliqué sa mère. Il faut qu'il sache quand il est allé trop loin.

– Malgré tous ces rappels, selon vous, pourquoi Daniel a-t-il autant de mal à assimiler vos règles ? leur ai-je demandé.

– Nous pensons qu'il a comme un problème d'apprentissage, a répondu sa mère. Nous envisageons de lui faire passer des tests. »

Après avoir fait plus ample connaissance avec Daniel, j'ai pu constater qu'il n'avait pas besoin de passer des tests. Ce n'était pas un problème d'apprentissage mais d'enseignement.

En fait, Daniel présentait d'excellentes capacités d'apprentissage. Il maîtrisait toutes les leçons données par ses parents. Il excellait en matière de hurlements, de menaces et d'intimidation. Il savait comment frapper afin d'obtenir la coopération des autres et devenait expert dans l'art d'accuser les autres lorsqu'il se faisait prendre.

D'évidence, Daniel comprenait les paroles de ses parents lui disant de ne pas frapper les autres, mais leur discours n'était pas en phase avec les règles qu'ils mettaient en pratique, lesquelles consistaient à… beaucoup le frapper. C'est ainsi qu'ils résolvaient les problèmes et c'est la leçon que retenait Daniel. Ils lui apprenaient une chose éloignée de leur intention initiale.

Les parents qui s'appuient trop souvent sur les mots voient également échouer le processus enseignement-apprentissage qu'ils mettent en œuvre. Ils ont tendance à confondre leurs paroles et leurs actes et ne comprennent pas pourquoi leur message ne passe pas. La mère de Nathalie est un excellent exemple en la matière. Elle a débarqué dans mon cabinet très frustrée par la propension de sa fille difficile à la tester et à lui résister.

Les enfants difficiles apprennent par l'expérience. Il leur faut une grande quantité de données, recueillies « sur le terrain », pour être convaincus de votre sincérité.

« Nathalie est une fille de 12 ans égocentrique et irrespectueuse, se plaignait sa mère. Elle connaît mes règles mais n'a pas envie de les suivre. Quand j'essaie de lui expliquer la raison de l'existence de ces règles, elle fait la sourde oreille et n'en fait qu'à sa tête. » La mère de Nathalie m'a fait part d'un incident qui se produit presque tous les matins avant l'école.

« Nathalie sait qu'elle ne doit pas mettre sa radio fort le matin, mais chaque jour, c'est la même histoire. Elle met la musique si fort que vous pouvez l'entendre depuis l'autre côté de la rue. Ça me rend folle.

– Que faites-vous quand cela se produit ? lui ai-je demandé.

– D'abord, je lui demande de baisser le volume, a dit sa mère, mais cela ne fait rien. Je lui dis et redis mais elle n'écoute jamais.

– Que faites-vous ensuite ? lui ai-je demandé.

– Je me mets vraiment en colère. Je rentre dans sa chambre et lui demande de baisser le son ou d'éteindre. Parfois, je menace de lui confisquer sa radio, a précisé sa mère.

– Est-ce qu'elle coopère, ensuite ? ai-je demandé.

– Elle baisse parfois un peu le volume, a répondu sa mère, mais on entend toujours la musique dans toute la maison. Au bout d'un moment, elle augmente de nouveau le son.

– Vous lui confisquez alors sa radio ? ai-je interrogé, me demandant si elle finit par passer à l'action.

– Je ne l'ai jamais fait, a-t-elle répondu, mais ça ne va pas tarder. Je ferme juste sa porte. Au moins, elle se casse les oreilles mais pas les miennes. »

La mère de Nathalie ne se rend pas compte qu'elle communique en fait deux règles concernant la radio, une par son discours et une par ses actes. Ses paroles disent « baisse le son », mais ses actes disent : « Tu n'es pas vraiment obligée si tu ne le souhaites pas. » Le choix de Nathalie est clair. La situation ne risque pas de changer si sa mère ne lui fournit pas des données différentes. Les exemples de Daniel et de Nathalie illustrent la facilité avec laquelle le processus enseignement-apprentissage peut échouer lorsque notre discours n'est pas en accord avec nos actes ou lorsque les deux éléments sont inefficaces. Dans chaque cas, les enfants collectent des données, tirent des conclusions et des enseignements non souhaités par leurs parents. Ces derniers pensaient dicter leurs règles à l'aide de leurs paroles alors que c'étaient leurs actes qui étaient pris en compte.

Devez-vous rabâcher en vain les mêmes leçons ? Avez-vous l'impression d'enseigner des choses différentes de votre intention initiale ? Si la réponse est oui, le chapitre 3 va vous aider à confirmer vos soupçons et à vous orienter dans la bonne direction. Dicter ses règles est bien plus facile lorsque l'on possède les bons outils : un discours clair associé à des actes efficaces.

Chapitre 3

Les méthodes des parents pour dicter leurs règles

En matière d'enseignement des règles, les approches employées par la plupart des parents sont situées sur une échelle allant de l'*approche autocratique* ou *répressive* à l'*approche permissive*. À une extrémité figure l'approche autocratique ou répressive. Les limites sont fermes mais les méthodes ne sont pas très respectueuses. À l'autre extrémité se situe l'approche permissive, dont les méthodes sont respectueuses mais les limites ne sont pas très fermes. Certains emploient une *approche mixte*, avec quelques éléments de chaque extrême. D'autres encore sont parvenus à trouver un équilibre entre les deux extrêmes, avec une approche à la fois ferme et respectueuse.

Chaque approche est fondée sur un ensemble de croyances particulières sur le mode d'apprentissage des enfants, le rôle des parents dans le processus d'apprentissage et la répartition adaptée du pouvoir et des responsabilités entre parents et enfants. Chaque approche emploie des méthodes et enseigne des leçons différentes sur les thèmes de la coopération, de la responsabilité, de la communication et de la résolution des problèmes. Quelle votre approche ? Êtes-vous plutôt adepte de l'une des deux extrémités ou passez-vous de l'une à l'autre ? Vous avez peut-être trouvé un équilibre qui vous permet d'être à la fois ferme et respectueux. Ce chapitre va vous aider à tirer les choses au clair. L'examen des méthodes employées par les autres vous permettra de découvrir votre approche ainsi que son adéquation avec le tempérament et le mode d'apprentissage de votre enfant difficile.

Si je pouvais, j'aimerais vous aider à découvrir votre approche comme je le fais avec les parents venant me consulter. Je leur demande de choisir un mauvais comportement typique de leur enfant à la maison. J'invite ensuite chaque parent à me décrire étape par étape ce qu'il dit et fait lorsque son enfant adopte ce comportement. Je transcris alors chaque étape sur un tableau, sous forme de schéma, ce qui permet de dégager une vue d'ensemble des méthodes de chaque parent. Malheureusement, nous ne pouvons reproduire votre schéma dans un livre, mais nous pouvons en revanche examiner les expériences et schémas de parents employant des méthodes similaires afin de vous aider à identifier votre approche. Commençons par étudier la façon dont un parent gère un problème courant, une dispute entre frères et sœurs, à l'aide de l'approche répressive.

L'approche autocratique ou répressive (ferme mais non respectueuse)

Imaginez la scène suivante : nous sommes un samedi matin, les parents sont à l'étage, essayant de profiter de quelques heures de sommeil supplémentaires. Leurs deux enfants, Thomas, âgé de 5 ans, et Justine, âgée de 8 ans, sont en bas, en train de regarder leur dessin animé préféré. Thomas décide de s'installer plus confortablement. Il s'allonge sur le canapé et il touche sa sœur avec ses pieds. Elle lui donne un coup de pied et il se met à crier. Ensuite, elle s'allonge à son tour et le touche. Il lui donne un coup de pied et elle se met à crier. Lorsque la mère arrive sur les lieux de la dispute, les deux gamins sont en train de se pousser et de lutter pour prendre possession du canapé.

La maman : (d'une voix forte, à la limite du hurlement) « Qu'est-ce qui se passe ici ? Vous ne pouvez pas regarder votre émission sans vous comporter comme des sales gosses ?
Le frère : – J'étais assis de mon côté et elle m'a donné un coup de pied.
La sœur : – Non, il a voulu s'allonger de mon côté. Quand j'ai essayé de le faire partir, il m'a donné un coup de pied.
Le frère : – C'est pas vrai !
La maman : (en colère) – Si vous étiez chacun de votre côté sur le canapé, il n'aurait pas dû y avoir de problème. Il y en a un qui ment. Dites-moi la vérité. Qui a empiété sur le côté de l'autre ?
La sœur : – C'est lui.
Le frère : – Non, c'est elle.
La maman : – Je savais que je ne pouvais pas vous faire confiance. Je connais vos mensonges et vos chamailleries. Si je vous entends encore vous disputer ou vous battre, je vous prive de vélo pour toute la jour-

née et de dessert ce soir. Vous avez compris ? (Là, elle hurle vraiment.) Ça suffit !
La sœur : – Quelle engueulade !
Le frère : – Ouais ! (Il rit du commentaire.)
La maman : – Ce n'est pas marrant ! Vous avez tous les deux gagné une journée sans vélo ni dessert. Et continuez si vous voulez d'autres punitions.
La sœur : – Je parie que tu adores pourrir la vie des autres.
Le frère : – Ouais !
La maman : (en criant) – Ça suffit ! » (Elle leur donne une tape à chacun et menace de les priver de sortie s'ils ajoutent quelque chose.)

Ça vous rappelle quelque chose ? Si oui, vous n'êtes pas seul. L'approche répressive est encore l'un des modèles d'éducation les plus utilisés.

Les parents employant l'approche répressive se retrouvent souvent à jouer le rôle de l'inspecteur de police, du juge, du geôlier et du contrôleur judiciaire. Ils enquêtent sur la mauvaise conduite, cherchent le responsable et prononcent des sentences qui ont tendance à être sévères et longues. Les parents dirigent et contrôlent le processus de résolution des problèmes, pendant lequel le ton monte, la colère gronde et la confrontation est de mise. La coopération est obtenue sous un climat de peur et à coups de menaces et d'intimidations. Au final, il y a un gagnant et un perdant. Ce sont généralement les parents qui gagnent.

Les parents employant l'approche répressive se retrouvent souvent à jouer le rôle de l'inspecteur

de police, du juge, du geôlier et du contrôleur judiciaire.

À la base de cette approche figure la croyance selon laquelle la discipline doit faire mal pour que les enfants retiennent la leçon. Les méthodes sont les suivantes : enquêtes, interrogatoires, accusations, menaces, critiques, humiliations, reproches, fessées, privations de sortie, confiscations des jouets et annulation des privilèges pendant plusieurs jours, voire semaines.

Comment les enfants réagissent-ils ? Les enfants dociles coopèrent sous l'effet de la peur et de l'intimidation. Souvent, les enfants difficiles se rebellent et se vengent. Ceux situés dans la moyenne font un peu des deux. La plupart des enfants éprouvent de la colère et un ressentiment et perçoivent ces méthodes comme blessantes et humiliantes.

Examinons le schéma de l'interaction entre le parent et les deux frère et sœur de l'exemple précédent (voir la figure 3.1). Le comportement de la mère figure sur la partie gauche du schéma et celui des enfants, sur la partie droite.

Au stade A, la mère arrive fâchée sur les lieux et mène son enquête. Elle adopte le ton de la confrontation. Il s'agit de distinguer le vrai du faux, de déterminer la culpabilité, d'accuser, avec, d'un côté, le gentil et de l'autre, le méchant. Les gamins adoptent rapidement cette dynamique et amadouent la mère tout en accusant l'autre de mensonge. Le travail de détective ne mène nulle part, ce qui accroît la colère de la mère. Elle accuse les deux enfants de mensonge.

À mi-chemin de l'interaction, sa colère et son énervement prennent le dessus. Elle a complètement personnalisé le conflit. La querelle de départ entre le frère et la sœur est désormais secondaire par rapport au conflit parent-enfant, qui domine l'interaction. Ce qui était à l'origine une démarche de résolution d'un problème s'est transformé en une lutte de pouvoir blessante qui va en s'intensifiant.

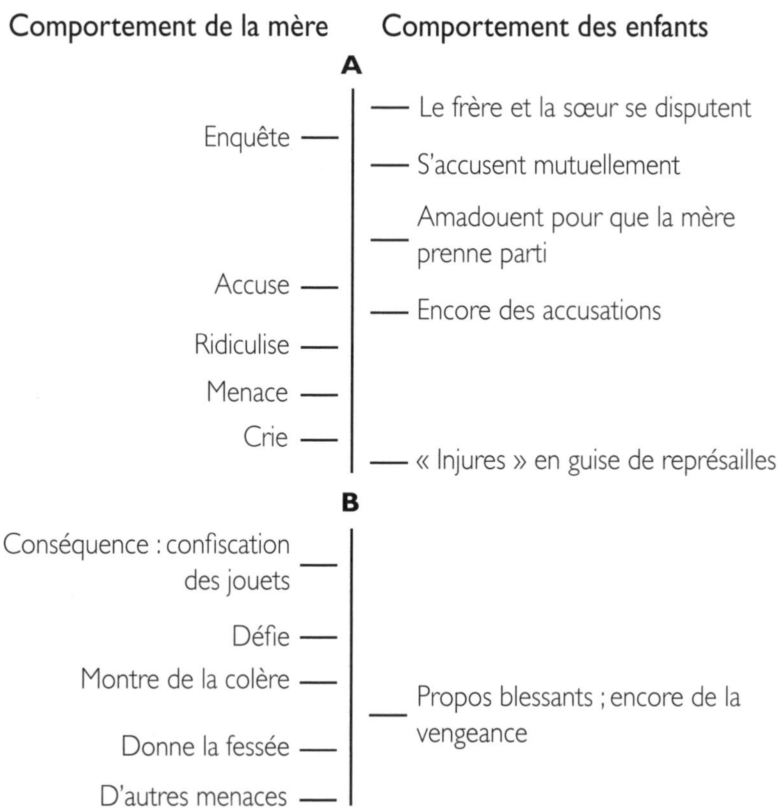

Figure 3.1 : schéma de l'interaction répressive

Au point B, la mère essaie de mettre fin au conflit en menaçant de confisquer les vélos et de priver les enfants de dessert, mais il est trop tard. Le partage équitable du canapé n'est plus d'actualité. Les gamins se sentent blessés et souhaitent se venger. Ils profèrent alors des injures et se montrent irrespectueux.

La mère les blesse de nouveau en confisquant leurs vélos et en les privant de dessert, puis elle les raille. Les gamins lui montrent encore moins de respect, c'est la goutte d'eau qui fait déborder le vase. Elle donne une tape à chacun et les menace d'autres sanctions s'ils lui tiennent encore tête. La lutte de pouvoir est terminée, tout du moins pour le moment, mais quel est le résultat, au final ?

Les enfants ont-ils appris à mieux résoudre seuls un conflit ? Non. Ont-ils appris à communiquer en montrant plus de respect ? Non. Qu'ont-ils appris ? Ils ont appris une leçon qu'ils connaissaient déjà : communiquer et résoudre des problèmes en blessant l'autre.

En matière d'éducation, l'approche répressive présente de nombreux défauts. Généralement, elle ne finit pas par mettre fin à la conduite répréhensible et n'offre pas une leçon positive sur les responsabilités, la résolution des problèmes et la communication respectueuse. Pourquoi ? Parce que ce sont les parents qui prennent toutes les décisions et résolvent les problèmes. Les méthodes employées par les parents encouragent la communication blessante, se montrent inefficaces en matière de résolution de problèmes et apprennent aux enfants à dépendre des adultes.

En matière d'éducation, l'approche répressive présente de nombreux défauts. Généralement, elle ne finit pas par mettre fin à la conduite répréhensible et n'offre pas une leçon positive sur les responsabilités, la résolution des problèmes et la communication respectueuse.

Dans notre exemple, à votre avis, que va-t-il se passer la prochaine fois que le frère et la sœur vont être en conflit ? Eh bien, l'un d'eux criera pour que maman ou papa vienne résoudre le problème. Si papa ou maman n'intervient pas rapidement, les gamins utiliseront les armes qu'ils connaissent le mieux : cris, menaces, accusations, injures et coups.

Imaginez si cette approche était utilisée pour appliquer le code de la route. Vous grillez un stop ou un feu rouge. Un flic vous voit et vous arrête. Il s'approche de votre voiture en vous criant des insultes et rédige la contravention avec colère. Avant de revenir à sa voiture, il vous donne deux coups de matraque.

Comment réagiriez-vous à ce genre de traitement ? Vous tourneriez-vous vers le fonctionnaire de police, plein de gratitude, et lui diriez-vous : « Merci, c'est ça qu'il me fallait. Je comprends votre point de vue et, à l'avenir, je ferai mon possible pour respecter le stop » ? Auriez-vous envie de coopérer avec quelqu'un qui vous a traité sans le moindre respect ? Sans doute pas.

Face à l'humiliation, les enfants réagissent beaucoup comme les adultes. Ils comprennent la leçon mais n'aiment pas la façon de faire passer le message.

L'approche répressive fonctionne le mieux avec les gamins qui n'en ont pas besoin, à savoir les gamins dociles animés du désir profond de faire plaisir et coopérer. Mais elle n'est pas en accord avec le tempérament et le style d'apprentissage des enfants difficiles. Cela génère chez eux colère et ressentiment et les incite à lancer des représailles. Les parents doivent payer le prix fort pour obtenir leur coopération : blessures morales, relations brisées et luttes de pouvoir féroces.

Si l'approche répressive présente tant de défauts, pourquoi de nombreux parents continuent-ils de l'employer ? La plupart des parents qui infligent des punitions ont été élevés dans cet état d'esprit. Cela leur semble naturel et familier et ils ne contestent pas l'efficacité de la méthode. Quand les relations se détériorent, ils mettent le problème sur le dos de l'enfant, sans remettre en question leurs méthodes.

Si l'approche répressive présente tant de défauts, pourquoi de nombreux parents continuent-ils de l'employer ?

Le père de Khalid est un excellent exemple. Il est entré dans mon cabinet accompagné de son fils de 10 ans et a proclamé : « Khalid traverse une période de rébellion. Il ne m'obéit jamais. » Cela faisait près d'un mois que Khalid et son père étaient enlisés dans une lutte de pouvoir. Les deux parties étaient tellement en colère l'une envers l'autre qu'elles ne se parlaient même plus.

Le problème est survenu lorsque Khalid est rentré un jour de l'école avec près de deux heures de retard. Il a dit à ses parents qu'il jouait au basket et qu'il n'avait pas vu l'heure passer. Son père était déterminé à faire en sorte que cela ne se reproduise plus. Il a donc interdit à Khalid de jouer après l'école pendant deux semaines.

Quand Khalid a essayé de protester contre cette décision, son père l'a envoyé dans sa chambre. Khalid est devenu fou. « Tu es un tyran ! » a-t-il hurlé, puis il a donné un coup de pied dans la porte de sa chambre, provoquant un trou. Le père de Khalid s'est également mis à crier et l'a informé qu'il était privé de sortie jusqu'à nouvel ordre et d'argent de poche pendant deux mois afin de rembourser la porte à remplacer. Khalid a refusé d'exécuter les tâches qui lui incombaient.

La plupart des parents qui infligent des punitions ont été élevés dans cet état d'esprit. Cela leur semble naturel et familier et ils ne contestent pas l'efficacité de la méthode.

Trois semaines ont passé et la situation était toujours bloquée. Khalid n'avait fait aucune tâche ménagère et il passait le plus clair de son temps à errer dans la maison en faisant la tête. Ses parents étaient également mal. Les deux parties accusaient l'autre et aucune ne souhaitait bouger. Il était plutôt difficile de dire qui, de Khalid et de ses parents, était le plus puni.

« Comment votre père aurait-il géré ce problème ? ai-je demandé au père de Khalid, dans l'espoir de décharger Khalid d'un peu de pression.

– J'aurais reçu une fessée dès mon arrivée à la maison, puis j'aurais été privé de sortie pendant deux semaines, a-t-il répondu.

– Ce genre de discipline vous a-t-elle déjà paru excessive ? ai-je demandé.

– Parfois, a-t-il répondu, mais c'était la façon qu'avait mon père de me donner une leçon. Les parents agissaient souvent ainsi quand j'étais jeune et les gamins en tiraient aussi des enseignements. »

Tableau 2. L'approche autocratique ou répressive

Les croyances des parents	Si cela ne fait pas mal, les enfants n'en tirent pas la leçon. Les enfants ne vont pas respecter mes règles si mes méthodes ne leur font pas peur. Ma mission est de contrôler mes enfants. Ma mission est de résoudre les problèmes de mes enfants.
Le pouvoir et le contrôle	Exclusivement entre les mains des parents.
Le processus de résolution des problèmes	Par la force. Sous le signe de la confrontation. Gagnant-perdant (les parents gagnent). Les parents résolvent seuls le problème et prennent toutes les décisions. Les parents dirigent et contrôlent le processus.
Ce que les enfants apprennent	Les parents sont responsables de la résolution des problèmes des enfants. Les méthodes de communication et processus de résolution des problèmes sont blessants.
La réaction des enfants	Colère, entêtement, vengeance, rébellion, abandon, soumission par peur.

À l'instar de nombreux parents élevés à coups de punitions, le père de Khalid a appris que les conséquences devaient être douloureuses pour que les enfants retiennent la leçon. Il appliquait la même croyance avec son fils.

« Est-ce que les leçons de votre père vous mettaient parfois en colère ? lui ai-je demandé.

– Souvent, a-t-il répondu. Je me souviens avoir parfois eu le sentiment d'être face à un tyran. Nous avons aussi eu notre lot de disputes. »

Khalid a commencé à être intéressé.

« Ainsi, les méthodes de votre père vous mettaient en colère et vous rendaient rebelle, ai-je ajouté. Vos querelles avec votre père étaient-elles similaires à celles que vous vivez aujourd'hui avec Khalid ? » Il regarda Khalid et sourit. Il commençait à comprendre que le problème n'était pas le ressentiment de son fils, mais ses méthodes (voir le tableau 2). Il était prêt à apprendre de meilleurs moyens de faire passer son message.

L'approche permissive (respectueuse mais sans fermeté)

La permissivité est apparue dans les années 1960 et 1970 en réaction à la nature blessante et autocratique de l'approche répressive. Nombreux étaient les parents à rechercher une méthode plus respectueuse pour élever leurs enfants, fondée sur les principes démocratiques de liberté, égalité et respect mutuel.

Cependant, la mise en pratique de ces principes n'était pas aussi simple qu'il n'y paraissait. Cela s'apparentait à s'aventurer en terrain inconnu pour ceux d'entre nous qui avaient été élevés selon le modèle répressif. Comment procéder ? S'agit-il simplement d'assouplir ses règles et attentes et de donner aux enfants plus de liberté et d'autonomie ? C'est ce qu'ont essayé de nombreux parents, mais l'expérience s'est retournée contre eux car il manquait un ingrédient essentiel : des limites posées fermement.

La liberté sans limites n'est pas la démocratie mais l'anarchie. Les enfants élevés dans l'anarchie n'apprennent pas à respecter les règles, l'autorité ni à jouir de leur liberté de manière responsable. Ils ont tendance à se regarder le nombril et à penser surtout à leur pouvoir et autorité.

Revenons au conflit entre le frère et la sœur et voyons comment il serait géré selon l'approche permissive. Lorsque la mère arrive, les gamins se battent pour prendre le contrôle du canapé.

La maman : « Hé, les enfants, je n'aime pas tous ces cris. On se croirait dans une zone de combats. (Elle sort de la pièce mais la dispute continue.)
La maman : (qui entre de nouveau dans la pièce, agacée) – Vous avez entendu ce que j'ai dit ? Vous pourriez baisser d'un ton et cesser tout ce raffut ? D'accord ? (Elle ressort de la pièce mais la dispute continue.)
La maman : (qui entre dans la pièce pour la troisième fois) – Combien de fois il faudra que je vous le dise ? Vous croyez que ça me plaît de répéter la même chose ? Vous ne pourriez pas être sympas l'un avec l'autre pour une fois ? Je ne supporte pas de vivre dans une maison où l'on se dispute et on crie sans arrêt ! Un jour, vous regretterez la façon dont vous

vous traitez. Alors maintenant, s'il vous plaît, essayez de vous entendre ! (La dispute continue.)
Le frère : – J'étais assis là et elle m'a donné un coup de pied.
La sœur : – Il avait mis ses pieds de mon côté. Quand il a essayé de me donner un coup de pied, je lui en ai donné un.
La maman : – Pourquoi vous ne vous allongez pas sur le canapé à tour de rôle ?
Le frère : – OK. Moi d'abord. (Il met ses pieds sur le bord du canapé en raillant sa sœur.)
La sœur : – Non, moi d'abord ! (Elle met ses pieds à la limite du coussin de son frère, presque à toucher ce dernier.)
La maman : (exaspérée et en criant) – Ça suffit ! J'en ai marre de vous deux. (Elle menace d'éteindre la télévision et dit aux gamins de partir du canapé jusqu'à ce qu'ils aient décidé de s'entendre.)
Le frère : – C'est pas juste ! On n'a rien fait de mal.
La sœur : – Ouais. On était juste assis là.
La maman : – Non, vous étiez prêts à vous battre.
Le frère : – Mais on jouait !
La sœur : – Ouais.
La maman : – Si vous promettez tous les deux de ne pas allonger vos jambes et de ne pas bouger de votre coussin, vous pourrez rester sur le canapé à regarder la télévision.
Le frère : – Promis.
La sœur : – Promis aussi.
La maman : – Bien. Plus de bagarre, OK ? Je ne plaisante pas. (Au bout de quelques minutes, la dispute reprend.)

Le frère : – Cette fois, elle m'a donné un grand coup de pied.
La sœur : – C'est lui qui a commencé.
La maman : – Bon, si tout ce que vous savez faire, c'est de vous battre, allez-y, battez-vous, mais en silence. » (Elle s'en va, exaspérée.)

Les parents permissifs s'adaptent constamment et emploient diverses tactiques verbales pour convaincre les enfants de coopérer. Derrière cette attitude figure la croyance selon laquelle les enfants vont coopérer s'ils comprennent que c'est la bonne décision. L'hypothèse vaut généralement pour les enfants dociles, mais les enfants difficiles sont impossibles à convaincre uniquement avec des mots.

Les méthodes permissives nécessitent répétitions, rappels, avertissements, secondes chances, raisonnements, plaidoiries, cajoleries, réprimandes, débats, négociations, compromis et autres formes de persuasion. Les conséquences ou actions, quand elles sont utilisées, arrivent généralement tardivement et sont inefficaces. Pour résumer, c'est beaucoup de paroles pour très peu d'action. Les méthodes sont empreintes de respect mais manquent de fermeté.

Comment les enfants réagissent-ils ? Généralement, les enfants dociles coopèrent, non grâce à la clarté du message mais parce qu'ils présentent le désir profond de faire plaisir et de coopérer. Ils offrent aux parents une grande marge d'erreur en matière d'inefficacité.

L'opposé est vrai avec les enfants difficiles. Face à un message manquant de fermeté ou de clarté, ils testent pour savoir jusqu'où ils peuvent aller. Ils font la sourde oreille, ignorent, remettent en question, défient, discutent, débattent, lambinent, tergiversent ou simplement restent droits dans leurs bottes et poussent le bouchon le plus loin possible. Par expérience, ils savent que, s'ils résistent suffisamment longtemps, il y a de fortes chances pour que leurs parents transigent sur leurs limites ou abandonnent carrément.

D'un point de vue éducatif, les méthodes permissives ont une valeur limitée car les enfants ne font pas le lien de cause à effet entre nos paroles et nos actes. Ils entendent les mots « non » ou « stop » mais n'assistent pas à l'action censée les aider et leur donner un sens. Le message résonne ainsi à leurs oreilles : coopérer serait bien mais tu n'es pas obligé de le faire.

Les parents permissifs s'adaptent constamment et emploient diverses tactiques verbales pour convaincre les enfants de coopérer. Derrière cette attitude figure la croyance selon laquelle les enfants vont coopérer s'ils comprennent que c'est la bonne décision.

Vous coopéreriez, vous, face à un tel message ? Moi, peut-être, parce que je suis docile, mais pas la plupart des enfants difficiles, car la coopération est facultative et non exigée. Ils préfèrent faire la sourde oreille, ignorer les paroles et pousser le bouchon jusqu'à ce que les parents passent à l'action.

Comme modèle d'éducation, la permissivité est inadaptée au tempérament et au style d'apprentissage des enfants difficiles. Elle ne remplit aucun de nos objectifs éducatifs élémentaires. Elle ne met pas un terme aux mauvaises conduites, n'apprend pas à respecter les règles ou l'autorité et ne donne pas de leçons sur la responsabilité, le respect en matière de communication ou la résolution des problèmes via la coopération. Ses méthodes incitent les enfants à tester et à s'engager dans des luttes de pouvoir. La permissivité est humiliante pour les parents.

Étudions le schéma de l'interaction entre le frère et la sœur se disputant pour le contrôle du canapé (voir la figure 3.2). La première chose que vous remarquez probablement est la longueur de ce schéma. Les parents permissifs passent beaucoup de temps et consacrent énormément d'énergie à mettre en place des stratégies qui ne fonctionnent pas. Cette mère ne fait pas exception. Au stade A, elle rappelle et se répète beaucoup. Les gamins réagissent en l'ignorant. Elle essaie donc le sermon et les supplications, également en vain. Ils continuent de l'ignorer.

La mère propose alors une solution raisonnable (qu'ils s'allongent à tour de rôle), mais aucun des deux enfants ne veut coopérer si cela signifie laisser l'autre s'allonger en premier. L'énervement gagne la mère, qui change de nouveau de tactique. Elle menace d'éteindre la télévision et de les obliger à abandonner le canapé. Quand ils protestent, elle abandonne.

Ensuite, la mère essaie de négocier leur coopération. Des promesses sont faites puis non tenues et elle finit par abandonner et quitter la pièce, découragée. Elle n'est jamais parvenue à mettre un terme à leur comportement ou à leur apprendre un meilleur moyen de résoudre leurs conflits.

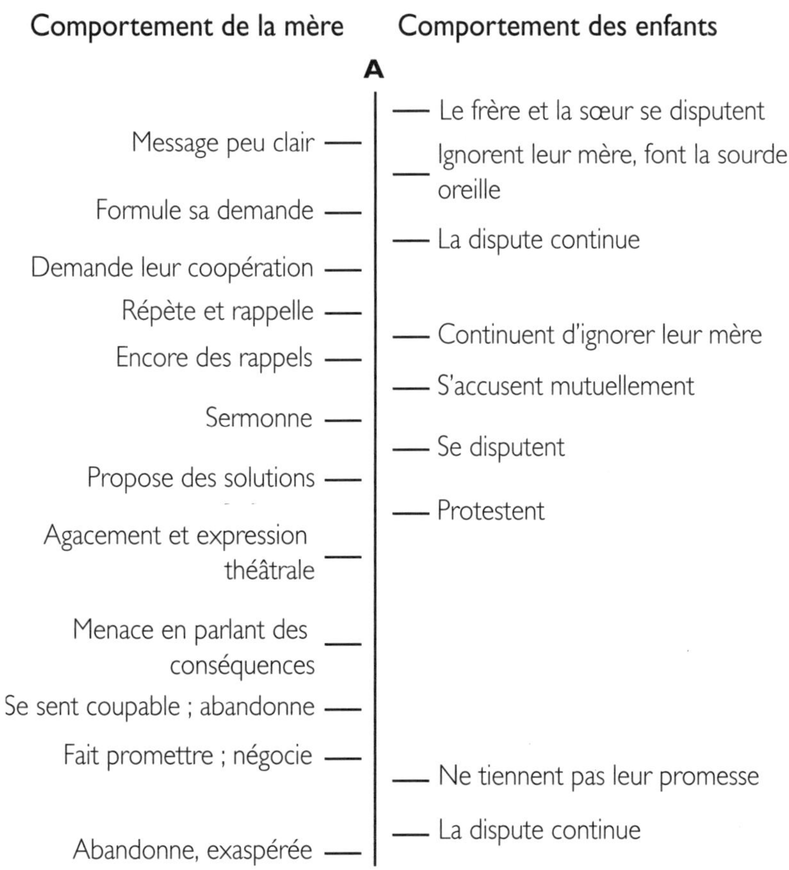

Figure 3.2 : schéma de l'interaction permissive

Pourquoi les enfants n'ont-ils pas coopéré ? La raison est simple : ils n'en avaient pas l'obligation. La coopération était facultative et non obligatoire. La mère n'a pas accompagné ses paroles d'actes efficaces et ne s'est appuyée que sur des mots pour faire passer son message.

Vous imaginez ce que cela donnerait si le code de la route était appliqué en faisant preuve de permissivité ? Vous êtes au volant et rentrez chez vous. Vous approchez d'un feu rouge mais il y a une autre voiture en vue, vous accélérez et passez. À chaque fois que vous approchez d'un carrefour et qu'il n'y a aucune autre voiture, vous faites la même chose. Un flic finit par vous voir et vous arrête.

Comme modèle d'éducation, la permissivité est inadaptée au tempérament et au style d'apprentissage des enfants difficiles.

Il s'approche de votre voiture, sourit, ôte sa casquette et vous informe que vous avez grillé quatre feux rouges. Il poursuit en vous sermonnant au sujet de l'importance du respect du code de la route.

« Ces signaux de circulation sont destinés à assurer votre sécurité, dit-il, ainsi que la sécurité et la protection des autres automobilistes. Si tout le monde grillait les feux, nous aurions des accidents à chaque coin de rue, des blessés et des assurances à un tarif exorbitant. » Puis il vous supplie de vous efforcer de respecter le code de la route à l'avenir. Une fois le sermon terminé, il remonte dans sa voiture et démarre. Si on faisait respecter le code de la route de cette manière, croyez-vous que les usagers se conformeraient aux règles ? Sans doute pas.

Les parents permissifs ressemblent au flic de mon exemple. Ils avertissent, font sans cesse des rappels et expliquent de manière convaincante pourquoi les enfants devraient coopérer. Ils peuvent même menacer de sanctions et parfois passer à l'acte, mais, la plupart du temps, les gamins s'en sortent avec de belles paroles et les parents ne donnent qu'un avertissement.

Un simple avertissement suffit-il à vous empêcher de faire une chose qui vous tient à cœur ? Voyons cela. Quand vous approchez d'un carrefour alors que le feu se met à l'orange et que vous avez la possibilité de passer en toute sécurité, vous arrêtez-vous systématiquement ? La plupart des conducteurs ne s'arrêtent pas, à l'instar des enfants dont les parents envoient des messages pour essayer de mettre un terme à leur comportement répréhensible.

Les enfants ne s'arrêtent pas pour les mêmes raisons que l'automobiliste. C'est facultatif et non obligatoire. La plupart d'entre nous sommes à l'affût du signal qui importe vraiment, le feu rouge. Pourquoi ? Parce que nous associons ce signal à une action réellement significative : une contravention, une collision, une augmentation des assurances, voire des choses pires.

C'est pareil pour les enfants. Ils respectent les signaux essentiels, ceux qui ont un effet direct et important sur eux. Sans contraventions (conséquences) qui les rendent responsables, les enfants n'ont pas de raison de prendre au sérieux les règles de leurs parents.

La permissivité est un système d'orientation reposant sur le feu orange. S'arrêter est facultatif et non obligatoire. Les enfants le savent mais les parents permissifs n'ont pas conscience que leurs signaux n'impliquent pas vraiment un arrêt du comportement indésirable. Ils croient sincèrement que leurs répétitions, rappels, avertissements et discours visant à persuader équivalent à un feu rouge.

Pourquoi les parents permissifs rechignent-ils tellement à aller jusqu'au stade de la « contravention » ? La plupart ont les meilleures intentions du monde. Ils n'essaient pas d'être vagues mais veulent seulement dicter leurs règles avec la manière douce, à l'aide de leurs seules paroles, et éviter la frustration qui accompagne une action sérieuse. Les parents permissifs croient que la frustration temporaire associée à l'application des conséquences peut toucher psychologiquement leurs enfants.

Analysons un peu votre réalité. Êtes-vous habitué à toujours vous débrouiller dans la vie ? Quand vous n'y parvenez pas, quels sont vos sentiments ? Ne sommes-nous pas censés être frustrés lorsque nous n'obtenons pas ce que nous voulons ? N'est-ce pas ainsi que nous apprenons à retarder la gratification immédiate et à nous ajuster à la réalité ? Quand les parents ne permettent pas aux enfants de mesurer et de vivre les conséquences de leurs mauvais choix et comportements, ils les font également passer à côté d'un apprentissage essentiel.

Jérémy, 5 ans, en est la parfaite illustration. Il ne partait pas du bon pied à la maternelle lorsque je l'ai rencontré pour la première fois. Le mot qu'avait envoyé son institutrice était très révélateur : « Jérémy perturbe beaucoup la classe et n'affiche aucune bonne volonté. Il va sans cesse jusqu'à la limite. Quand je lui demande de participer à une activité, généralement, il m'ignore et fait ce qui lui plaît. Quand j'insiste, il crie ou pique une colère. Il semble penser que les règles de la classe ne s'appliquent pas à lui. »

Quand les parents ne permettent pas aux enfants de mesurer et de vivre les conséquences de leurs mauvais choix et comportements, ils les font également passer à côté d'un apprentissage essentiel.

Tableau 3. L'approche permissive

Les croyances des parents	Les enfants coopéreront quand ils comprendront que la coopération est le bon choix.
Le processus de résolution des problèmes	Exclusivement dans les mains des enfants.
Le processus de résolution des problèmes	Par la persuasion. Gagnant-perdant (les enfants gagnent). Les parents prennent en charge la majeure partie de la résolution des problèmes.
Ce que les enfants apprennent	Les règles sont pour les autres, pas pour moi. Les parents sont là pour servir les enfants. Les parents sont responsables de la résolution des problèmes des enfants. La dépendance, le manque de respect, l'égocentrisme.
La réaction des enfants	Ils testent les limites. Ils contestent les règles et défient l'autorité. Ils ignorent ce qu'on leur dit et font la sourde oreille. Ils épuisent les parents avec leurs paroles.

La mère de Jérémy était également contrariée. « À la maison, il est pareil, se plaignait-elle. Le matin, il ne veut pas s'habiller. Quand je l'appelle pour le dîner, il ne vient pas et le moment du coucher est un véritable cauchemar. Je dois lui demander et redemander d'aller au lit et, la plupart du temps, il m'ignore et fait ce qu'il veut. » À l'instar de la plupart des enfants difficiles élevés dans un climat de permissivité, Jérémy s'est habitué à obtenir ce qu'il veut et s'est constitué une palette de techniques pour parvenir à ses fins. C'était un expert dans les domaines suivants : faire la sourde oreille, ignorer, résister, éviter, lambiner, argumenter, débattre, négocier, contester et défier. Quand ces tactiques ne marchaient pas, Jérémy jouait sa carte maîtresse : la colère. Sa mère se sentait généralement coupable et lâchait le morceau.

Jérémy n'avait aucune mauvaise intention. Il agissait ainsi parce que c'était efficace. Ses expériences lui avaient appris ceci : « Les règles sont pour les autres mais pas pour moi. J'ai mes propres règles et je fais ce que je veux. » Il agissait en fonction de ces croyances, aussi bien à la maison qu'à l'école.

Il n'était pas difficile de comprendre pourquoi Jérémy avait un sens si exacerbé du pouvoir et de l'autorité, la sienne en l'occurrence. À la maison, c'était lui la vedette. Les signaux « stop » envoyés par sa mère n'avaient aucun caractère obligatoire. Quand il se comportait mal, il savait qu'on allait lui répéter les choses à de multiples reprises, qu'il se ferait sermonner et menacer, mais aucun de ces signaux d'avertissement ne l'obligeait à s'interrompre. Son éducation ne l'avait pas préparé à prendre en compte les véritables signaux « stop » qu'il rencontrait dans la vie (voir le tableau 3).

L'approche mixte (ni ferme ni respectueuse)

Comme son nom l'indique, l'approche mixte est une combinaison des modèles répressif et permissif. Elle se caractérise par son incohérence, réunissant les pires éléments des deux approches et faisant ressortir les réactions les plus extrêmes chez les parents et les enfants. Les parents employant cette approche basculent fréquemment entre sévérité et permissivité, en quête d'un meilleur moyen de faire passer leur message. Ils savent être respectueux, mais pas sans être permissifs. Ils savent être fermes, mais pas sans punir. Ils ne sont pas capables d'être à la fois fermes et respectueux, ce qui explique leurs bascules incessantes entre sévérité et permissivité.

Essayez d'imaginer l'application des lois du code de la route à l'aide d'une approche mixte. Il existe deux cas de figure. Vous grillez le feu rouge, le flic vous fait la morale et vous laisse repartir avec un avertissement. Ou bien il vous insulte en hurlant, vous dresse une contravention et menace de vous frapper avec sa matraque. Comment savoir à l'avance quel type de comportement il affichera ? On ne peut pas. Comment vous comporteriez-vous ?

Si vous êtes respectueux des lois, vous ne vous risquerez probablement pas très souvent à griller un feu. Si vous êtes rebelle, vous grillerez sans doute souvent les feux et trouverez des moyens de vous venger si vous vous faites prendre.

Il existe de nombreuses variantes de l'approche mixte. La plus courante est celle qui voit les parents commencer par être permissifs, puis s'épuiser, perdre patience et recourir à des tactiques punitives (menaces, humiliations, sanctions importantes). D'autres parents commencent par être sévères puis ils cèdent et recourent à des tactiques permissives s'ils font face à des plaintes ou à une résistance. D'autres encore restent longtemps fidèles à une approche. Ils essaient la permissivité pendant des semaines, voire des mois, jusqu'à ce qu'ils ne supportent plus d'être ignorés. C'est là qu'ils craquent et recourent à des punitions, jusqu'à ce qu'ils ne se supportent plus dans la peau d'un tyran. Ils adoptent alors de nouveau l'approche permissive. Cela s'apparente aux montagnes russes, les différents cycles durant simplement plus longtemps.

L'approche mixte se caractérise par son incohérence, réunissant les pires éléments des deux modèles et faisant ressortir les réactions les plus extrêmes chez les parents et les enfants.

Les divergences entre les deux parents sont l'autre variante que l'on rencontre fréquemment. Par exemple, l'un est sévère tandis que l'autre est permissif, mais l'association de leurs méthodes respectives constitue une approche mixte.

Pour les gamins, cela revient à avoir simultanément deux gouvernements au pouvoir sous le même toit. Faucon d'un côté et colombe de l'autre. Les gosses s'imaginent que les parents ont chacun leurs règles et apprennent à dresser un gouvernement contre l'autre.

Prenez l'exemple de Didier, 9 ans. Il sait qu'il est censé faire ses devoirs avant d'aller jouer dehors, mais ses amis sont déjà sur le terrain de foot et il a vraiment envie de les rejoindre.

La mère de Didier est permissive. S'il lui demande la permission d'aller jouer, il sait que la réponse sera invariablement « oui ». Le père de Didier est sévère. S'il lui demande l'autorisation, il entend d'ici la réponse : « Non ! » Si vous étiez à la place de Didier, à qui demanderiez-vous l'autorisation ? Systématiquement à maman, bien entendu !

Si papa découvre que maman a laissé Didier sortir jouer sans avoir terminé ses devoirs, comment va-t-il réagir ? Il pensera probablement qu'elle est trop indulgente et essaiera de compenser son laxisme en se montrant plus strict. Comment maman réagira-t-elle à l'attitude de papa ? Elle estimera sans doute qu'il est trop sévère et essaiera de compenser sa sévérité par plus d'indulgence. En essayant de rétablir l'équilibre, les parents finissent souvent par s'enferrer dans leur position extrême respective. L'incohérence entre les parents est un terreau fertile à l'apparition de conflits et de tests de la part des enfants.

Revenons à notre conflit entre le frère et la sœur et voyons la façon d'appréhender le problème à l'aide de l'approche mixte. Les parents sont toujours à l'étage en train d'essayer de faire la grasse matinée. Les gamins sont en bas à se disputer le contrôle du canapé.

La maman : (elle entend la dispute mais essaie de ne pas faire attention au bruit. Cinq minutes passent, ils continuent de se disputer. Elle décide d'intervenir.)

« Hé, les enfants, il y en a du bruit ici. Vous ne pourriez pas essayer de la mettre un peu en veilleuse ? (Elle sort de la pièce mais la dispute continue.)
La maman : (qui entre de nouveau dans la pièce, agacée) – Vous avez entendu ce que j'ai dit ? C'est la deuxième fois que je viens vous dire de vous calmer. C'est compris ? (Elle ressort de la pièce mais la dispute continue.)
La maman : (qui entre dans la pièce pour la troisième fois) – Combien de fois il faudra que je vous le dise ? Vous ne pourriez pas être sympas l'un avec l'autre pour une fois ?
Le frère : – J'essayais juste de m'allonger et elle m'a donné un coup de pied.
La sœur : – Non, c'est moi qui voulais m'allonger, et il m'a donné un coup de pied.
La maman : – Il y en a un de vous deux qui ment. C'est qui ? Vous savez ce que je pense des mensonges.
Le frère : – C'est elle.
La sœur : – Non, c'est lui !
La maman : – Ça suffit ! Vous vous comportez tous les deux comme des sales gosses. Si j'en entends encore un, je vous prive tous les deux de vélo et de dessert pour le restant de la journée. (Elle leur lance à tous les deux un regard furieux.) Si vous me cherchez, vous allez me trouver. (Elle quitte la pièce, mais, quelques instants plus tard, le plus jeune pousse un cri.)
La maman : (elle entre dans la pièce et explose) – Je vous avais prévenus ! Vous êtes privés de vélo et de dessert pour le restant de la journée. Vous voulez aussi être privés de télévision ?
Le frère : – T'es méchante.

La sœur : – Non, je dirais plutôt mauvaise.
La maman : (en criant) – Bon, vous serez aussi privés de télévision.
Le frère : – C'est pas juste.
La sœur : – Elle aime faire du mal aux autres.
La maman : – Vous avez eu ce que vous méritiez. Et si j'en entends encore un, vous n'aurez pas le droit de sortir ni de recevoir des amis pendant le restant de la journée. » (Elle lance un regard intimidant à chaque enfant. La dispute cesse.)

Est-ce le comportement des enfants qui a fait exploser la mère ou s'est-elle fait piéger en laissant la situation se dégrader ? Nous allons répondre à ces questions en étudiant le schéma de l'interaction (voir la figure 3.3).

Que se passe-t-il la première fois que la dispute occasionne trop de bruit ? Les gamins reçoivent-ils un message clair de mettre fin à leur dispute ? Non. La mère ignore le bruit et espère que ce dernier va cesser. La dispute continue.

Que se passe-t-il la deuxième fois ? La mère demande leur coopération et quitte la pièce. La dispute continue.

Que se passe-t-il la troisième fois ? La mère entre à nouveau dans la pièce et répète ce qu'elle a dit la fois précédente. Les gosses font la sourde oreille et l'ignorent encore une fois. Elle commence à fatiguer. La dispute se poursuit.

Que fait alors la mère ? Elle réitère sa demande de coopération en essayant d'être respectueuse, mais son message manque de fermeté et de clarté.

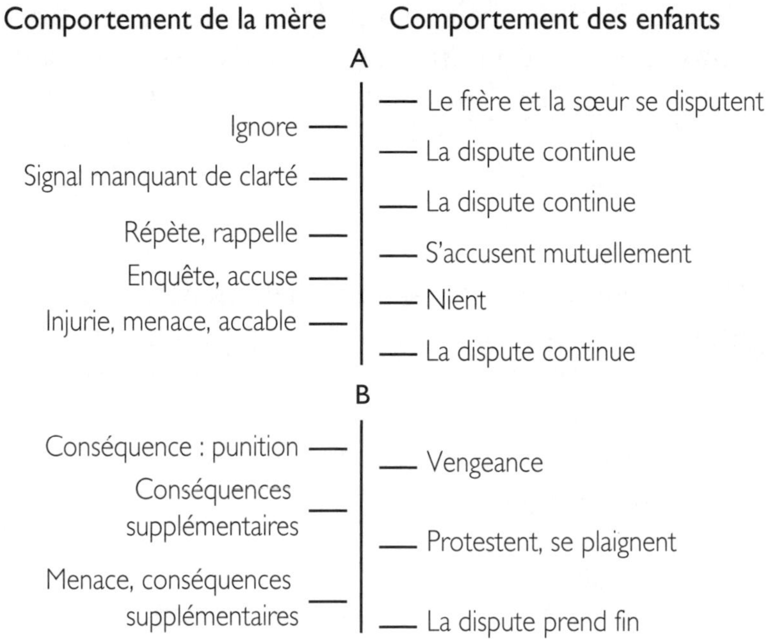

Figure 3.3 : schéma de l'interaction mixte

Comment les gamins réagissent-ils ? Ils rapportent et essaient chacun de faire en sorte que la maman prenne parti. Cela fonctionne. Elle s'emporte, perd patience et opte pour la tactique de la punition. Elle enquête et accuse, mais leurs dénégations accentuent sa colère et sa frustration. Elle passe donc aux injures et aux menaces. Les gamins continuent de faire la sourde oreille. La dispute se poursuit.

La frustration finit par la faire exploser. Elle les prive de vélo et de dessert et menace d'ajouter des sanctions s'ils continuent. Mais les gamins sont en colère et souhaitent se venger. Ils le font à coups de commentaires désobligeants.

Elle répond en les privant de télévision. La lutte de pouvoir est à son paroxysme. Les gosses réagissent en faisant d'autres commentaires blessants, c'est la goutte d'eau qui fait déborder le vase. Elle joue sa dernière carte maîtresse et menace de les priver de sortie pour le restant de la journée. La lutte prend fin. C'est la mère qui a gagné.

Voyons maintenant la situation du point de vue des gamins. Que se passe-t-il les quatre premières fois où ils se comportent mal ? Ils entendent beaucoup d'appels à coopérer mais rien ne les pousse à arrêter leur dispute. Pourquoi la prendraient-ils au sérieux ? Ils ne le font d'ailleurs pas.

Qu'est-ce qui se produit la cinquième fois ? La mère est prête à passer à l'action mais elle a laissé les choses aller trop loin. Sa colère et son agacement prennent le dessus. Elle explose et finit par recourir aux sanctions qu'elle s'efforçait tant d'éviter. Elle souhaite être ferme et respectueuse mais ne sait pas être les deux à la fois.

L'approche démocratique (ferme et respectueuse)

La fixation efficace de limites demande un équilibre entre fermeté et respect. L'approche répressive est ferme mais non respectueuse. L'approche permissive est respectueuse mais manque de fermeté. L'approche mixte n'est ni ferme ni respectueuse.

Ces approches reposent sur des méthodes gagnant-perdant de résolution des problèmes, liées à des croyances erronées en matière d'apprentissage. Elles ne permettent donc pas d'atteindre les objectifs éducatifs élémentaires. Elles ne mettent pas un terme aux mauvais comportements. Elles n'apprennent pas aux enfants à résoudre seuls leurs problèmes. Elles ne permettent pas aux enfants de tirer des enseignements sur la responsabilité, la communication et la résolution des problèmes dans le respect. Ces approches incitent les enfants à tester, à se rebeller et ne sont pas en adéquation avec les tempéraments et styles d'apprentissage des enfants difficiles.

L'approche démocratique est une méthode gagnant-gagnant de résolution des problèmes, alliant fermeté et respect, et permettant de réaliser tous nos objectifs éducatifs de base.

Existe-t-il une meilleure solution ? Fort heureusement oui ! L'approche démocratique est une méthode gagnant-gagnant de résolution des problèmes, alliant fermeté et respect, et permettant de réaliser tous nos objectifs éducatifs de base. Elle met un terme aux mauvaises conduites, responsabilise les enfants et leur permet de tirer de la manière la plus claire possible des leçons en termes de responsabilité, de résolution des problèmes et de communication respectueuse.

Mais surtout, l'approche démocratique fonctionne avec tous les types d'enfants (dociles, difficiles et ceux situés entre les deux catégories). Elle porte plus rapidement ses fruits, demande moins d'efforts, n'est pas blessante, ne met pas en péril les relations et ne donne pas lieu à des luttes de pouvoir.

Ne vous méprenez pas sur l'adjectif « démocratique ». Il ne s'agit pas de suggérer la prise de décision par consensus, la résolution de problèmes via des compromis ou de mettre son mouchoir sur l'autorité parentale. L'adjectif « démocratique » sert à illustrer la façon de fixer des limites.

L'approche répressive fixe des limites sans laisser beaucoup de liberté ou de choix. L'approche permissive offre liberté et choix sans poser des limites bien définies. L'approche démocratique est simplement un équilibre entre ces deux extrêmes. Elle n'est ni trop libérale ni trop restrictive, offrant liberté et choix aux enfants, au sein d'un cadre bien délimité.

L'approche démocratique est un plan d'orientation et de développement sain et équilibré. Elle permet aux enfants de tester et d'explorer de manière salutaire, avec des limites clairement fixées afin de guider leurs choix et apprentissages.

L'approche démocratique réussit là où les autres méthodes échouent par manque de clarté. Les enfants entendent nos paroles et se confrontent aux actes associés, sans les parasites que sont la colère, la théâtralisation, les émotions fortes et les luttes de pouvoir pour parvenir à une communication et à un apprentissage de qualité. Le message est clair, tout comme la règle sous-jacente.

Derrière cette approche figure la croyance selon laquelle les enfants apprennent mieux lorsqu'on les incite à vivre les conséquences de leurs choix et comportements. Ils sont invités à faire des choix, à vivre les conséquences associées et à tirer les enseignements de leurs expériences.

Le processus enseignement-apprentissage est axé sur la coopération et non sur la confrontation. Les parents ne saoulent pas les enfants en répétant les mêmes paroles comme des disques rayés et ne jouent pas le rôle d'inspecteur de police, de juge, de geôlier et de contrôleur judiciaire afin de forcer les enfants à coopérer. Ils servent plutôt de guide au sein d'un processus d'apprentissage naturel. Leurs messages sont clairement exprimés, favorisent la coopération, enseignent des techniques et sont suivis de conséquences instructives liées avec logique au comportement en question.

L'approche démocratique est particulièrement bien adaptée aux tempéraments et styles d'apprentissage des enfants difficiles. Employée avec cohérence, elle leur apprend à écouter le discours des parents, à faire de meilleurs choix et à coopérer plus souvent. Elle ne va pas modifier leur tempérament ou leur mode d'exploration mais leur fournir plus clairement et sous une forme plus compréhensible les informations dont ils ont besoin. Peu importe qu'ils choisissent la difficulté ou la facilité pour leur apprentissage. Derrière l'approche démocratique se cache toujours une leçon que va tirer l'enfant difficile (voir le tableau 4).

Revenons au conflit entre le frère et la sœur qui vous est désormais bien familier et voyons comment il est possible de le gérer à l'aide de l'approche démocratique.

La maman : (d'un ton neutre) « Les enfants, cessez de crier et de vous disputer. Je suis sûre qu'il y a moyen que vous vous partagiez le canapé sans vous battre.

Mais vous avez peut-être besoin d'un peu de temps pour vous calmer avant d'en parler ?
Le frère : – Non, c'est bon.
La sœur : – Je suis prête aussi.
La maman : – Y aurait-il un autre moyen de régler ce problème, sans crier ni vous battre ?
Le frère : – Je ne sais pas mais j'étais assis de mon côté quand elle m'a donné un coup de pied.
La sœur : – Non, il a mis ses pieds de mon côté. Quand j'ai essayé de le faire bouger, il m'a donné un coup de pied.
La maman : – Nous pouvons nous servir du minuteur et accorder à chacun d'entre vous et à tour de rôle, quinze minutes pendant lesquelles vous aurez le canapé pour vous tout seul ou bien vous partagez le canapé, chacun restant bien de son côté. Qu'est-ce que vous préférez ?
Le frère : – Je veux bien partager le canapé.
La sœur : – Moi aussi.
La maman : – Excellent choix. Je savais que vous étiez capable de résoudre le problème, mais si vous vous battez encore une fois pour le canapé, vous devrez vous asseoir tous les deux par terre. »

Tableau 4. L'approche démocratique

Les croyances des parents	Les enfants sont capables de résoudre les problèmes seuls. Les enfants doivent pouvoir choisir et apprendre de leurs choix. L'encouragement est un moyen efficace d'inciter à coopérer.

Le pouvoir et le contrôle	Exclusivement dans les mains des enfants.
Le processus de résolution des problèmes	Les enfants ne disposent que de la quantité de pouvoir et de contrôle qu'ils sont capables d'exploiter de manière responsable.
Le processus de résolution des problèmes	Coopératif. Gagnant-gagnant. Fondé sur le respect mutuel. Les enfants participent activement au processus.
Ce que les enfants apprennent	La responsabilité. La coopération. L'indépendance. Le respect des règles et de l'autorité. La maîtrise de soi.
La réaction des enfants	Plus de coopération. Ils testent moins les limites. Ils résolvent seuls les problèmes. Ils prennent plus au sérieux le discours de leurs parents.

Contrairement à ce qui se passe dans les autres exemples, la mère parvient à stopper le comportement répréhensible de ses enfants et à leur faire tirer les enseignements de l'expérience. Elle y parvient sans aller jusqu'au conflit et à la lutte de pouvoir. Étudions le schéma de l'interaction (voir la figure 3.4).

Vous voyez la modeste longueur du schéma ? Une méthode efficace est également plus rapide, demande moins d'énergie et génère de meilleurs résultats. La mère s'appuie sur un plan. Elle sait comment elle va procéder et est prête à affronter toutes les éventualités. Elle ne perd pas de temps à faire pression inutilement ou à jouer au détective.

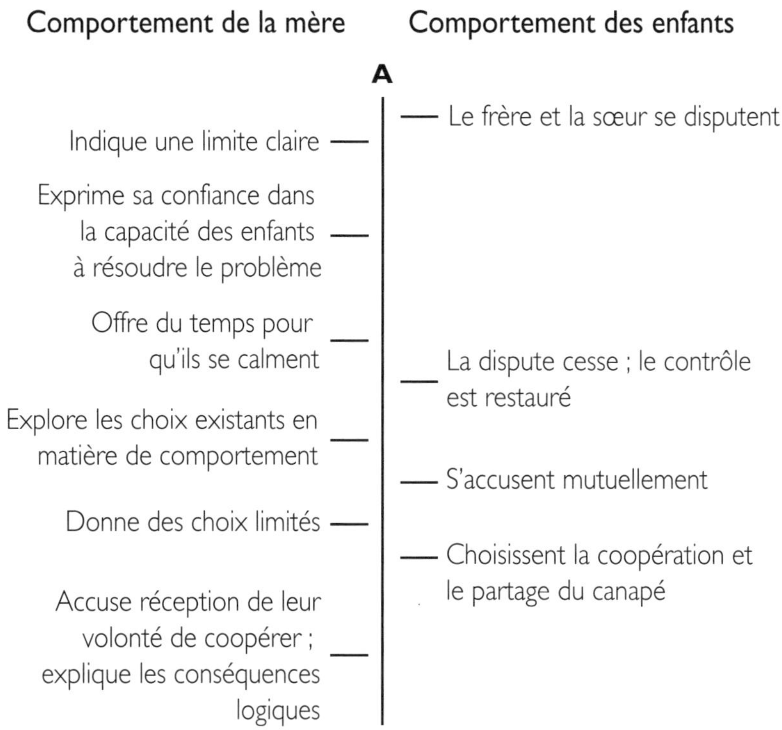

Figure 3.4 : schéma de l'interaction démocratique

Sa première mesure consiste à envoyer un message clair sur le comportement qu'elle souhaite faire cesser. D'un ton neutre, elle leur demande de cesser de crier et de se battre. Puis elle œuvre à créer un climat de coopération en exprimant sa confiance dans leur capacité à résoudre le problème. Ses paroles sont pleines d'encouragement, son message est clair et direct.

En deux phrases courtes, elle crée un climat de coopération et de respect.

La mère sait qu'il est rarement possible de résoudre un problème dans le désordre et dans une atmosphère de colère et contrariété. Elle fournit donc à ses enfants les éléments qui leur faut pour maîtriser leur sentiment de colère. Si le niveau de frustration avait été plus élevé, le sang-froid aurait été présenté comme obligatoire et non facultatif.

Quand la mère est certaine d'avoir restauré le contrôle émotionnel chez les enfants, elle vérifie s'ils ont les capacités de résoudre le problème seuls. Leurs réponses indiquent que ce n'est pas le cas. Elle leur présente donc plusieurs options parmi lesquelles choisir. En choisissant eux-mêmes la solution, les enfants apprennent à prendre en charge la résolution de leurs problèmes.

La leçon se termine comme elle a commencé, dans un climat de coopération et de respect mutuel. Tous les objectifs ont été atteints. La mère a mis un terme au comportement indésirable, a défini le modèle de la communication et de la résolution de problèmes dans une atmosphère empreinte de respect et a appris aux enfants à résoudre seuls des problèmes. Il n'y a eu aucun conflit ou lutte de pouvoir. Personne n'a été accusé ou épinglé. Elle a été si efficace qu'elle n'a pas eu besoin de prendre la moindre sanction. Mais elle était tout à fait prête à ordonner aux enfants de s'asseoir par terre s'ils avaient décidé de poursuivre leur dispute. D'une manière ou d'une autre, ils auraient appris la leçon qu'elle souhaitait donner.

Il est rarement possible de résoudre un problème dans le désordre et dans une atmosphère de colère et contrariété.

Vous vous voyez résoudre les problèmes à l'aide des méthodes employées par cette mère ? Vous imaginez comme l'éducation des enfants serait gratifiante si vous pouviez faire passer vos messages du premier coup, en évitant les disputes et luttes de pouvoir ? Vous pouvez y parvenir. Il vous suffit de disposer de nouveaux outils et de mieux comprendre pourquoi les méthodes que vous utilisez ne fonctionnent pas. Commençons par l'étape de la prise de conscience. Le chapitre suivant va vous aider à étudier la qualité de vos messages et à savoir si vos limites sont fermes ou floues.

Chapitre 4

Vos limites sont-elles fermes ou floues ?

Quand vous dites « non » à vos enfants, s'agit-il d'un vrai « non » ? Si vous leur posez la question, ils vous diront souvent que « non » signifie en fait « oui », « parfois » ou « peut-être ». Dans la plupart des cas, le problème est un manque de clarté des limites. De nombreux parents croient brandir un feu rouge en disant « non » alors que les enfants y voient un feu vert ou un orange clignotant, sachant que la chose demandée a un caractère facultatif et non obligatoire.

Il existe en gros deux types de limites : les fermes et les floues, chacune envoyant un message spécifique concernant nos règles et attentes. Les limites fermes sont des signaux clairs. Les paroles sont accompagnées d'actions efficaces et l'obéissance est à la fois attendue et exigée. Les enfants à qui l'on pose des limites fermes apprennent à écouter nos paroles, à les prendre au sérieux et à coopérer plus souvent.

En revanche, les limites floues sont des messages contradictoires ou des signaux peu clairs à propos de nos règles et attentes. Le discours n'est pas suivi d'actes. L'obéissance n'est pas obligatoire mais facultative.

Les enfants élevés dans un climat où les limites sont floues apprennent en fait à faire la sourde oreille, à ignorer nos paroles et à nous pousser très souvent à prendre des mesures. Les limites floues incitent les enfants difficiles à tester leurs parents et à s'engager dans des luttes de pouvoir.

Les enfants à qui l'on fixe des limites fermes apprennent à écouter nos paroles, à les prendre au sérieux et à coopérer plus souvent.

Quel type de signal utilisez-vous pour obtenir la coopération de vos enfants ? Vos feux rouges sont-ils vraiment rouges ou plutôt orange, voire verts ? Ce chapitre va vous aider à le savoir. Vous allez apprendre ce qui ne fonctionne pas dans votre discours et vos actes et comprendre pourquoi vos enfants réagissent ainsi à vos signaux.

Limites floues : quand « non » signifie « oui », « parfois » ou « peut-être »

Grégoire, 5 ans, sait qu'il n'est pas censé manger des bonbons avant le dîner, mais, pendant que sa mère est au téléphone, il se dirige discrètement vers la boîte à bonbons et en prend une poignée. Quand sa mère découvre le pot aux roses, elle intervient : « Grégoire ! Tu sais que tu n'as pas le droit de manger des biscuits ou des bonbons avant le dîner. Tu n'auras plus faim une fois à table ! » Grégoire a l'air désolé mais n'arrête pas pour autant de manger les bonbons. Sa mère continue de le raisonner.

« Si je te permettais de manger des bonbons quand tu en as envie, ajoute sa mère, tu n'aurais jamais faim à table et tu ne mangerais jamais les aliments qu'il te faut. Si tu as envie de manger quelque chose de sucré avant le dîner, tu veux bien me le dire d'abord ? D'accord ? J'essaierai de te donner quelque chose qui ne t'empêchera pas de manger à table. » Grégoire fait oui de la tête en engloutissant les derniers bonbons qu'il a dans la main. « Alors, chéri, dit sa mère, tu me demanderas d'abord, la prochaine fois ? » Grégoire fait de nouveau oui de la tête. Les limites fixées par la mère de Grégoire pour communiquer ses règles sont floues. Une fois qu'elle a fini de parler, elle pense que son message est passé, mais est-ce vraiment le cas ? Qu'a-t-il vraiment appris sur le fait de manger des bonbons avant le dîner ?

Grégoire a compris les paroles de sa mère et lui a fourni les bonnes réponses mais il a également mangé tous les bonbons qu'il avait dans la main pendant que sa mère le sermonnait. Grégoire a en fait appris qu'il pouvait manger des bonbons avant le dîner tant qu'il pouvait supporter les sermons ennuyeux de sa mère. Les limites fixées par la mère de Grégoire véhiculaient en fait un message différent de celui qu'elle souhaitait transmettre.

Les enfants élevés dans un climat où les limites sont floues apprennent en fait à faire la sourde oreille, à ignorer nos paroles et à nous pousser très souvent à prendre des mesures.

Les limites floues sont des règles théoriques et non concrètes. Elles incitent les enfants à tester leurs parents car elles véhiculent un message contradictoire. Les paroles semblent dire « stop » mais le message indique en fait que le stop n'est ni attendu ni exigé. Grégoire l'a très bien compris et a réagi à la manière de nombreux enfants difficiles face à des « avertissements ». Il a pris acte du message mais a continué de faire ce qu'il voulait.

En matière d'éducation, les limites floues sont inefficaces car elles ne fournissent pas aux enfants les informations dont ils ont besoin pour tirer les choses au clair et établir le lien de cause à effet entre ce que nous disons et ce que nous faisons. Les signaux ne font pas passer le message. Pire : les limites floues créent souvent l'effet contraire. Elles incitent les enfants à tester leurs parents, à se conduire de plus en plus mal et à s'engager dans des luttes de pouvoir.

Les limites floues prennent diverses formes. Il peut s'agir de messages verbaux inefficaces ou d'actes inefficaces. Parfois, ce sont les deux à la fois. Elles ont un point commun : leur incapacité à communiquer correctement le message voulu. L'obéissance n'est ni attendue ni obligatoire. Illustrons cela avec des exemples.

Les limites floues sont des règles théoriques et non concrètes. Elles incitent les enfants à tester leurs parents car elles véhiculent un message contradictoire.

Souhaits et autres espoirs

Amandine, 4 ans, sait qu'elle n'est pas censée jouer avec le nouveau lecteur de CD de son père, mais elle pense savoir le faire fonctionner. Elle le met en marche et appuie sur différents boutons pour faire sortir la musique. Sa mère entre dans la pièce :

« Amandine, j'aimerais vraiment que tu ne joues pas avec le nouveau lecteur de CD de papa. J'ai peur que tu le casses. » Amandine ignore sa mère et continue d'appuyer sur les boutons. Sa mère fait une autre tentative :

« Amandine, papa n'aime pas que tu joues avec son appareil. Il t'a demandé de ne pas y toucher. Tu te souviens, chérie ? » Amandine continue de jouer avec les boutons.

« Amandine ! Je suis en colère, dit sa mère. J'espère vraiment que tu vas arrêter avant que je me mette très en colère. » Amandine essaie toujours de faire fonctionner le lecteur.

Avez-vous entendu un message clair disant qu'Amandine doit arrêter de jouer avec le lecteur de CD ? Amandine ne l'a pas reçu. Les souhaits et espoirs sont une autre façon de dire qu'il serait bien d'arrêter, mais sans pour autant obliger le destinataire du message à s'exécuter. Quand des enfants difficiles entendent ces messages, ils vous testent pour obtenir des éclaircissements. C'est exactement ce qu'a fait Amandine en ignorant sa mère et en continuant de jouer avec les boutons.

Répétitions et rappels

Matthieu, 12 ans, regarde dans le salon son émission préférée, avec un volume sonore élevé.

Depuis l'autre pièce, son père, plutôt agacé, crie : « Matthieu ! Baisse le son. »

Matthieu ignore la demande de son père. Plusieurs minutes passent.

Son père crie de nouveau : « Matthieu, combien de fois va-t-il falloir que je te le répète ? Baisse le son. Tu es sourd ou quoi ? »

Matthieu continuant de l'ignorer, son père crie de nouveau : « Baisse le son ! Les voisins d'en face entendent notre télévision. » Une fois de plus, aucune réponse de la part de Matthieu.

Le père de Matthieu finit par entrer dans la pièce, se place debout entre son fils et la télévision et, le doigt sur le bouton marche/arrêt, dit : « Baisse le son ou je l'éteins carrément. » Matthieu baisse finalement le son.

Que s'est-il passé la première fois que Matthieu a ignoré la demande de son père ? Rien. Matthieu a obtenu ce qu'il voulait. Il en a été de même pour les deuxième et troisième demandes. Si le père ne pensait pas vraiment ce qu'il disait les trois premières fois, pourquoi Matthieu aurait-il pris au sérieux le discours de son père à la quatrième remontrance ?

Son père dit « Baisse le son » mais le message signifie en fait : « Je ne vais rien faire pour l'instant. » Si vous êtes un préadolescent difficile de 12 ans désireux de regarder votre émission avec un volume sonore fort, à quel message réagiriez-vous ?

À l'instar de la plupart de ses pairs difficiles, Matthieu ne baisse pas le son tant qu'il n'y est pas contraint. Les parents qui répètent et rappellent sans cesse la même chose apprennent en fait à leur enfant à faire la sourde oreille et à ignorer leurs propos.

Avertissements et deuxièmes chances

Alexis, 7 ans, traite son frère cadet de face de rat. Sa maman intervient :

« Alexis, je ne veux pas t'entendre lancer des injures à ton frère, surtout celle-ci. Ce n'est pas sympa.

– C'est une face de rat, insiste Alexis, un sourire malicieux aux lèvres. Il apprécie la réaction.

– Ne parle pas à ton frère, ni à quiconque ainsi ! dit sa mère, l'air grave. Tu as compris ce que je t'ai dit ? Je t'aurai averti. »

Alexis décide de continuer : « Face de rat ! Face de rat ! Max est une face de rat ! » dit-il d'une voix chantante.

Sa mère est maintenant vraiment en colère. « Arrête tout de suite ! » Elle hurle : « Je ne plaisante pas. Dernier avertissement. Si je t'entends encore prononcer une fois cette insulte, tu devras passer le restant de la journée dans ta chambre.

– Ouais, répète Max, essayant de provoquer son frère.

– OK, c'est une face de singe, dit Alexis, fier de lui.

– Ça suffit ! hurle sa mère. Va dans ta chambre. Tu y resteras le restant de la journée.

– C'est pas juste ! proteste Alexis. Je ne l'ai pas appelé pareil. Tu changes les règles.

– Tu savais ce que j'entendais par là, insiste sa mère, mais je vais te laisser une dernière chance. Si je t'entends encore l'insulter, tu passeras le restant de la journée dans ta chambre. »

Combien de fois Alexis a-t-il injurié son frère ? Que s'est-il passé à chaque fois qu'il l'a fait ? Il a reçu un avertissement et une deuxième chance. S'il est vraiment inacceptable d'insulter quelqu'un, pourquoi l'a-t-elle toléré six fois sans conséquences sérieuses ?

Faire entendre raison et expliquer

Les parents de Clotilde, 10 ans, lui ont dit de ne pas faire de roller sans porter de genouillères et de coudières, mais elle décide de passer outre et se fait prendre.

« Clotilde, le roller est vraiment dangereux, lui dit son père, inquiet. Tu peux te blesser et les blessures au genou et au poignet mettent beaucoup de temps à guérir.

– C'est débile de mettre des protections, dit Clotilde. Parmi mes amis, personne n'est obligé d'en mettre et aucun ne s'est jamais blessé.

– Ils ont eu de la chance, répond son père. Ta mère et moi ne voulons pas que tu coures ce genre de risques. C'est pour ta sécurité. J'espère que tu mesureras les risques la prochaine fois que tu pars faire du roller sans tes protections. »

Le père de Clotilde pense que ses raisons et explications convaincront sa fille de se protéger, mais que se passera-t-il s'il ne parvient pas à la persuader ? Au pire, elle devra écouter une nouvelle fois les explications de son père. Ce n'est pas la mer à boire.

Si le père de Clotilde veut qu'elle porte ses protections, il doit associer à ses paroles des actes efficaces et la priver de ses rollers pendant un moment à chaque fois qu'elle décide de patiner sans. Peu importe que ces copains n'en portent pas !

Discours et autres sermons

Sandra, 11 ans, sait qu'elle est censée rentrer à la maison immédiatement après l'école mais elle décide de traîner avec ses amies. Elle arrive chez elle avec près de deux heures de retard.

« Où étais-tu passée, jeune fille ? lui dit sa mère, l'air inquiet. C'est la troisième fois cette semaine. Je me faisais du souci. J'ai appelé l'école et je m'apprêtais à appeler la police.

– Je suis allée m'acheter un yaourt avec Susie et Alice, répond Sandra. Je n'ai pas vu l'heure passer.

– Tu n'as vraiment aucun égard, réplique sa mère. À quoi ressemblerait notre maison si tout le monde rentrait à l'heure qu'il veut ? »

Avez-vous entendu un message clair signifiant que rentrer en retard ne serait pas toléré ? Pas Sandra. Le sermon va-t-elle l'aider à rentrer à l'heure à l'avenir ? Probablement pas, surtout si elle veut vraiment traîner avec ses amies. Sandra pense qu'il vaut la peine de rentrer en retard si la seule chose à faire est de supporter le sermon de sa mère. Elle ne prendra probablement pas sa mère au sérieux si elle n'est pas privée de sortie entre copines pendant quelques jours, voire plus longtemps, à chaque fois qu'elle rentre en retard.

Expositions des faits reprochés

Florentin, 6 ans, est supposé ôter ses chaussures sales avant d'entrer dans la maison, mais il est pressé et ne le fait pas. Il met de la boue partout jusqu'à la cuisine.

« Tu me rends folle ! dit sa mère quand elle constate les traces qu'il a laissées. Cette moquette est difficile à nettoyer. J'en ai marre de toujours passer derrière toi ! » Florentin file vers la porte.

Pensez-vous que les propos de la mère vont dissuader Florentin d'entrer chez lui avec ses chaussures la prochaine fois qu'il sera pressé ? Probablement pas : il sait que sa mère nettoiera. Si elle veut vraiment qu'il arrête de tout salir avec ses chaussures, elle doit lui faire nettoyer la moquette à chaque fois qu'il enfreint la règle.

Ignorer le comportement répréhensible

Catherine, 3 ans, a découvert le plaisir de souffler dans son bol lors des repas. Ses parents essaient d'ignorer ce comportement agaçant dans l'espoir qu'elle arrête, mais elle persiste. Les repas ne sont pas très amusants pour les parents de Catherine.

Qu'est-ce qui nous fait penser que l'absence d'un feu vert équivaut à la présence d'un feu rouge ? Au mieux, il s'agit d'un feu orange et nous savons comment les enfants difficiles se comportent face à un feu orange. En ignorant le comportement répréhensible, nous disons en fait : « C'est bon, tu peux le faire. Vas-y. Tu n'es pas obligé de t'arrêter. »

Qu'est-ce qui nous fait penser que l'absence d'un feu vert équivaut à la présence d'un feu rouge ? Au mieux, il s'agit d'un feu orange et nous savons comment les enfants difficiles se comportent face à un feu orange.

Si les parents de Catherine veulent vraiment qu'elle cesse de faire des bulles, ils doivent envoyer le bon message. Ils doivent lui dire d'arrêter avec des mots et lui confisquer son bol pendant un moment à chaque fois qu'elle décide de les tester.

Instructions peu claires

Rachid, 9 ans, vient régulièrement à table en retard. Cela agace ses parents. Alors qu'il se dirige vers la porte pour sortir jouer, sa mère lui rappelle : « Nous mangeons à 19 heures. Ne rentre pas trop tard. »

Que signifie « trop tard » pour un enfant de 9 ans qui veut pouvoir jouer plus longtemps ? 19 h 15 ? 19 h 30 ? 19 h 45 ? Plus tard encore ? Et qui décide ? Il sait jusqu'où aller et, jusqu'à présent, il est toujours rentré en retard.

Les instructions manquant de clarté poussent les enfants à tester leurs parents et favorisent les conflits entre les deux parties. Si les parents de Rachid veulent lui apprendre à rentrer à 19 heures, ils doivent avoir un discours et des actes clairs : « Rachid, tu dois être rentré pour 19 heures. Si tu arrives en retard, la prochaine fois, tu devras rentrer à 18 heures et nous serons sur ton dos jusqu'à ce que tu sois ponctuel. » Rachid possède désormais toutes les informations nécessaires pour faire le bon choix.

Modèle inapproprié

Félicien, 10 ans, et son frère Christian, 8 ans, se disputent violemment à propos d'un jeu vidéo. La querelle dérange leur père. Ce dernier entre donc dans la pièce pour voir ce qui se passe. Il voit les deux garçons se bousculer, se frapper et se traiter de tous les noms.

« Ça suffit ! hurle leur père. Vous ne pouvez pas vous partager le jeu sans vous comporter comme des sales gosses ? » Il leur donne à chacun une claque sur les fesses et quitte la pièce en criant : « Vous avez intérêt à la fermer ! »

Qu'ont retenu les garçons de cet épisode ? Ils essayaient de résoudre un conflit en criant, en se frappant et en s'insultant. La bagarre a dérangé leur père. Qu'a fait ce dernier ? Il a essayé de résoudre le conflit avec des cris, des coups et des insultes. En fait, il leur a appris à faire ce pour quoi il les punissait.

Supplications et cajoleries

Mélodie, 4 ans, est capable de s'habiller seule mais, chaque matin avant le départ pour la maternelle, elle traîne.

« Allez, Mélodie, insiste sa mère. S'il te plaît, dépêche-toi. Tu vas encore être en retard. » Mais Mélodie reste assise par terre en petite culotte, ne se sentant pas du tout concernée. Sa mère fait une autre tentative.

« Tu me ferais vraiment plaisir si tu t'habillais rapidement, ajoute sa mère pour l'encourager. J'aime bien être fière de ma grande fille. » Mélodie attrape une chaussette et l'enfile très lentement.

« Là, je suis contente », dit sa mère. Mais il faut près de cinq minutes à Mélodie pour mettre une chaussette. L'heure de partir approche.

« Très bien pour la première chaussette ! souligne sa mère. Voyons si tu es capable de mettre l'autre chaussette encore plus vite. »

Mélodie prend l'autre chaussette et poursuit sur le même rythme. Cinq autres minutes s'écoulent. Elle a enfin enfilé ses chaussettes.

« En voilà une grande fille ! s'exclame sa mère. Tu y es presque ! Il ne manque plus que ta jupe, ton chemisier et tes chaussures.

– J'arrive pas à mettre ma jupe », se plaint Mélodie, dans l'espoir que sa mère la lui mette.

« Tu y es très bien arrivée, hier, répond sa mère. Allez, montre-moi comme tu es une grande fille. » Mélodie sent l'énervement de sa mère à sa voix. L'heure approche. Mélodie ralentit encore plus la cadence.

« OK, dit sa mère. Commençons par le chemisier. Je sais que tu arrives à le mettre. » Mélodie est assise les bras croisés et fait la moue. « S'il te plaît, ma chérie, la supplie sa mère, je dirai à papa comment tu as réussi. »

Cinq autres minutes passent. Mélodie a enfin mis son chemisier. Il reste trois minutes avant le départ. Sa mère n'en peut maintenant vraiment plus.

« Il faut vraiment que tu te dépêches, supplie sa mère. Il faut y aller. » Pas de chance ! Mélodie continue de lambiner. Hors d'elle, sa mère rend les armes et finit d'habiller rapidement Mélodie afin de pouvoir partir dans les temps.

Les parents qui cajolent et supplient les enfants de coopérer disent en fait : « Tu le feras quand tu en auras envie. » Qui décide quand ou si la tâche doit être exécutée ? Les enfants ! Mélodie sait que l'accomplissement de la tâche est facultatif et non obligatoire. Elle retarde donc les choses et bénéficie d'une attention maximale.

Les parents qui cajolent et supplient les enfants de coopérer disent en fait : « Tu le feras quand tu en auras envie. »

Si la mère de Mélodie veut vraiment que sa fille s'habille dans les temps, son discours doit être minimal et il faut qu'elle passe rapidement au stade de l'action. Le matin, elle doit dire à Mélodie qu'elle dispose de vingt minutes pour s'habiller, mettre le minuteur ou le chronomètre en route et ne plus s'en mêler. Pas de supplications, pas de cajoleries. Si Mélodie n'a pas fini de s'habiller lorsque le temps imparti est écoulé, sa mère devra ramasser les vêtements non enfilés, les mettre dans un panier, attraper Mélodie et se diriger vers la porte. Elle se débattra pour finir de s'habiller.

Seuls papa et maman vivent la routine interminable du matin. Les parents peuvent généralement résoudre rapidement le problème en s'ôtant de l'équation et en replaçant la responsabilité de la séance d'habillage sur l'enfant.

Marchandages et négociations

Tous les samedis, la première chose que Djamel, 13 ans, est censé faire est de tondre la pelouse. Mais il décide de sortir avec ses amis et de dire à ses parents qu'il a oublié. Au moment où il sort, sa mère lui rappelle :

« N'oublie pas de tondre la pelouse avant de partir.

– Il faut vraiment, maman ? demande Djamel. La pelouse n'est pas haute.

– Tu devais déjà le faire le week-end dernier et tu ne l'as pas fait, lui rappelle sa mère. Tu te souviens ? Tu as promis que tu la tondrais aujourd'hui.

– Je ne pourrais pas le faire cet après-midi ? demande Djamel. Je le ferai ce week-end, c'est promis.

– Si tu tonds la pelouse avant midi, tu auras le reste de la journée pour sortir avec tes amis, dit sa mère.

– Mais je ne veux pas le faire avant le déjeuner, se plaint Djamel. On pourrait pas trouver un compromis ? Je tonds la pelouse de devant cet après-midi et celle de derrière demain. Je te promets. Il sent la résistance de sa mère diminuer.

– D'accord, concède-t-elle, frustrée, mais tu ne me feras pas le coup à chaque fois. Tu as compris ?

Pour les enfants, plus particulièrement les enfants difficiles, « négociable » est un peu synonyme de « facultatif ».

– Oui », répond Djamel. Il a en fait compris que la règle de sa mère concernant la tonte de la pelouse est négociable. Pour les enfants, plus particulièrement les enfants difficiles, « négociable » est un peu synonyme de « facultatif ». Que pensez-vous qu'il se passera la prochaine fois que Djamel n'a pas envie de tondre la pelouse ? Les parents qui marchandent régulièrement leurs limites incitent les enfants à les tester et à changer les règles du jeu.

Argumentations et débats

Alexandre, 4 ans, déteste ranger ses affaires. Vous imaginez sa réaction lorsque sa mère lui annonce :

« C'est l'heure de ranger tes jouets et d'aller au lit.

– Je ne veux pas, se plaint-il. Je suis fatigué.

– Je sais que tu es fatigué, dit sa mère, mais tu connais les règles. C'est à toi de ranger les jouets quand tu as fini de jouer avec.

– Des fois, tu ne ranges pas tes affaires, réplique Alexandre. Pourquoi il faut que je range mes jouets si tu ranges pas tes affaires ?

– Tu sais que ce n'est pas vrai, répond sa mère. Je range toujours mes affaires.

– Pas tes trucs de couture, dit Alexandre.

– Je n'ai pas encore fini mon travail, souligne sa mère. Maintenant, s'il te plaît, tu vas faire ce que je te demande.

– C'est pas juste ! proteste Alexandre.

– J'en ai marre de cette discussion, jeune homme ! dit sa mère. Tu connais les règles. Allez, range !

– Ce sont des règles stupides », répond Alexandre d'un ton brusque.

Quel message la mère d'Alexandre envoie-t-elle en débattant sur les règles ? Qu'est-ce qui ne se fait pas pendant la discussion ? Eh bien, Alexandre ne range pas ses jouets. Il ne le fera pas tant que la discussion ne sera pas terminée, et le débat peut durer très longtemps. En s'engageant dans une joute verbale avec son fils, la mère d'Alexandre signifie que ses règles sont sujettes à débat. Elle favorise une lutte de pouvoir en incitant Alexandre à tester ses limites.

Corruptions et récompenses

Aller au centre commercial est un vrai cauchemar pour la mère de Justin et Tina. À chaque fois que ses jumeaux de 6 ans l'accompagnent, ils l'implorent de leur acheter quelque chose et piquent une colère en cas de refus. Une voisine bien intentionnée suggère de les soudoyer.

« Elle a peut-être raison », se dit la mère. Le lendemain, avant d'aller au centre commercial, elle fait une proposition aux enfants : « Si vous parlez à voix basse et faites ce que je vous dis au centre commercial, je vous achète un jouet à chacun. »

La proposition plaît bien aux enfants. À la surprise de leur mère, l'excursion au centre commercial se passe sans aucun problème. « Ouah ! Ça marche du tonnerre ! » se dit la mère.

Cette semaine-là elle fait deux autres sorties. À chaque fois, elle leur offre des jouets pour qu'ils restent tranquilles et les enfants coopèrent sans rechigner.

À la fin du mois, la mère a dépensé près de 70 euros en jouets. Elle commence à se demander si sa tactique est vraiment judicieuse.

Quand les parents proposent des récompenses en échange de la coopération des enfants, ils signifient en fait que la coopération est facultative et conditionnée par l'existence de la récompense.

« Quand j'étais enfant, personne ne m'a jamais donné d'argent pour que je coopère », se dit-elle. Plus elle y pense, plus ça la rend folle. La sortie suivante au centre commercial, elle dit aux jumeaux dans la voiture : « Les enfants, vous avez prouvé que vous pouviez être gentils en public. Je n'ai donc plus besoin de vous acheter des jouets pour que vous vous teniez tranquilles.

– C'est pas juste ! proteste Tina. Justin est d'accord avec sa sœur.

– Si tu ne nous achètes pas de jouets, nous ne t'obéirons plus », menace-t-il. C'est là que leur mère s'est rendu compte qu'elle n'envoyait pas le bon message.

Quand les parents proposent des récompenses en échange de la coopération des enfants, ils signifient en fait que la coopération est facultative et conditionnée par l'existence de la récompense. Souvent, la coopération cesse dès que la récompense est supprimée.

Incohérence entre les deux parents

Si maman dit « Range tes jouets avant de sortir jouer » et papa dit « Laisse-le sortir, chérie. Ses copains l'attendent » en laissant la porte ouverte pour qu'il puisse s'échapper, quel est le message reçu par l'enfant à propos des règles qu'il est censé respecter ?

En fait, deux règles différentes s'opposent. La règle de maman dit « Fais-le, s'il te plaît » et la règle de papa dit « Tu n'es pas obligé de le faire ». Quelle est la règle qui l'emporte ? C'est bien sûr papa qui a les faveurs du fiston.

Que se passera-t-il la prochaine fois qu'on lui demande de ranger ses jouets avant de sortir jouer ? Il testera probablement afin de vérifier la règle en vigueur. Si maman lui demande de ranger ses jouets, l'enfant répondra sans doute : « Papa dit que ce n'est pas la peine. » Si c'est papa qui lui demande, il répondra probablement : « Mais, la dernière fois, tu m'as dit que je n'étais pas obligé de le faire ! » Dans un cas comme dans l'autre, l'incohérence entre les parents mène tout droit la famille au conflit.

Limites fermes : quand « non » signifie vraiment « non »

Mathilde, 5 ans, et sa mère font la queue à la caisse d'un magasin. Mathilde attrape une barre chocolatée sur le présentoir et regarde sa mère.

« Remets-la à sa place, Mathilde, dit sa mère. Tu te sais ce que j'ai dit la dernière fois que tu as réclamé un cadeau à la caisse.

D'autres exemples de messages verbaux inefficaces (limites floues) – Avertissement

- « C'est l'heure de prendre ton bain, d'accord ? »
- « Tu voudrais bien essayer d'être gentille de temps en temps ? »
- « Allez, ressaisis-toi ! »
- « Fais-moi plaisir, obéis, pour une fois. »
- « Tu ne vois pas que je suis au téléphone ? »
- « Je n'aime pas ton attitude. »
- « Tu ferais mieux de te secouer un peu ! »
- « Et si je t'interrompais, ça te plairait ? »
- « Tu te comportes comme un sale gosse ! »
- « Surtout pas de bêtises, hein ? »
- « Je ne le crois pas ! Tu as presque obéi ! »
- « Fais immédiatement disparaître ce petit sourire narquois. »

– S'il te plaît ! implore Mathilde. Juste celle-ci !

– Non, répond sa mère d'un ton neutre. Remets-la à sa place s'il te plaît. »

Mathilde décide de jouer la carte de la comédie et pique alors une colère.

« Excusez-moi, dit la mère de Mathilde au vendeur, je reviens dans deux minutes. » Elle prend sa fille déchaînée sous le bras et la porte dans la voiture, sans hausser la voix, ni la menacer, ni la sermonner, ni céder. Après cinq minutes passées à crier et pleurnicher, Mathilde retrouve son calme.

« Tu es prête à terminer les courses avec moi ? » demande sa mère. Mathilde fait oui de la tête.

D'autres exemples d'actes inefficaces (limites floues) – Avertissement

- Permettre à des enfants de partir en laissant du désordre.
- Ranger le désordre semé par les enfants, à leur place.
- Habiller des enfants qui savent le faire seuls.
- Ignorer un mauvais comportement dans l'espoir qu'il va cesser.
- Fermer les yeux sur un mauvais comportement quand vous êtes de bonne humeur.
- Donner des tapes aux enfants pour leur montrer comment cela fait quand ils frappent les autres.
- Tirer les enfants d'un mauvais pas dû à un comportement indésirable de leur part.
- Trouver des excuses aux enfants qui se comportent mal.
- Nous rendre responsables ou accuser les autres du mauvais comportement de nos enfants.

- Assouplir les règles dans l'espoir de faire exécuter une tâche.
- Céder face aux colères.

Elles reviennent dans le magasin, règlent leurs achats et s'en vont.

Patrick, 8 ans, reçoit également un message ferme quand il décide de tester la demande de son père de ne pas siffler à table. Un matin en effet, au petit-déjeuner, Patrick découvre comme cadeau un sifflet dans sa boîte de céréales. Il le sort, le porte à la bouche et souffle à deux reprises pour voir s'il fonctionne. Trop bien ! Ses frères se bouchent les oreilles et crient pour qu'il arrête. Patrick apprécie le vacarme et continue.

Lorsque leur père entre dans la pièce, il constate ce qui se passe. « Patrick, s'il te plaît, ne siffle pas dans la maison, dit son père d'un ton neutre. C'est un jouet qui s'utilise dehors. »

Patrick lance un regard plein de défi à son père mais obéit et repose le sifflet. À peine son père sorti de la pièce, Patrick reprend son sifflet et le provoque en le faisant retentir à plusieurs reprises. Son père revient et confisque l'objet sans faire aucun commentaire.

Exemples de messages verbaux efficaces (limites fermes) – Stop

- « Arrête tout de suite de le frapper. »
- « On ne mange pas de glace dans le salon. »
- « Enlève tes pieds du canapé, s'il te plaît. »
- « Range tes Lego avant de sortir jouer. »
- « Sois de retour pour 17 h 30. »

- « Soit tu joues selon les règles, sois tu joues à autre chose. »
- « Baisse le son de la télévision s'il te plaît ou je l'éteins. »
- « Si tu joues au ballon dans la maison, je te le confisque. »
- « Si tu jettes la nourriture, tu sors immédiatement de table sans finir de manger. »

Le père de Patrick et la mère de Mathilde ont fixé des limites fermes afin de communiquer leurs règles et attentes. Leurs paroles disent « stop » et sont associées à des actes qui véhiculent le même message. Les deux enfants sont informés de manière très claire. Ils entendent le « stop » et vivent les conséquences liées. L'obéissance est à la fois attendue et obligatoire. Ils reçoivent les données nécessaires pour faire un choix plus acceptable la prochaine fois.

Les limites fermes envoient aux enfants des signaux clairs à propos des règles et attentes de leurs parents. Les enfants comprennent que nous pensons ce que nous disons car ils vivent concrètement le message envoyé. Le discours est en accord avec les actes. Ils apprennent à prendre nos paroles plus au sérieux, à moins nous tester et à coopérer plus souvent. Résultat ? Une meilleure communication, moins de tests et de luttes de pouvoir.

Exemples d'actes efficaces (limites fermes) – Stop

- Utiliser une conséquence qui met un terme aux coups infligés par l'enfant.

- Confisquer la glace à l'enfant qui ne tient pas compte de l'interdiction de la manger dans le salon.
- Priver pendant trois ou quatre jours l'enfant de ses Lego s'il ne les range pas.
- Imposer temporairement un retour à la maison à 16 h 30 à l'enfant qui n'a pas respecté la limite de 17 h 30.
- Interdire pendant un moment à un enfant de jouer à un jeu dont il n'a pas respecté les règles.
- Éteindre la télévision si l'enfant refuse de baisser le son.
- Confisquer le ballon le restant de la journée si l'enfant décide de tester ses parents en jouant dans la maison.
- Ne pas remplacer un jouet perdu ou cassé par négligence.

Les limites fermes sont le prix de la coopération des enfants difficiles.

Résumé du chapitre

Il existe deux sortes de limites : les fermes et les floues (voir le tableau 5). Les limites fermes (quand « non » signifie vraiment « non ») sont des signaux très efficaces car elles transmettent aux enfants toute notre détermination et leur indiquent clairement les limites à ne pas dépasser. Les enfants à qui l'on impose des limites fermes testent moins car ils comprennent que l'obéissance est à la fois attendue et exigée.

Les limites fermes sont le prix de la coopération des enfants difficiles.

Les limites floues (quand « non » signifie « oui », « parfois » ou « peut-être ») sont des règles théoriques qui ne sont pas appliquées. Il en existe diverses formes mais toutes incitent les enfants à tester et à résister, ces derniers tentant de mettre au jour nos véritables attentes et exigences. Avec les enfants difficiles, les limites floues sont propices aux tests et luttes de pouvoir.

Tableau 5. Comparatif Limites fermes/Limites floues

	Limites fermes	Limites floues
Caractéristiques	Exprimées de manière claire, directe et concrète en termes de comportement attendu.	Exprimées de manière peu claire ou sous forme de messages contradictoires.
	Paroles confirmées par les actes.	Aucune action ne vient illustrer la règle fixée
	Obéissance attendue et exigée.	Obéissance facultative et non exigée.
	Fournissent les informations nécessaires pour effectuer un choix acceptable et coopérer.	Ne fournissent pas les informations nécessaires pour effectuer un choix acceptable.
	Responsabilisent	Ne responsabilisent pas.

Résultats prévisibles	Coopération. Moins de tests. Bonne compréhension des règles et attentes. Paroles des parents prises au sérieux.	Résistance. Plus de tests. Plus de mauvais comportements et de luttes de pouvoir. Les enfants ignorent le discours des parents et font la sourde oreille.
Leçons tirées par les enfants	« Non » signifie « non ». Je dois suivre les règles. Les règles s'appliquent aussi à moi. Je suis responsable de mon comportement. Les adultes pensent ce qu'ils disent.	« Non » signifie « oui », « parfois » ou « peut-être ». On ne s'attend pas à ce que je respecte les règles. Les règles sont pour les autres, pas pour moi. Je fixe mes propres règles et fais ce que je veux. Les adultes ne pensent pas ce qu'ils disent. Les adultes sont responsables de mon comportement.

Chapitre 5

La danse familiale

Si vous fixez des limites peu claires ou inefficaces à votre enfant difficile, vous avez indubitablement inventé une danse à laquelle vous vous adonnez indéfiniment lorsque vous êtes en conflit. Il existe diverses formes de danses familiales. Vous avez la version permissive, plutôt verbeuse et longue, la version répressive, plutôt spectaculaire et empreinte de colère et la version mixte, qui rassemble des éléments des deux précédentes. Quelle que soit leur forme, toutes les danses essaient en vain de fixer des limites et d'obtenir la coopération des enfants.

Ces modèles complexes de résolution de problèmes mènent à l'escalade des conflits et luttes de pouvoir. Avec le temps, la danse familiale est tellement ancrée que les membres de la famille la considèrent comme un moyen de communication normal. Ils n'ont même pas conscience de danser.

Les familles telles que celles dont nous allons parler dans ce chapitre s'enferment facilement dans ces modes de communication destructeurs. Sans avoir conscience du problème ni disposer des bons outils, elles n'ont pas d'autres choix que de s'adonner à la seule danse qu'elles connaissent. La prise de conscience est le premier pas vers la libération.

Si vous avez le sentiment d'être prisonnier d'une danse familiale, ce chapitre va vous aider à retrouver le chemin de la liberté. Vous découvrirez comment ces danses apparaissent, prennent fin et ce qui les nourrit.

Mais surtout, vous allez effectuer la prise de conscience nécessaire pour quitter la piste de danse et passer à des méthodes plus efficaces en matière de communication et de résolution de problèmes.

Quelle que soit leur forme, toutes les danses essaient en vain de fixer des limites et d'obtenir la coopération des enfants.

Que retirent les enfants de ces danses ?

Imaginez-vous dans la peau d'un enfant de 5 ans. Vous ne savez pas lire, même pas l'heure. Vous ne devez pas jouer à plus d'un pâté de maisons de chez vous, mais à chaque fois que vos parents vous demandent de ranger vos jouets, vous vous énervez et vous protestez et vos parents entament une danse. Ils vous supplient, vous cajolent, vous avertissent et vous rappellent les consignes, vous font entendre raison et vous expliquent, et si vous continuez de résister, ils crient et menacent de vous confisquer tous vos jouets et de vous retirer tous vos privilèges pendant longtemps.

« Ouah ! Dans quel état ils sont ! vous dites-vous. Ils ont vraiment l'air fâchés ! » La scène est impressionnante, mais vous savez par expérience qu'ils ne vont probablement pas aller jusqu'à l'exécution de leurs menaces. Et, même s'ils le font, c'est tellement amusant que le jeu en vaut la chandelle.

Si vous pouviez générer une telle dimension théâtrale et une telle passion en vous opposant tout simplement à une demande, quels seraient vos sentiments ? Vous vous sentiriez puissant ? C'est sûr. Vous auriez l'impression de mener la danse ? Et comment ! Ça vous amuserait ? Oh que oui !

Les danses familiales sont comme les séries pour adolescents, à savoir une source de divertissement continuelle. Les enfants sont les producteurs et réalisateurs et les parents, les acteurs-vedettes. Le spectacle est réglé comme du papier à musique. Tout le monde connaît son rôle ainsi que la façon dont vont se dérouler les choses lors de chaque situation conflictuelle.

Les danses familiales sont comme les séries pour adolescents, à savoir une source de divertissement continuelle.

Pour les professionnels de la consultation comme moi, les danses familiales sont des erreurs qui renforcent le problème ou des choses que les parents disent ou font, souvent inconsciemment, qui favorisent ou récompensent les comportements indésirables de leurs enfants. La récompense suprême est de n'en faire qu'à sa tête ou de remporter la lutte de pouvoir. Vous avez 5 ans et ne souhaitez pas ranger vos jouets.

Faire en sorte que papa ou maman le fasse à votre place est une perspective très réjouissante.

Même si, au final, ils ne le font pas, vous jouissiez tout de même de tout le spectacle conduisant à la récompense, à savoir toute l'attention négative, le pouvoir et le contrôle que vous récoltez en incitant vos parents à danser. La danse est en soi une récompense.

Si vous dansez régulièrement avec vos enfants, vous êtes probablement prisonnier de ce cercle vicieux qui consiste à récompenser involontairement les comportements indésirables auxquels vous cherchez à mettre un terme.

Si vous dansez régulièrement avec vos enfants, vous êtes probablement prisonnier de ce cercle vicieux qui consiste à récompenser involontairement les comportements indésirables auxquels vous cherchez à mettre un terme.

Cette structure comportementale ne changera que si vous vous rendez compte et admettez ce que vous faites et si vous commencez à cesser de distribuer les récompenses contribuant à alimenter le cercle vicieux. Il vous incombe de faire cesser cette danse. La première étape consiste à prendre conscience de son existence. Voyons comment un couple a identifié sa danse.

Une danse permissive

Brice et Emma sont les parents de Jules, 6 ans, et Marina, 9 ans. La famille est très occupée. Les deux parents travaillent à plein temps et les enfants font beaucoup d'activités en dehors de l'école. Les parents en sont venus à consulter car ils étaient épuisés par le comportement difficile de Jules et les cris et disputes faisant rage à la maison.

« Jules dit systématiquement "non" à tout, a indiqué Emma. Nous crions après lui, alors il crie après nous et sa sœur crie après tout le monde pour que cela s'arrête. Est-ce normal ? Il nous rend tous fous. Je ne sais pas si je vais être capable de supporter cela plus longtemps. »

Brice était également découragé. « Nous essayons d'être justes et raisonnables avec Jules, mais il profite de nous et nous manque de respect. Le tumulte règne constamment à la maison. Je ne sais pas ce qu'il faut faire pour communiquer avec lui. »

Brice et Emma ne s'en sont pas rendu compte, mais cela fait longtemps qu'ils dansent avec Jules. Ils sont prisonniers de l'escalade des conflits et des luttes de pouvoir à l'origine de leur découragement et de leur épuisement. Ma première mesure a été de les aider à identifier les divers tempéraments des membres de la famille. Nous avons dressé le profil de chacun.

Jules a le profil type de l'enfant difficile, avec une persistance négative, une réactivité et une intensité élevées. Il pousse tout le monde à bout. En revanche, sa sœur, Marina, est plutôt une enfant docile sans traits difficiles, ayant toujours le désir de plaire et de coopérer. Brice a le même profil que Marina, tandis qu'Emma aurait plutôt tendance à être difficile, à montrer de l'intensité et à être réactive comme Jules.

Les différents profils ont fourni des éclaircissements sur la dynamique familiale. J'ai compris pourquoi Brice avait tant de mal à cerner Jules. Ils ont des tempéraments très différents. Lors d'un conflit, Brice désire profondément coopérer. Il s'en remet à la raison et œuvre toujours à l'adoption d'une solution acceptable pour tous.

En revanche, Jules tient toujours à ce que l'on adopte la solution qu'il préfère et est prêt à toutes les extrémités pour parvenir à ses fins. Être raisonnable n'intéresse pas Jules si cela signifie ne pas être en mesure de n'en faire qu'à sa tête.

J'ai également compris pourquoi Emma était si virulente avec Jules. Ils ont des tempéraments très proches, affichant tous deux une grande intensité et réactivité. Lors d'un conflit, ils sont comme deux particules chargées qui s'opposent. Tous deux sont très déterminés à prendre le pas sur l'autre. J'ai fait part de mes impressions à Brice et Emma.

Mon objectif suivant a été de vérifier si leurs méthodes éducatives étaient en adéquation avec le tempérament et le style d'apprentissage de Jules. J'ai demandé aux deux parents de choisir un mauvais comportement caractéristique de Jules et de décrire dans le détail ce qu'ils disent et font quand il se conduit ainsi. Sans hésitation, les deux parents sont convenus que Jules était surtout difficile à gérer le matin. Chaque journée commence mal.

« Bon, ai-je dit, décrivez-moi ce qui se passe le matin quand vous demandez à Jules de se préparer pour aller à l'école. »

Emma a commencé. Alors qu'elle décrivait leur routine matinale, j'ai dressé le schéma détaillé de l'interaction parent-enfant. Les schémas sont un excellent outil pour aider les parents à mieux comprendre leur danse. À la fin de l'intervention d'Emma, nous avons pris quelques minutes pour étudier son schéma (voir la figure 5.1). Elle a été stupéfaite par la longueur de son schéma.

« Ouah ! s'est-elle exclamée. Je suis épuisée rien qu'à le regarder. Et dire que je fais ça à longueur de journée !

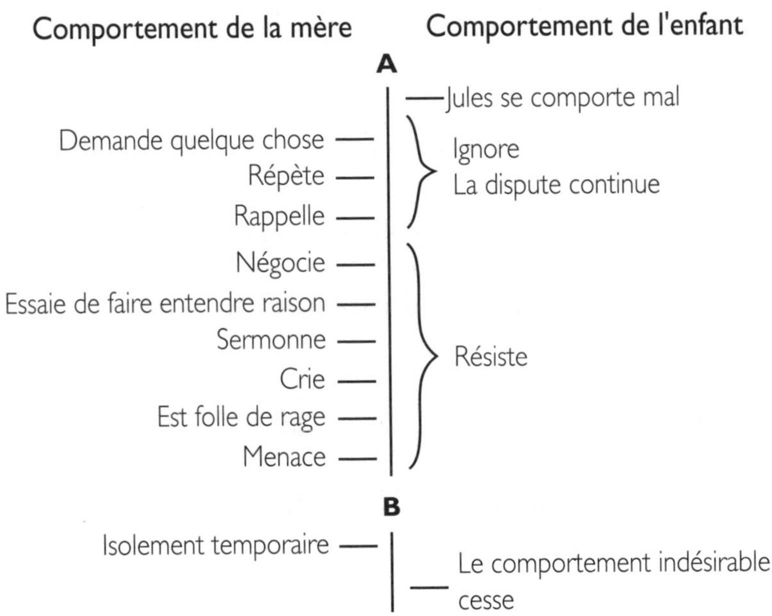

Figure 5.1 : le schéma d'Emma

– Oui, c'est une danse très longue, ai-je répondu. Je comprends pourquoi vous vous sentez épuisée. »

Pour nombre de parents, la danse familiale consiste à collectionner des « coupons de stress ». Une fois qu'ils en ont récolté suffisamment, ils se les redistribuent sous forme de « prix » : maux de tête, maux d'estomac, dépression et autres contrariétés. Emma a une jolie collection de coupons.

Son schéma est éloquent. Du début de son intervention jusqu'à ce qu'elle cesse, elle essaie diverses façons de persuader Jules d'arrêter, mais en vain. Elle commence généralement par lui répéter et rappeler les choses, mais il ignore ses requêtes. Ensuite, elle tente de négocier, de lui faire entendre raison et de le sermonner, sans parvenir à ses fins. Jules continue son opération de résistance.

Pour nombre de parents, la danse familiale consiste à collectionner des « coupons de stress ». Une fois qu'ils en ont récolté suffisamment, ils se les redistribuent sous forme de « prix » : maux de tête, maux d'estomac, dépression et autres contrariétés.

Plus elle parle, plus elle s'énerve, jusqu'à ce que le sermon devienne des cris et la négociation laisse place aux menaces. Une fois le point de non-retour atteint, elle envoie Jules dans sa chambre finir de s'habiller et lui dit qu'il devra partir à 7 h 45 le ventre vide s'il n'est pas prêt. C'est généralement à ce stade que prend fin la mauvaise conduite de Jules. S'il finit de s'habiller dans les temps, il prend son petit-déjeuner. S'il est en retard, il quitte la maison avec un sac plastique rempli de tartines et de céréales. Les deux parents m'ont ensuite regardé encercler toutes les étapes du schéma d'Emma pour lesquelles elle emploie des mots. Je les ai qualifiées d'« étapes verbales ». Elles prenaient pratiquement tout le schéma. J'ai ensuite encadré le terme « isolement temporaire » et ai qualifié cette étape d'« action ». L'encadré occupe une toute petite partie du schéma (voir la figure 5.2).

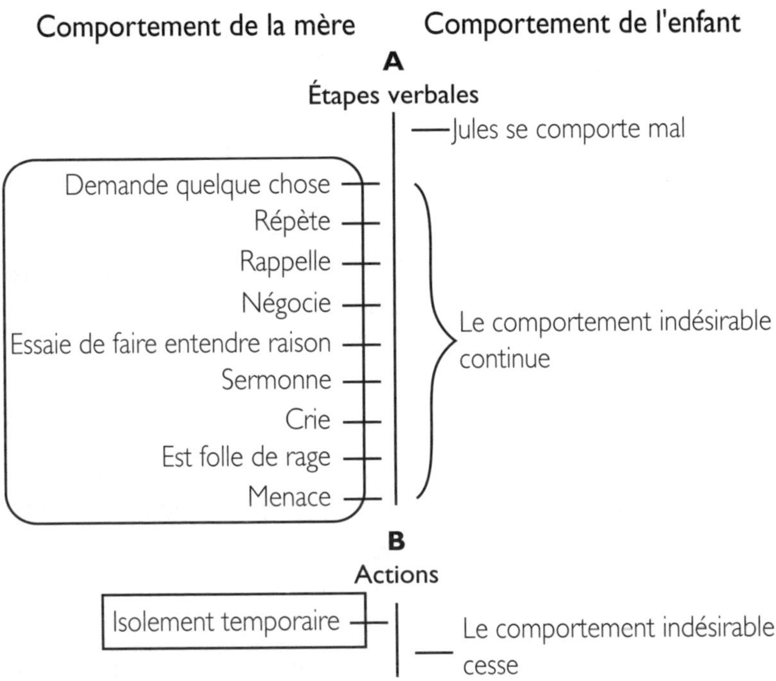

Figure 5.2 : le schéma d'Emma : étapes verbales et actions

« Entre les points A et B, vous essayez plein de choses pour obtenir la coopération de Jules, ai-je observé. Quelle est celle qui fait cesser le comportement indésirable de Jules ? » ai-je demandé. Le regard d'Emma s'est porté vers l'encadré. Le principe était clair. Elle passe la majeure partie de son temps à faire des choses qui ne fonctionnent pas.

J'ai résumé ce que nous disait le schéma : « De votre demande initiale du point A à votre action du point B, Jules vous pousse à bout pour voir jusqu'où il peut aller. Plus il vous provoque, plus vous parlez et plus votre colère monte. Quand vous atteignez le point de non-retour, vous interrompez la danse grâce à votre action. »

Emma a acquiescé.

« À quel stade votre message devient-il clair ? » ai-je demandé.

Elle a montré le stade de l'action.

« Exactement, ai-je dit. C'est quand le comportement indésirable cesse et que la coopération débute. C'est la limite ferme que recherche Jules. La situation s'améliore une fois que vous êtes parvenus à se stade. »

Emma a compris là où je voulais en venir. Elle s'est aperçue que ses méthodes n'étaient pas en adéquation avec le tempérament et le style d'apprentissage de son fils difficile. Un soulagement s'est lu sur son visage.

Je souhaitais ensuite aider Emma à découvrir l'origine de sa danse. Je lui ai demandé de décrire le comportement de ses parents lorsqu'elle se comportait mal étant petite. Alors qu'elle décrivait leurs méthodes, j'en ai dessiné le schéma au tableau à côté de son schéma à elle. Quand elle a eu terminé, je me suis mis en retrait afin de lui permettre de comparer les deux schémas. Elle a eu l'air surprise :

« Je pensais m'y prendre différemment de mes parents question discipline ! » s'est exclamée Emma. Mais les schémas disaient le contraire. À l'exception de la fin, les schémas étaient pratiquement identiques. Emma terminait sa danse par un isolement temporaire et ses parents, par une fessée. Elle s'adonnait à la même danse, avec, pour seule différence, la conclusion.

Nombreux sont les parents à constater avec surprise qu'ils reproduisent le modèle éducatif de leurs parents. Certains, à l'instar d'Emma, essaient de modifier leur méthode afin de corriger les erreurs commises selon eux par leurs parents. S'ils considèrent que leurs parents étaient trop indulgents, ils compensent parfois en étant plus durs. Le plus souvent, ils finissent par pratiquer la même danse avec leurs enfants, avec une fin différente.

Le moment était venu de découvrir la danse de Brice. Je lui ai demandé de décrire la façon dont il gérait la résistance matinale de Jules. À mesure qu'il s'exprimait, je dressais le schéma de son interaction (voir la figure 5.3). Une fois le schéma terminé, je l'ai laissé en prendre connaissance.

« Cette danse vous rappelle-t-elle quelque chose ? lui ai-je demandé.

– Oh oui ! a répondu Brice. Je l'ai bien dansée un millier de fois. J'en connais chaque pas par cœur. »

À première vue, le schéma de Brice ressemblait à une danse comprenant des éléments contradictoires, mais sa caractéristique marquante était l'absence d'action. Il s'adonnait à une danse permissive comprenant des caractéristiques répressives. Sa danse était sonore, pleine de colère et spectaculaire, avec beaucoup de paroles mais aucune action.

Brice commence généralement par essayer d'ignorer la mauvaise conduite de Jules afin d'éviter la confrontation. Cette tactique ne fonctionne jamais. Au bout de quelques minutes, Brice fatigue et demande à Jules de s'habiller avec de la colère dans la voix, ce dernier ignorant immédiatement la requête de son père. Brice a horreur d'être ignoré de la sorte mais il fait son possible pour garder son sang-froid. Il répète alors sa demande, puis essaie de lui faire entendre raison et lui explique ce qu'il attend mais Jules continue de l'ignorer.

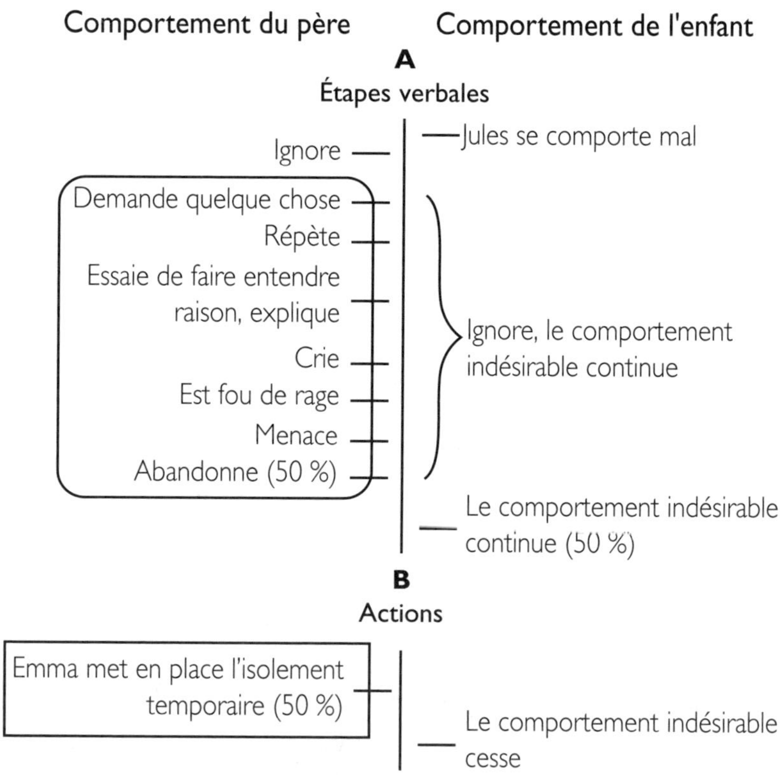

Figure 5.3 : le schéma de Brice

C'est là que Brice perd son calme. Il commence à piquer l'amour-propre de Jules, à lui faire des reproches, à crier et à le menacer, mais son fils n'est pas du tout impressionné par cette intervention théâtrale. Il se braque et hurle à son tour.

Une fois sur deux, quand le ton est trop monté, Emma s'en mêle et envoie Jules dans sa chambre, ce qui met un terme au comportement indésirable de leur fils. Les autres fois, Brice s'éloigne, frustré, et Jules recueille alors le meilleur fruit de la danse engagée avec son père.

Je suis revenu sur le schéma de Brice et ai encerclé toutes les étapes du schéma de Brice pour lesquelles il emploie des mots. Je les ai qualifiées d'« étapes verbales ». Le cercle occupe pratiquement tout le schéma. L'action qui finit par mettre un terme à la danse appartient à Emma et ne se produit qu'une fois sur deux.

Le schéma de Brice étant terminé, j'ai donc résumé ce qu'il nous disait. « Jules vous pousse à bout pour voir jusqu'où il peut aller. Plus il vous provoque, plus vous parlez et plus votre colère monte. Quand vous atteignez votre point d'explosion, vous vous éloignez, frustré, ou Emma met un terme à la danse à votre place. » Il a fait oui de la tête. Brice a admis s'adonner à une danse permissive et a pu constater que ses méthodes n'étaient pas adaptées au tempérament et au style d'apprentissage de Jules.

J'ai ensuite aidé Brice à découvrir l'origine de sa danse. Je lui ai demandé de me décrire ce que faisaient ses parents quand il se conduisait mal étant petit. Alors qu'il décrivait leurs méthodes, j'en ai dessiné le schéma au tableau à côté de son schéma à lui.

Les deux schémas étaient similaires à une exception flagrante près. Brice terminait sa danse en abandonnant et en s'éloignant, alors que ses parents terminaient la leur par une fessée. Sinon, la danse de Brice présentait les mêmes caractéristiques que celle de ses parents en termes de volume sonore, de colère et de théâtralité.

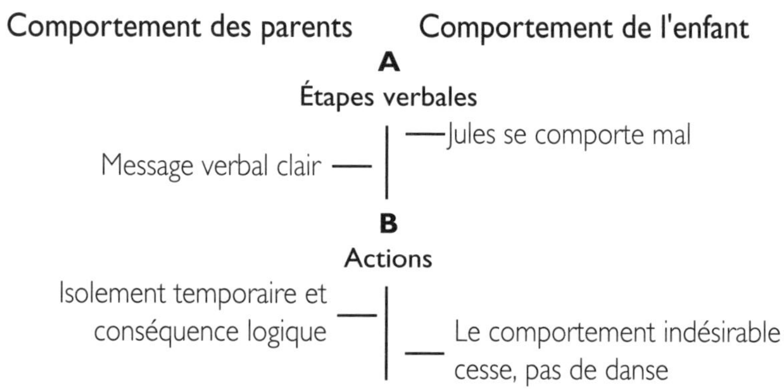

Figure 5.4 : le nouveau schéma de Brice et Emma

Le plus difficile était passé. Brice et Emma avaient identifié leur danse et les scénarios inspirés de leur famille respective. Ils étaient prêts à apprendre de nouvelles techniques et à quitter la piste de danse.

Le meilleur moyen de mettre un terme à une danse est de commencer par envoyer un message clair et de rapprocher nos étapes verbales et nos actes. Je suis revenu sur le schéma de départ d'Emma pour illustrer le processus à mettre en place.

« Vous vous souvenez de tout le temps passé par Emma à s'enliser à cause de tout un tas de messages verbaux inefficaces ? leur ai-je demandé. Jules résiste à tous vos messages jusqu'à ce qu'Emma entame son action. C'est là que son comportement indésirable cesse et qu'il consent à coopérer. Vous pouvez éviter carrément les danses en commençant par un signal clair en A puis en passant directement à l'action en B, en faisant l'économie de toutes les étapes intermédiaires inefficaces. La prochaine fois que Jules vous résiste le matin, demandez-lui simplement de finir d'exécuter sa tâche dans sa chambre et de n'en sortir qu'une fois celle-ci terminée. Ainsi, le signal sera clair, sans danse ni avantages tirés d'une mauvaise conduite. » Le nouveau schéma de Brice et Emma a très vite ressemblé à celui de la figure 5.4. Vous pouvez vous aussi en avoir un similaire.

Une danse répressive

Richard et Lydie, parents de deux enfants âgés de 7 et 13 ans, Clément et Ingrid, pratiquaient une danse que je ne suis pas prêt d'oublier. J'en ai eu un premier aperçu dans la salle d'attente, avant même qu'ils ne pénètrent dans mon cabinet.

« Allez, Ingrid, a dit Lydie à sa fille de 13 ans au moment où ils étaient invités à entrer. Mais Ingrid avait décidé de rester là, les bras croisés, très déterminée.

– Allez-y, vous, a répondu Ingrid à ses parents. C'est vous qui avez besoin de consulter, pas moi.

– Si tu faisais ce que l'on te demande de temps en temps, nous ne serions pas tous là, a répliqué sa mère avec colère.

– Non, tu trouverais bien quelque chose qui te ferait hurler, a rétorqué Ingrid. Tu excelles en la matière.

– Je ne vais pas laisser passer ton impertinence, a dit Lydie.

– Ah ouais ! Et qu'est-ce que tu vas faire ? Me priver de sortie ? Tu ne te gênes pas pour me manquer de respect, toi ! a-t-elle répondu.

– Je suis ta mère, a répliqué Lydie.

– Non, tu es un dictateur, a dit Ingrid, toujours assise sur sa chaise.

– Ça suffit, Ingrid ! est intervenu Richard. Allez. Il faut entrer dans le cabinet. » Ingrid a accompagné à contrecœur ses parents dans mon cabinet, mais avant même de nous être assis, la danse a repris de plus belle.

« Vous voyez comment elle est ? » s'est plainte Lydie, essayant de me faire prendre parti.

Avant même que je puisse adopter une position de neutralité, Ingrid a lancé sa dernière pique : « Ouais, parce que toi, tu es peut-être agréable à vivre ? » a-t-elle dit en ricanant.

« Je constate que vous êtes tous très en colère et que votre frustration est bien réelle, ai-je dit, essayant de détourner l'attention de sur Ingrid. J'ai du mal à résoudre les problèmes lorsque je suis dans cet état d'esprit. Prenons quelques minutes pour faire retomber la pression. » J'ai donné à chaque enfant un questionnaire sur leurs centres d'intérêt et j'ai tendu aux parents des formulaires à consulter pendant ce temps-là.

La séance venait tout juste de commencer que nous avions déjà pris connaissance d'une technique dont ils auraient souvent besoin pour interrompre leur danse : le retour au calme. Une fois le calme restauré, j'ai demandé à Richard si la dispute qui venait de se produire était similaire à celles éclatant à la maison.

« Cela arrive constamment depuis qu'Ingrid a été privée de sortie il y a six semaines », a-t-il répondu. Richard a ensuite décrit les événements à l'origine du rendez-vous avec moi.

Le problème est survenu quand Ingrid est rentrée à la maison avec son bulletin trimestriel. Elle avait eu un 8 en science et en maths, les deux matières avec lesquelles elle a le plus de difficultés. Quand Lydie a vu le bulletin, elle s'est mise en colère.

« Un 8 n'est pas une note acceptable dans cette maison, a-t-elle déclaré.

– Il reste six semaines avant la fin du semestre, a répondu Ingrid. C'est largement suffisamment pour me rattraper.

– Tu vas avoir plus de temps que tu ne le penses, a répliqué Lydie, parce que tu ne sortiras plus après l'école tant que tu n'auras pas de meilleures notes. » Ingrid a donc été privée de sortie.

Quand elle a essayé de protester, sa mère l'a menacée d'ajouter des sanctions et informé Ingrid que la cause était entendue. Ingrid a alors explosé : « Tu es méchante et injuste ! » a-t-elle hurlé.

Lydie l'a alors également privée de téléphone pour la même durée. « Continue si tu veux d'autres sanctions », a dit Lydie d'un ton sarcastique.

Ingrid a couru dans sa chambre et claqué la porte.

Ce soir-là, Richard a tenté de jouer au médiateur, mais la situation a empiré. Tout d'abord, Lydie a reproché à Ingrid d'être paresseuse et irrespectueuse. Puis

Ingrid a accusé Lydie d'être méchante et injuste. Lydie a commencé à crier et Ingrid s'y est mise aussi. Dans le feu de l'action, Ingrid a traité Lydie de « garce ». Ingrid l'a regretté immédiatement, mais c'était trop tard. Lydie était sur le point de gifler Ingrid quand Richard est intervenu. Il a privé Ingrid jusqu'à nouvel ordre de l'une de ses activités préférées : le patinage du samedi.

« Je ne savais pas quoi faire d'autre », a dit Richard, visiblement frustré. Ingrid était déjà privée de sortie les soirs de semaine, ainsi que de téléphone. « Elle est trop grande pour recevoir une fessée, mais je ne pouvais pas non plus laisser passer ça. » À l'instar de Lydie, Richard enfonçait encore un peu plus le clou avec sa sanction.

J'étais curieux de voir comment leurs différents tempéraments influaient sur l'issue de ces conflits. Je leur ai demandé à tous de m'aider à dresser le profil du tempérament de chacun des membres de la famille. La plupart des familles aiment cet exercice.

Les profils étaient révélateurs. Richard et Clément avaient des profils similaires, plutôt dociles et avec peu de traits extrêmes ou difficiles. Le profil de Lydie révélait une personne à forte personnalité, ayant tendance à être lunatique, réactive et à faire preuve de beaucoup d'intensité dans ses réactions. Le profil d'Ingrid était une version plus extrême de celui de Lydie. Elles formaient à elles deux un cocktail explosif.

Nous avons parlé de la compatibilité et des antagonismes de leurs divers tempéraments et de la façon dont les méthodes spectaculaires faisant la part belle aux colères pouvaient rapidement envenimer les luttes de pouvoir avec les enfants difficiles. Les parents étaient soulagés d'apprendre que la tendance d'Ingrid à tester et à résister de manière extrême était normale. Ils ont également mieux évalué la docilité de Clément.

Les méthodes spectaculaires faisant la part belle aux colères peuvent rapidement envenimer les luttes de pouvoir avec les enfants difficiles.

« Voyons quelle est l'adéquation de vos méthodes éducatives avec le tempérament de vos enfants », ai-je suggéré. J'ai commencé par Richard :

« Généralement, que faites-vous lorsque Ingrid ou Clément se comportent mal ? ai-je demandé. J'ai dessiné au tableau le schéma des méthodes que me décrivait Richard.

– Je commence par leur demander d'arrêter, a-t-il dit.

– Avec le ton qui est le vôtre actuellement ? » ai-je demandé.

Il a fait oui de la tête.

« Est-ce qu'ils s'arrêtent ? ai-je demandé.

– Non, il faut généralement que je hausse le ton pour avoir leur attention, a répondu Richard.

– Que faites-vous ensuite ? lui ai-je demandé.

– Généralement, je leur redis, a-t-il répondu.

– Est-ce qu'ils coopèrent ensuite ? ai-je poursuivi.

– Clément, oui, a-t-il répondu, mais pas Ingrid. Elle discute et demande pourquoi elle devrait faire ce que je lui dis.

– Comment vous sentez-vous à ce stade ? lui ai-je demandé.

– Je suis en colère, a répondu Richard. Je finis généralement par dire quelque chose comme : “Pour une fois, tu ne peux faire ce que je te dis sans discuter ?”

– N'oublie pas les menaces et les sermons prononcés avec colère, a ajouté Ingrid.

– Oui, ça peut m'arriver également, a confessé Richard.

– Ça peut t'arriver ? a dit Ingrid, les yeux écarquillés.

– Bon, d'accord, je le fais souvent, mais ça n'arriverait pas si tu obéissais immédiatement, a répliqué Richard.

– Que se passe-t-il ensuite ? ai-je ajouté, me demandant si les sanctions allaient bientôt tomber.

– Quand Clément pousse le bouchon trop loin, je lui mets généralement une fessée, a répondu Richard. Il m'arrive de le priver de ses privilèges pendant une semaine ou deux. Quand il a fait quelque chose de vraiment mal, il a le droit à la fessée et au retrait de ses privilèges, mais je n'ai pas souvent besoin de filer une fessée à Clément. Généralement, il coopère. J'ai arrêté de mettre des fessées à Ingrid quand elle a eu 12 ans. Désormais, je la prive de téléphone, de télévision, de chaîne hi-fi, de sortie avec ses amis, de patinage ou de toute sortie pendant plusieurs semaines.

– Est-ce que cela met un terme à son comportement répréhensible ? lui ai-je demandé.

– Sur le moment, oui, a dit Richard, mais il nous faut alors vivre aux côtés d'une enfant en colère et pleine de ressentiment jusqu'à la fin de la punition.

Il arrive que ce soit plus dur pour nous que pour Ingrid. » Lydie a fait oui de la tête pour marquer son accord.

Le schéma de Richard était terminé. Je me mis en retrait afin de permettre à tout le monde d'y jeter un œil.

« Ça vous dit quelque chose ? leur ai-je demandé.

– Vous avez mis le doigt sur quelque chose, a souligné Richard. Je ne sais pas vraiment ce que c'est, mais je le fais souvent en tout cas.

– J'appelle cela des danses, ai-je répondu, et vous n'êtes pas le seul à vous y adonner. Beaucoup de parents dansent afin d'obtenir la coopération de leurs enfants. Observons les pas propres à votre danse. »

Je suis revenu sur le schéma de Richard, ai encerclé toutes les étapes reposant sur des paroles et les ai nommées « étapes verbales ». Elles occupaient la majeure partie de son schéma. J'ai ensuite encadré les étapes comprenant une action et les ai nommées « actions ». Celles-ci n'occupaient qu'une petite portion du schéma, à la fin de ce dernier (voir la figure 5.5).

« Vous utilisez deux types d'étapes pour obtenir la coopération de vos enfants : les étapes verbales et les actions, ai-je souligné. Laquelle met fin au comportement indésirable ?

– Les actions, à la fin, a répondu Richard.

– Tout à fait, ai-je remarqué. Vos actions interrompent la danse pour un moment. Voyons maintenant ce que vous ressentez quand vous entreprenez ces actions. Plus tôt, vous avez dit ressentir de la colère lorsque vos enfants vous tenaient tête. Ces disputes conduisent à des sermons et des menaces. On dirait que ça chauffe de plus en plus jusqu'à ce que vous mettiez un terme à la danse grâce aux actions. »

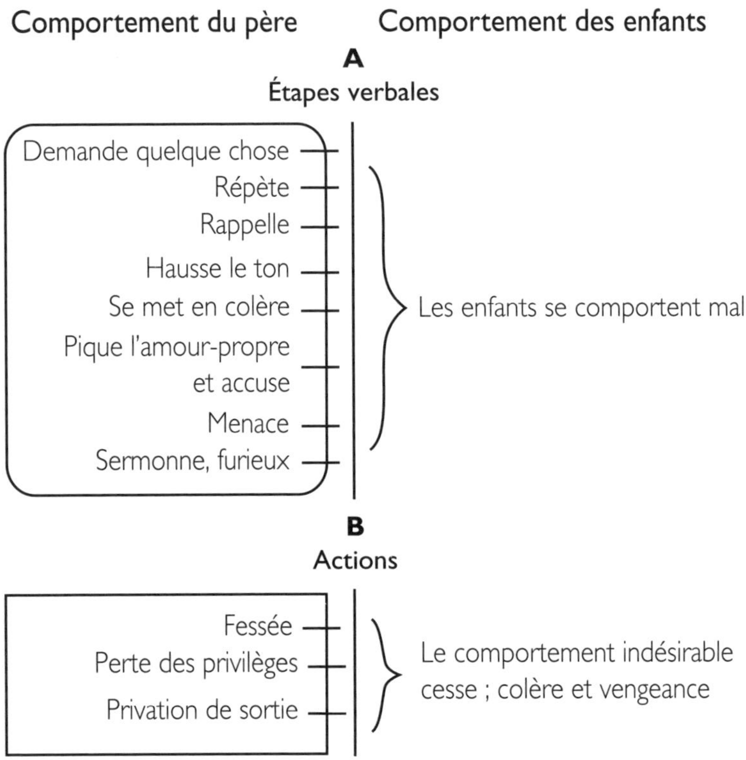

Figure 5.5 : le schéma de Richard

Richard a fait oui de la tête. Il prenait conscience que plus il parlait, plus Ingrid résistait et plus sa colère augmentait. Il passait le plus clair de son temps à dire et à faire des choses qui ne fonctionnaient pas.

« Étudions maintenant vos actions, ai-je suggéré. Vos actions mettent fin temporairement à sa mauvaise conduite, mais elle est furieuse, vous en veut et se venge. Vous finissez alors par vous adonner à de nombreuses versions plus courtes de la même danse ne comprenant aucune action.

– C'est là que ça coince, a admis Richard. Je ne sais pas quoi faire d'autre à ce stade. Mais on ne peut pas laisser passer ça. Elle faut qu'elle comprenne que nous attendons sa coopération. »

J'ai acquiescé puis demandé :

« S'il existait un moyen de faire passer votre message sans déclencher sa colère et sa vengeance, souhaiteriez-vous l'utiliser ?

– Bien sûr, a répondu Richard. Toutes ces luttes de pouvoir me fatiguent.

– Très bien, ai-je dit, je vais vous montrer comment procéder. Voyons comment a démarré votre danse. Que faisaient vos parents lorsque vous vous comportiez mal étant enfant ?

– Mes parents s'y prenaient complètement différemment de Lydie et moi », a répondu Richard. Pendant qu'il décrivait la façon dont ses parents faisaient régner la discipline, j'ai dessiné au tableau le schéma de leurs méthodes, à côté du sien.

Les méthodes employées par les parents de Richard seraient aujourd'hui considérées comme de la maltraitance. Ils criaient, menaçaient, faisaient claquer une ceinture contre une chaise pour terroriser leurs enfants. Puis ils attrapaient les enfants.

Aux yeux humides de Richard, il était clair que les plaies morales causées par cette danse familiale douloureuse n'étaient pas encore refermées. Cela expliquait aussi pourquoi il jugeait que Lydie et lui avaient des méthodes différentes, modérées par rapport à celles de ses parents.

Mais en étudiant les schémas, Richard ne pouvait passer à côté des similitudes. Lui et Lydie ne terrorisaient pas et ne frappaient pas leurs enfants avec une ceinture, mais leur danse blessante et pleine de colère ressemblait à celle de ses parents. Le ressentiment d'Ingrid commençait à lui rappeler des choses. Richard comprenait que ses méthodes axées sur la punition ne convenaient pas à sa fille difficile.

Le moment était venu de passer aux méthodes de Lydie.

« Lydie, que faites-vous quand vos enfants se comportent mal ? ai-je demandé.

– Je fais à peu de chose près comme Richard, a répondu Lydie, mais je n'ai pas sa patience. Je me mets en colère et je crie dès le départ, et je reste dans cet état tout du long. »

J'ai dessiné pour Lydie un schéma similaire à celui de Richard, à la différence près que j'ai écrit au début « immédiatement en colère ».

« C'est ça ? ai-je demandé une fois le schéma achevé.

– Je pense que vous avez oublié certaines choses, a précisé Ingrid. Et les sarcasmes et défis ? Tu me dis toujours : "Vas-y, continue. Chiche !" Papa ne fait pas ça.

– Oui, il m'arrive de me laisser emporter, a admis Lydie, surtout quand elle continue de parlementer une fois que je l'ai menacée de lui retirer ses privilèges. »

J'ai repris le schéma de Lydie afin de le corriger. Puis, comme pour les schémas précédents, j'ai encerclé toutes les étapes verbales et encadré ses actions. Le schéma de Lydie était désormais achevé (voir la figure 5.6). « C'est bien votre danse ? » ai-je demandé.

Elle a opiné du chef. Nous avons tous pris le temps de la parcourir.

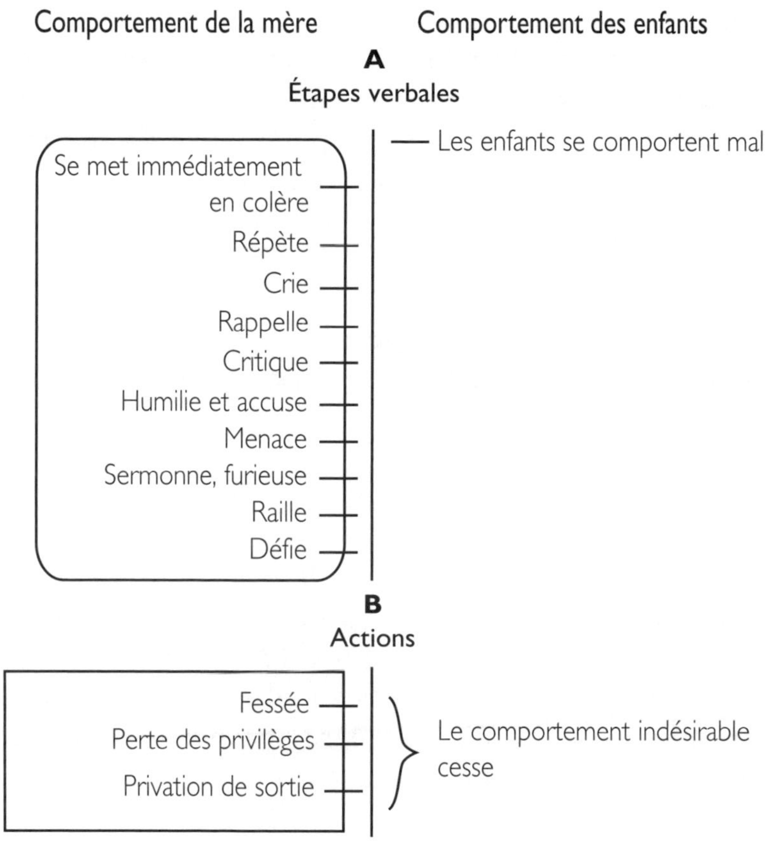

Figure 5.6 : le schéma de Lydie

La danse de Lydie était plus sonore et émotionnelle que celle de Richard, tout en présentant beaucoup de similitudes. Elle s'enlisait dans des joutes verbales avec Ingrid. Plus elle parlait, plus Ingrid résistait et plus la colère de Lydie montait. Quand elle décidait que les choses avaient été trop loin, Lydie mettait fin à la danse à coups de sanctions : fessée, privation de sortie ou pertes des privilèges pendant de longues périodes.

« Les enfants difficiles répondent le mieux à des messages clairs envoyés avec fermeté, sans trop de théâtralité et d'émotion. Que se passerait-il si vous passiez directement du point A à vos actions du point B, en supprimant toutes les étapes intermédiaires ? ai-je demandé.

Les enfants difficiles répondent le mieux à des messages clairs envoyés avec fermeté, sans trop de théâtralité et d'émotion.

– Il y aurait beaucoup moins de palabres, a reconnu Lydie.

– Et aussi beaucoup moins de colère, ai-je ajouté. La suppression de toutes ces étapes permettrait de faire cesser la mauvaise conduite d'Ingrid plus rapidement et cela vous demanderait moins d'énergie, mais votre fille demeurerait en colère et vous en voudrait toujours d'avoir pris ces actions. Maintenant, imaginons que vous entrepreniez de nouvelles actions qui ne déclencheraient pas sa colère ou son ressentiment. Dans ce cas, la danse s'imposerait-elle ?

– Quand vous expliquez les choses, c'est soudain simple et facile, a-t-elle dit.

– Je pense que vous allez trouver les méthodes simples et faciles à mettre en place, ai-je répondu. De votre côté, le plus dur est de ne plus vous adonner à votre ancienne danse. Vous avez déjà franchi le palier le plus important : en avoir conscience. Voyons maintenant comment vous avez appris votre danse. »

J'ai demandé à Lydie de me décrire ce que ses parents disaient et faisaient quand elle se conduisait mal étant petite.

« Je sais d'où je tiens mon côté théâtral, dit Lydie. Ma maman nous criait toujours dessus pour une raison ou pour une autre. Elle faisait constamment des remarques. Nous finissions généralement par coopérer mais, dans le cas contraire, elle nous retirait nos privilèges ou nous privait de sortie. Je me souviens avoir été privée de sortie pendant des semaines, pour des broutilles.

– Que ressentiez-vous alors ? ai-je demandé.

– J'étais en colère et je lui en voulais, a-t-elle répondu.

– Comme Ingrid ? » ai-je demandé.

Lydie a vu là où je voulais en venir :

« Je ressemblais beaucoup à Ingrid, a précisé Lydie, et je me rebellais aussi beaucoup quand j'estimais que ma maman n'était pas juste. Je l'aimais mais nous avions des relations orageuses.

– Est-ce que cela ressemblait à votre relation avec Ingrid ? » ai-je demandé.

Lydie a souri de nouveau. Elle constatait que la danse à laquelle elle s'adonnait avec sa mère ressemblait beaucoup à celle qu'elle pratiquait avec Ingrid. Les rapports noués autour de cette danse offraient également de grandes similitudes.

« Quelles étaient les méthodes utilisées par votre père ? lui ai-je demandé.

– Mon père nous punissait, mais ne criait pas, ne nous menaçait pas et ne se mettait jamais en colère, a répondu Lydie. Il nous demandait simplement d'arrêter et si nous n'obéissions pas, il nous mettait une fessée. Il n'y allait pas très fort mais suffisamment pour faire cesser notre comportement. Plus grands, il nous retirait également nos privilèges et nous privait de sortie, mais pas pendant plusieurs semaines comme maman. Il s'efforçait au maximum d'être juste. »

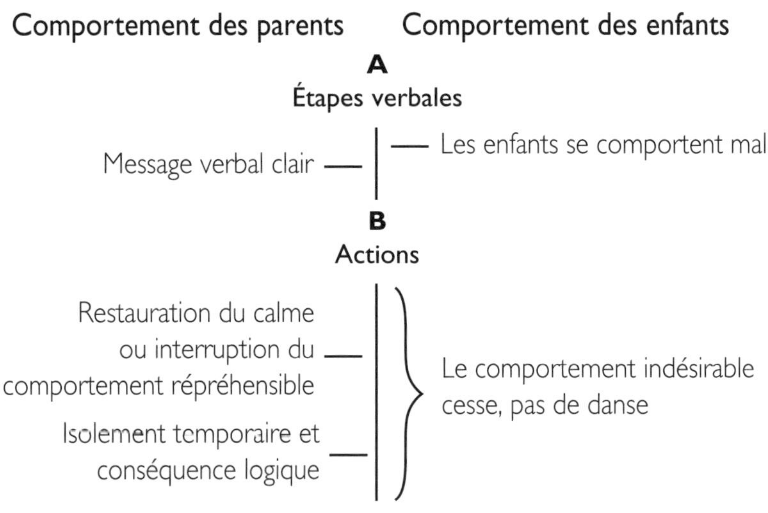

Figure 5.7 : le nouveau schéma de Richard et Lydie

Lydie associait plusieurs éléments des méthodes de ses parents. Ses étapes verbales ressemblaient à celles employées par sa mère tandis que ses actions englobaient à la fois des mesures de sa mère et de son père. Richard et Lydie sont repartis de cette séance forts d'une nouvelle prise de conscience. Ils ont identifié leurs danses punitives et compris que leurs méthodes éducatives n'étaient pas en adéquation avec le tempérament de leur fille. Ils étaient prêts à apprendre de nouvelles façons de faire passer leur message.

Lors des séances suivantes, ils ont appris à envoyer d'emblée un message clair et concis (voir le chapitre 6) et à utiliser des méthodes pour restaurer le calme (voir le chapitre 7) lorsque Ingrid essayait de leur imposer un bras de fer. Puis ils ont appris à imposer à Ingrid des conséquences de ses actes plus efficaces (voir le chapitre 8). Ils ont troqué les fessées, privations de sortie et pertes de privilèges pendant de longues périodes pour des isolements temporaires et des conséquences logiques. Leur nouveau schéma a très vite ressemblé à celui de la figure 5.7. Offrez-vous donc le même schéma !

Une danse mixte

De toutes les danses auxquelles s'adonnent les parents avec leurs enfants, la danse mixte est la plus longue, la plus bruyante, la plus théâtrale et la plus destructrice. Elle allie les pires caractéristiques des deux approches extrêmes et génère les comportements les plus extrêmes chez les enfants difficiles. Cette danse les incite à contester les règles et l'autorité de leurs parents puis à finir par exploser quand ils doivent faire face à des conséquences sévères. Elle use considérablement les parents.

Il existe différentes variantes de la danse mixte. Dans n'importe quelle situation, certains parents commencent par punir mais reviennent à plus de permissivité si les enfants leur résistent un peu.

D'autres s'en tiennent longtemps à une approche donnée. Ils essaient de jouer la carte de la permissivité pendant des semaines, voire des mois, jusqu'à ce qu'ils ne supportent plus la résistance ou l'indifférence des enfants. C'est alors qu'ils fatiguent, sont gagnés par la frustration et recourent à des méthodes punitives, jusqu'à ce qu'ils ne se supportent plus dans la peau du tyran. Ils redeviennent alors permissifs. Ce cycle de volte-face peut durer des semaines, voire des mois.

De toutes les danses auxquelles s'adonnent les parents avec leurs enfants, la danse mixte est la plus longue, la plus bruyante, la plus théâtrale et la plus destructrice.

La variante la plus courante de l'approche mixte est la suivante : les parents commencent par la permissivité, avec beaucoup de répétitions, rappels, avertissements, cajoleries, raisonnements et explications. Puis ils fatiguent et emploient des tactiques répressives : humiliations, accusations, cris, fessées, privation de sortie, confiscation des jouets préférés ou retrait des privilèges pendant de longues périodes.

Luisa, qui élève seule ses deux fils de 4 et 6 ans, illustre à merveille cette utilisation de la variante courante de la danse mixte. Elle est entrée épuisée dans mon cabinet.

« Mon fils de 4 ans va me conduire tout droit à l'asile, a-t-elle dit pour commencer. Avec lui, c'est une bataille permanente : s'habiller le matin, prendre les repas, le bain, ranger les jouets et faire en sorte qu'il arrête de taquiner son frère. Carlos m'ignore, fait la sourde oreille, parlemente, me défie, m'insulte et pique des colères quand les choses ne tournent pas comme il l'entendrait. Son frère aîné, Felipe, ne se comporte jamais ainsi, il fait toujours ce que je lui demande. »

Sur la base de notre échange, je pressentais les tempéraments en présence mais je souhaitais vérifier mon intuition. Avec Luisa, nous avons dressé le profil du tempérament de chaque membre de la famille. Cela a confirmé mon intuition : Luisa et Felipe étaient des personnes dociles, sans traits extrêmes. Dans les situations conflictuelles, ils avaient le désir profond de faire plaisir et coopérer. De par leur tempérament très similaire et compatible, Luisa s'identifiait à Felipe et comprenait son comportement.

En revanche, Carlos poserait problème à n'importe quel parent. Il a tendance à être lunatique, à afficher une intensité élevée dans ses réactions et à faire preuve d'une grande persévérance négative. À l'instar de la plupart des enfants difficiles, Carlos ne choisit pas la solution de facilité en matière d'apprentissage. Son profil a validé ce que Luisa soupçonnait mais n'avait jamais tout à fait compris. Une question la taraudait :

« Est-il normal ? m'a-t-elle demandé.

– Pour moi, oui, ai-je répondu, mais il présente également des traits de tempérament très difficiles. » Luisa a semblé soulagée d'entendre le mot « normal ».

« Les enfants difficiles ont besoin de limites claires et fermes leur montrant le bon chemin, ai-je ajouté. Voyons si vos méthodes éducatives sont en adéquation avec le tempérament et le style d'apprentissage de Carlos. » J'ai demandé à Luisa de décrire exactement ce qu'elle dit et fait quand Carlos taquine Felipe. Pendant qu'elle s'exprimait, j'ai dessiné son schéma au tableau. Le tableau était tout juste assez grand pour y faire tenir l'intégralité de son schéma (voir la figure 5.8). Découvrant son schéma achevé, elle n'en croyait pas ses yeux.

« Je n'arrive pas à croire que je fais tout ça, a-t-elle dit. Je dois bien supporter ça une dizaine de fois par jour.

– Eh oui, c'est une danse épuisante, ai-je confirmé. Je me sens fatigué rien que d'en avoir dessiné le schéma ! »

Luisa débute sa danse par de nombreux rappels et répétitions, mais, généralement, Carlos l'ignore totalement. Ensuite, elle essaie de lui faire entendre raison et de lui expliquer. Si cela marche avec Felipe, il n'en est rien avec Carlos. Il continue de l'ignorer.

Ensuite, elle essaie d'obtenir sa coopération en lui offrant des récompenses. Cela porte parfois ses fruits mais, la plupart du temps, Carlos se braque, résiste encore plus et parlemente pour obtenir plus. C'est là que la colère et la frustration submergent Luisa. Elle se met alors soudainement à crier, à humilier, à accuser et à menacer Carlos de lui mettre une fessée, de lui confisquer ses jouets ou de lui retirer ses privilèges. Carlos ne se laisse pas impressionner par cette intervention théâtrale. Généralement, il crie après sa mère, l'insulte ou pique une colère si elle n'abandonne pas. Une fois sur deux, Luisa met ses menaces à exécution. Sinon, elle s'épuise et se contente d'un sermon ou d'un avertissement donné avec virulence.

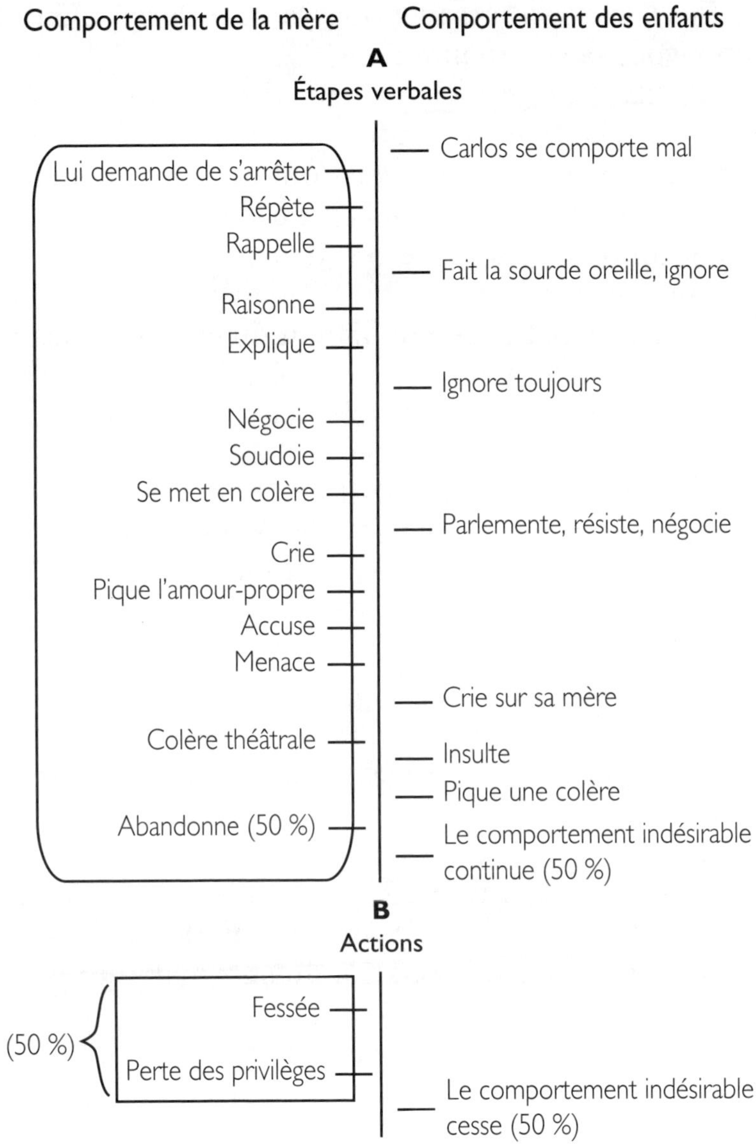

Figure 5.8 : le schéma de Luisa

« Vos danses sont frénétiques, ai-je observé. Quand sentez-vous la colère monter ?

– Pendant des années, je suis d'abord intervenue avec calme, a-t-elle répondu, mais ça n'avait aucun effet. Maintenant, je me mets tout de suite en colère et j'y reste tout le temps, mais je ne le montre à Carlos que s'il commence à contester. Je perds alors patience et commence à crier. ».

Sa perte de patience témoignait du caractère usant de sa danse mixte empreinte de colère.

J'ai inscrit au début du schéma de Luisa les mots « tout de suite en colère ». Son schéma étant achevé, j'ai résumé ce qu'il nous disait.

« Plus vous parlez, plus Carlos vous teste et plus votre colère monte. Quand vous atteignez le point de non-retour, vous explosez et lui s'y met à son tour. Une fois sur deux, vous mettez un terme à votre danse grâce à votre action. Le reste du temps, vous vous contentez d'un sermon ou d'un avertissement. » Luisa a opiné du chef. Elle constatait que ses méthodes n'étaient pas adaptées au style d'apprentissage de son fils.

« Essayons maintenant de trouver l'origine de votre danse. Que faisaient vos parents lorsque vous et vos frères et sœurs vous conduisiez mal ? lui ai-je demandé.

– C'est ma mère qui s'occupait de la discipline à la maison, a répondu Luisa. Moi, j'étais docile. J'étais rarement punie, pas comme ma sœur. Ma mère répétait et rappelait sans cesse les choses, marchandait, négociait et criait fort. Quand nous avions été trop loin, elle menaçait de le dire à notre père, qui nous mettait généralement une fessée.

– Intéressant, ai-je observé. Votre mère était permissive et votre père, répressif. Ensemble, leurs méthodes formaient une approche mixte. Vous voyez des similitudes avec vous ? »

Luisa avait compris qu'elle reproduisait la danse de ses parents. Elle faisait d'abord preuve de permissivité, comme sa mère, puis finissait par être répressive, à l'instar de son père. Sa danse mixte était composée d'un peu des deux approches. Le moment était venu de montrer à Luisa comment quitter la piste de danse. Je suis revenu sur son schéma.

« Votre danse comprend seize pas, ai-je dit, mais seuls deux d'entre eux mettent fin au comportement indésirable de Carlos. Quels sont les pas qui stoppent votre danse ? » Luisa a montré du doigt les actions.

« Exact, ai-je dit. Carlos prend vos actions au sérieux, mais leurs conséquences sont blessantes et mettent de l'huile sur le feu. Que se passerait-il si vous commenciez par lui dire ce que vous attendez au point B, puis vous enchaîniez immédiatement avec une action en B qui ne soit pas blessante ou ne le rende pas revanchard ? »

Luisa a compris où je voulais en venir. En supprimant toutes les étapes inefficaces entre les points A et B, elle pouvait faire cesser le comportement indésirable de Carlos et obtenir rapidement sa coopération sans colère, démonstration théâtrale ou luttes de pouvoir. Le nouveau schéma de Luisa ressemblerait alors à celui de la figure 5.9. Ce peut également être le vôtre.

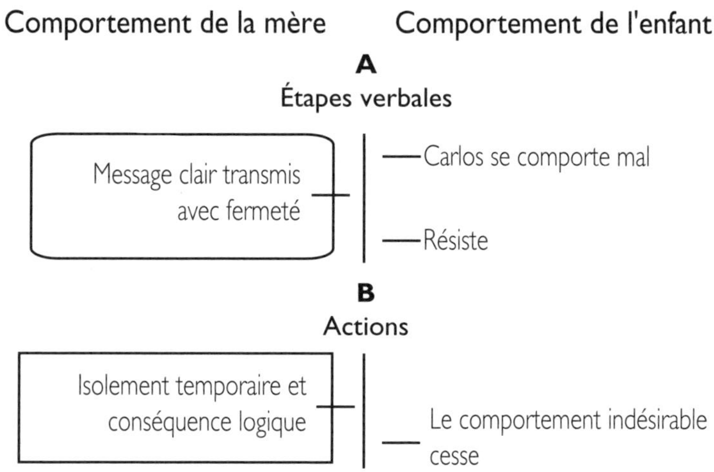

Figure 5.9 : le nouveau schéma de Luisa

Résumé du chapitre

Les danses familiales sont des modes de communication et de résolution de problème destructeurs qui se transmettent de génération en génération. Elles commencent toutes par des messages peu clairs ou inefficaces, sont alimentées par la colère, la résistance, l'incompréhension et le ressentiment et génèrent toutes une escalade des conflits et des luttes de pouvoir.

Pour les parents, les danses familiales représentent une source permanente de frustration, de stress et de découragement. Pour les enfants, il s'agit d'une formidable source de divertissement. Pour les professionnels de la consultation familiale, ces danses sont des erreurs qui renforcent le phénomène, les choses dites ou faites par les parents incitant les enfants à mal se comporter ou récompensant ces derniers de leur mauvaise conduite. Avec le temps, les danses familiales deviennent si familières et tellement ancrées dans le quotidien que les membres de la famille les considèrent comme normales. Ils n'ont même plus conscience de danser. La prise de conscience est la première étape vers la libération.

Le meilleur moyen d'arrêter une danse est de ne pas la démarrer. Nous devons commencer par envoyer un message clair et ne pas mordre à l'hameçon dont se servent les enfants pour nous entraîner dans une lutte de pouvoir. Le chapitre suivant va vous montrer comment procéder. Il est temps de raccrocher vos chaussures de danse et d'opter pour des méthodes de communication plus efficaces.

Chapitre 6

Avoir un discours clair

Les mots employés sont la base d'un message clair et, le plus souvent, c'est là que la communication échoue car les parents en disent et en font trop. La colère, les interventions théâtrales et les émotions fortes altèrent facilement la clarté de votre message et diminuent les probabilités de coopération de votre enfant. La teneur du message importe certes, mais la façon de le véhiculer également. Votre discours est un outil éducatif essentiel.

Ce chapitre va vous montrer comment vous servir de cet outil de la façon la plus claire et efficace possible. Vous allez apprendre, via quelques directives simples, à fournir à votre explorateur accrocheur les informations dont il a besoin pour opérer un choix acceptable et coopérer dès le départ.

Voyons quel discours tiennent deux parents pour gérer une situation typique. Imaginez la scène suivante : Matteo et Thomas, tous deux 6 ans, montent sur les blocs modulaires d'une aire de jeu sous les yeux de leur mère, assise sur un banc. Tout se passe bien jusqu'à ce Thomas décide de faire son intéressant en sautant depuis une plateforme haut perchée, manquant de peu de percuter plusieurs enfants jouant au-dessous. La mère de Thomas intervient :

« Thomas ! Non mais ça ne va pas bien ? se met-elle à crier. Tu aurais pu blesser ces enfants. Tu ne peux pas grimper sur les barres comme les autres enfants ? Il faut toujours que tu fasses ton intéressant ! » Elle secoue la tête, écœurée. « Si je te vois refaire ça, je vais me mettre très en colère. Tu as compris ? » Elle le fusille du regard. Thomas retourne sur les blocs modulaires.

Thomas a-t-il entendu un message clair disant qu'il ne fallait pas sauter de la plateforme ? Non. A-t-il entendu qu'il devait arrêter de sauter de la plateforme ? Non. Qu'a-t-il entendu ? Il a saisi que son comportement mettait sa mère en colère. Cela suppose-t-il qu'il doive arrêter ? Non. Au pire, que lui arriverait-il s'il recommençait ? Sa mère serait encore plus en colère.

La colère, les interventions théâtrales et les émotions fortes altèrent facilement la clarté de votre message et diminuent les probabilités de coopération de votre enfant.

Si vous étiez un enfant difficile de 6 ans adorant sauter depuis les plateformes, ce message vous dissuaderait-il de recommencer ? Probablement pas. Vous chercheriez peut-être même à savoir au bout de combien de sauts votre mère ferait quelque chose pour que vous arrêtiez. L'inefficacité du message pousse Thomas à tester sa mère et est propice à la naissance d'un conflit entre les deux.

Voyons maintenant comment la mère de Matteo gère la même situation lorsque ce dernier décide d'imiter Thomas. Elle s'approche calmement de Matteo et lui envoie un message clair : « Ce n'est pas bien de sauter depuis la plateforme, Matteo, dit-elle d'un ton neutre. Si tu recommences, tu ne remonteras plus et tu devras jouer à autre chose. C'est bien clair ? »

Matteo fait oui de la tête.

Pas d'humiliation, pas d'accusation, pas de cris, pas d'intervention théâtrale. Son message est axé sur le comportement et non sur l'attitude, les sentiments ou la valeur de Matteo en tant qu'individu. Ses paroles sont précises et directes, son ton est neutre. Elle lui dit simplement ce qu'elle attend de lui et ce qui va se passer s'il n'obéit pas.

Matteo dispose de toutes les informations nécessaires pour opérer un choix acceptable et coopérer. Qu'il coopère ou non, sa décision lui donnera une bonne leçon si sa mère tient bon. Le message clair envoyé par sa mère est propice à une expérience très instructive pour Matteo.

Conseils pour envoyer des messages clairs

La clé du message verbal clair est de dire le strict nécessaire avec précision, fermeté et de manière respectueuse. Voici des conseils pour démarrer.

Se focaliser sur le comportement

Dans les situations où vous devez guider votre enfant vers le bon choix, l'objectif principal doit être de rejeter le comportement inacceptable et non l'enfant auteur dudit comportement. Il est donc nécessaire de mettre l'accent au début du message sur le bon élément, à savoir le comportement, et non sur l'attitude, les sentiments ou la valeur de l'enfant. Les messages qui piquent l'amour-propre, condamnent, critiquent ou humilient vont trop loin. Ils rejettent aussi bien l'enfant que la mauvaise conduite et obscurcissent le message. L'objet du message est alors erroné.

Dans les situations où vous devez guider votre enfant vers le bon choix, l'objectif principal doit être de rejeter le comportement inacceptable et non l'enfant auteur dudit comportement.

Par exemple, si vous voulez que votre enfant de 5 ans cesse de donner des coups de coude à son frère à table, voici le message clair que vous pourriez délivrer : « Laisse ton frère tranquille, s'il te plaît », ou « Arrête de donner des coups de coude à ton frère », et non « Qu'est-ce que tu dirais si on te donnait des coups de coude pendant que tu manges ? » ou « Pourquoi faut-il que tu sois si casse-pieds ? » ou « Tout le monde te déteste quand tu es comme ça ! ». Ces trois derniers messages ne fournissent pas les informations essentielles dont a besoin un enfant de 5 ans, à savoir qu'il ne faut pas donner des coups de coude à son frère à table et qu'il est impératif de stopper ce comportement.

Si vous souhaitez que votre enfant de 10 ans arrête de crier dans la maison, votre message doit être par exemple « Parle doucement, s'il te plaît » ou « On ne crie pas dans la maison » et non « Tu voudrais bien essayer d'être un peu plus prévenant ? » ou « Comment réagirais-tu si je te dérangerais pendant que tu es en train de faire quelque chose ? »

Soyez précis et direct

Un message clair doit indiquer aux enfants de manière précise et directe ce que vous souhaitez qu'ils fassent. Si nécessaire, dites-leur quand et comment procéder. Plus le message est court, mieux c'est.

Par exemple, pour que votre enfant de 9 ans range sa chambre avant de sortir jouer, votre message doit être le suivant : « Range d'abord ta chambre s'il te plaît avant de faire quoi que ce soit d'autre. Rassemble tes jouets et passe le chiffon sur ton bureau. »

En revanche, si vous délivrez les messages suivants : « J'espère que cette fois-ci le résultat sera satisfaisant » ou « Merci de rendre ta chambre un peu plus nette cette fois-ci », qui décide de la signification du « résultat satisfaisant » ou de l'expression « un peu plus nette » ? Vous ou votre enfant ? Sans un message précis et direct, le comportement de votre enfant risque de ne pas être à la hauteur de votre attente.

Si vous souhaitez que votre enfant de 12 ans rentre à la maison pour dîner à 19 h 30, vous devez dire « Rentre à la maison à 19 h 30 pour le dîner » et non « Ne rentre pas trop tard » ou « Essaie de rentrer à l'heure ». Si vous employez les deux derniers messages, qui décide de la signification de « trop tard » ou « à l'heure » ? Vous ou votre enfant ? Les deux messages laissent la porte ouverte à toutes sortes de tests.

Parler d'une voix normale

Le ton de votre voix est très important. Une voix forte, empreinte d'irritation ou de colère, envoie un mauvais message, celui d'une perte de contrôle. C'est dans ce cas que les enfants sont les plus susceptibles de vous tester car ils s'aperçoivent que vous avez mordu à l'hameçon et commencez à danser.

Votre ton doit traduire la fermeté, le contrôle et la résolution associés à votre demande. Le meilleur moyen de faire part de votre attente est d'énoncer votre message d'un ton neutre et avec votre voix habituelle.

Votre ton doit traduire la fermeté, le contrôle et la résolution associés à votre demande.

Les limites fermes ne s'énoncent pas avec rudesse. Il n'est pas nécessaire de crier ou de hausser le ton pour convaincre vos enfants que vous ne plaisantez pas. Le cas échéant, vos actes feront passer plus efficacement le message que vos paroles. Dites simplement, avec votre ton habituel, ce que vous voulez qu'ils fassent et préparez-vous à passer rapidement au stade de l'action.

Ça vous semble simple ? Ça l'est pour certains parents mais pas pour d'autres, notamment ceux qui ont été élevés dans des foyers où les cris et les danses colériques étaient monnaie courante. Avec le temps, la colère et la frustration, ainsi que l'envie irrésistible de crier, deviennent des habitudes solidement implantées et pratiquement des automatismes. Ces vieilles habitudes ne disparaîtront pas du jour au lendemain sous prétexte que vous avez eu l'idée d'agir différemment.

Tout ça se travaille. Gérer sa colère et ses émotions est une habileté qui s'acquiert, mais, comme pour toutes les choses nouvelles, il faut du temps, de la patience et beaucoup d'entraînement. Plus vous vous exercerez, plus vos progrès seront rapides. Le chapitre 11 vous préparera à opérer les changements souhaités.

Gérer sa colère et ses émotions est une habileté qui s'acquiert, mais, comme pour toutes les choses nouvelles, il faut du temps, de la patience et beaucoup d'entraînement.

Préciser les conséquences de la désobéissance

Souvenez-vous que les enfants difficiles sont des explorateurs accrocheurs. Quand ils vous testent ou résistent à vos règles, ils veulent connaître la limite à ne pas dépasser ou savoir jusqu'où ils peuvent aller. Quand vous leur demandez de cesser un comportement indésirable, souvent, ils se demandent : « Sinon ? Que vas-tu faire ? » Les parents peuvent éviter les tests et les luttes pour le pouvoir en fournissant aux enfants toutes les informations dont ils ont besoin pour faire, dès le départ, un choix acceptable.

Si vous vous attendez à ce que votre enfant vous teste, dites-lui, d'une voix normale, ce qui se passera s'il ne coopère pas. Il ne s'agit pas d'une menace. Vous exposez simplement les choses clairement, de façon à lui donner toutes les informations nécessaires pour qu'il choisisse l'option de la coopération.

Par exemple, si vous souhaitez que votre enfant de 7 ans ne fasse pas de vélo dans une rue très fréquentée par les voitures, mais que vous vous attendez à ce qu'il vous teste et passe outre l'interdiction, faites-lui passer le message suivant : « Ne roule pas à vélo dans cette rue, s'il te plaît. Si tu fais cela, je devrai te confisquer le vélo pour le restant de la journée. »

Si vous vous attendez à ce que votre enfant vous teste, dites-lui, d'une voix normale, ce qui se passera s'il ne coopère pas.

Votre enfant dispose désormais de toutes les informations dont il a besoin pour prendre une décision acceptable. Il sait ce que vous attendez de lui et ce qui arrivera s'il ne coopère pas, au moins en théorie. S'il décide de vous tester en retournant faire du vélo dans cette rue, tenez bon et confisquez-lui sa bicyclette.

Si vous voulez que votre enfant de 10 ans baisse le volume de sa console de jeu, tout en vous attendant à ce qu'il vous teste, faites-lui passer un message de ce style : « Baisse le son, s'il te plaît ou je te prive de console pour le restant de l'après-midi. » Votre enfant dispose désormais de toutes les données nécessaires pour faire le choix acceptable de la mettre en veilleuse. S'il décide de vous tester, ne cédez pas et privez-le de console.

Vous souhaitez que votre fille difficile de 3 ans arrête de souffler dans son bol à table mais vous vous attendez à ce qu'elle vous teste ? Envoyez-lui le message suivant : « On ne souffle pas dans son bol. Si tu recommences, je te confisque ton bol pendant cinq minutes. » Si elle décide de coopérer, parfait, mais si elle entreprend de vous tester, ne rendez pas les armes et mettez son bol de côté pendant cinq minutes. Dans un cas comme dans l'autre, votre fille retiendra la leçon que vous vouliez lui donner.

Résumé du chapitre

Un conseil efficace commence par un message verbal clair de notre part. Le plus souvent, c'est là qu'achoppe la communication. La colère, les interventions théâtrales et les émotions fortes peuvent facilement obscurcir et altérer le sens de votre message. Pas besoin d'un discours-fleuve, d'un effet théâtral ou de manifester des émotions fortes pour montrer que vous ne plaisantez pas. Il faut simplement être clair.

Un message verbal clair est centré sur un comportement et non une attitude, des sentiments ou la valeur d'un enfant. Votre message doit être précis et direct, délivré avec respect et fermeté. Si vous vous attendez à ce qu'il vous teste, précisez-lui à l'avance ce qu'il adviendra s'il ne coopère pas. Des consignes claires génèrent moins de tests et de danses et sont propices à un apprentissage salutaire et formateur.

Chapitre 7

Tuer dans l'œuf les luttes de pouvoir

Le meilleur moyen d'interrompre une danse est de ne pas l'entamer. Nous devons commencer par envoyer un message clair, ne pas mordre à l'hameçon que nous tendent les enfants pour nous entraîner dans une lutte de pouvoir et tenir bon. Dans l'exemple ci-dessous, le père d'Anne y parvient à merveille. Vous en êtes également capable, mais ne vous attendez pas à ce que votre enfant difficile cesse de vous tester du jour au lendemain.

Anne n'a que 9 ans mais c'est une redoutable « danseuse » pour la plupart des adultes. Elle est capable de parlementer et de débattre comme le plus chevronné des avocats ou faire soudain preuve de surdité et ignorer les requêtes les plus limpides. Elle pleure ou se vexe toujours au bon moment, quand elle juge que ses parents fatiguent ou sont près de rendre les armes. Anne peut entraîner les adultes dans une lutte de pouvoir plus vite que n'importe quel gamin de son quartier.

Mais les parents d'Anne comprennent parfaitement son petit manège. Ils commencent à percevoir son comportement avec lucidité, comme un mouvement de chorégraphie de la danse qu'elle exécute. Et ils sont prêts à quitter la piste de danse. Un samedi matin, alors qu'Anne commence les tâches ménagères qui lui incombent, des amis lui demandent de venir avec eux à la patinoire.

« Je peux y aller, papa ? demande-t-elle.

– Oui, répond-il, mais tu dois d'abord terminer ce que tu as à faire ». Avant qu'il ait fini sa phrase, Anne s'apprête à sortir. « A-t-elle entendu ce que j'ai dit ? se demande-t-il. Je ferais mieux de vérifier. »

Le meilleur moyen d'interrompre une danse est de ne pas l'entamer.

Quand il arrive dans la chambre d'Anne, elle est en train de passer sa tenue de patinage. « As-tu entendu ce que je t'ai demandé de faire avant de sortir ? » demande-t-il. Anne le regarde d'un air ébahi. Elle a vraiment fait la sourde oreille. Il répète donc sa demande :

« J'ai dit que tu devais d'abord terminer ce que tu avais à faire ici avant de sortir.

– Mais, papa ! Mes amis vont arriver dans vingt minutes, proteste Anne. Je pourrai faire le ménage à mon retour. »

Son père est tenté d'argumenter mais il résiste à l'envie.

« Le sujet est clos, Anne », dit-il d'un ton neutre avant de sortir de la chambre.

« Il ne pense pas vraiment ce qu'il dit, se dit Anne. Il va revenir me voir et me répéter ça plusieurs fois, puis nous allons en discuter, argumenter. Ensuite, mes amis vont venir et il devra me laisser partir. Mon plan a toujours fonctionné jusqu'à présent. »

Comme l'avait prévu Anne, son père revient dans sa chambre quelques minutes plus tard, mais au lieu de lui rappeler ce qu'il a dit au départ et d'argumenter, il la surprend par son discours. « Tu as quinze minutes pour finir le ménage, dit-il. Je vais mettre le minuteur en route. Si tu n'as pas terminé dans les temps, tu ne pourras pas sortir. » Puis il sort de la chambre.

« Mais qu'est-ce qui se passe ? se demande Anne. Pas de rappels ? Pas d'argumentation ? Pas de supplications ou de cajoleries ? Il ne réagit pas comme ça d'habitude. » Elle est sous le choc mais se hâte de finir le ménage avant l'arrivée de ses amis.

Quand vous commencerez à utiliser de nouveaux outils, il est probable que votre enfant conteste vos demandes les plus claires et fasse son possible pour vous ramener sur la piste de danse, comme l'a fait Anne avec son père. Vous serez sans doute tenté de vous laisser entraîner vous aussi. Ce chapitre va vous montrer comment ne pas céder à l'envie. Vous apprendrez à identifier l'appât, à éviter l'hameçon et à rester en dehors de la piste de danse. Commençons par les appâts et la façon de les éviter.

Quand vos enfants font la sourde oreille, vérifiez la transmission du message

L'un des meilleurs moyens d'embarquer les adultes dans des luttes de pouvoir est de faire la sourde oreille et d'ignorer leur demande. Dans ce cas, les adultes se posent des questions : « Mon message est-il bien passé ? Est-ce qu'il m'ignore ? Faut-il que je passe à l'action ? »

Quand vous commencerez à utiliser de nouveaux outils, il est probable que votre enfant conteste vos demandes les plus claires et fasse son possible pour vous ramener sur la piste de danse.

La procédure de vérification est un moyen simple de répondre à ces questions sans vous laisser entraîner dans la bonne vieille routine des rappels et répétitions. En cas de doute, vérifiez que le message est bien passé en posant les questions suivantes :
« As-tu compris ce que j'ai dit ? »
« Mes instructions étaient claires ? »
« Dis-moi ce que tu as entendu. »

Par exemple, David, 6 ans, regarde son dessin animé préféré quand sa mère l'appelle depuis l'autre pièce : « David, il est l'heure d'éteindre la télévision et de te laver les mains pour le dîner. » Pas de réponse. David continue de regarder son émission.

« Est-ce qu'il a entendu ce que j'ai dit ? se demande sa mère. Si c'est le cas, il fait comme s'il n'avait pas entendu. » Elle décide de vérifier, entre dans le salon et se tient debout entre David et la télévision, en le regardant droit dans les yeux.

« Qu'est-ce que je viens de te demander ? lui demande-t-elle d'un ton neutre.

– Éteins la télévision et lave-toi les mains pour le dîner, répond-il.

– Alors fais-le, s'il te plaît, dit sa mère, ou tu seras privé de télévision pour le restant de la soirée. » David éteint la télévision et va se laver les mains.

« Qu'est-ce qui lui a pris ? se demande-t-il. Et tous les avertissements, les rappels et les menaces habituels ? En temps normal, j'aurais pu rester dix minutes de plus devant la télévision. »

Dans cet exemple, David a compris la demande de sa mère mais a décidé de l'ignorer. Il la testait. Il s'attendait vraiment à ce qu'elle lui répète les choses de nombreuses fois avant de devoir vraiment éteindre la télévision. Grâce à la procédure de vérification, la mère de David a ôté toute ambiguïté de son message. Son attente était claire, tout comme le prix de l'éventuelle désobéissance.

Apportons une variante à l'exemple ci-dessus. Disons que, lorsque la mère de David vérifie s'il a bien entendu, il la regarde l'air ébahi, n'ayant vraiment pas capté le message. Que doit-elle faire ?

Elle doit lui fournir l'information qu'il n'a pas eue et être prête à éteindre la télévision s'il ne coopère pas. Quand le message est clair, l'action ne doit pas tarder.

La procédure de vérification est également utile dans les situations où les enfants répondent correctement mais n'adoptent pas le bon comportement. Rémi, 9 ans, est un bon exemple. Il sait qu'il ne doit pas mettre ses pieds sur le canapé mais passe outre. Son père le voit.

« Rémi, enlève tes pieds du canapé, s'il te plaît, dit son père.

La procédure de vérification est également utile dans les situations où les enfants répondent correctement mais n'adoptent pas le bon comportement.

– Oui, je vais le faire, dit Rémi, mais plusieurs minutes passent et il a toujours les pieds sur le canapé. Son père décide de vérifier si le message est passé.

– Rémi, qu'est-ce que je t'ai demandé de faire ? demande son père.

– Oui, je vais le faire, dit Rémi de manière aussi convaincante que la première fois, mais sans toutefois bouger. Son père précise le message :

– Tes paroles disent que tu vas le faire mais ton action montre que non. Je vais être plus clair. Si tu ne retires pas tes pieds du canapé immédiatement, tu devras t'asseoir ailleurs », souligne son père. Ce message est très clair.

« Zut alors ! Ça n'a pas marché », se dit Rémi en enlevant ses pieds du canapé.

Quand les enfants parlementent, coupez court à la discussion

Ce n'est pas quand vos règles sont testées ou enfreintes qu'il faut se lancer dans les palabres et les débats. C'est le moment de passer à l'action. Si vous mordez à l'hameçon et entamez une discussion avec votre enfant à propos de vos règles, vous signifiez en fait que celles-ci sont négociables. Pour les enfants difficiles, « négociable » ressemble beaucoup à « facultatif », et les règles facultatives favorisent les tests. Les parents désireux de se lancer dans des joutes verbales sur le thème des règles s'exposent à des luttes de pouvoir. Comment éviter une lutte de pouvoir ?

Si vous mordez à l'hameçon et vous entamez une discussion avec votre enfant à propos de vos règles, vous signifiez en fait que celles-ci sont négociables.

La procédure d'arrêt automatique est une méthode respectueuse pour mettre fin à une discussion avant que celle-ci se transforme en lutte de pouvoir. Quand votre enfant essaie de vous entraîner dans un débat sur vos règles, mettez fin à la discussion en prononçant l'une des paroles suivantes :

« La discussion est close. Si tu en parles une nouvelle fois, tu devras passer les cinq prochaines minutes seul dans ta chambre. » (Tenez bon en imposant un isolement temporaire si votre enfant persiste.)

« Nous en avons fini avec le sujet. Soit tu fais ce que je te demande, soit tu passes les cinq prochaines minutes dans ta chambre à te préparer à le faire. Que choisis-tu ? » (isolement temporaire comme conséquence)

Par exemple, Marius, 12 ans, sait qu'il ne doit pas utiliser le bel appareil photo de son père sans lui demander la permission, mais il veut vraiment prendre ses copains en train de faire des figures à vélo. Il se dirige vers la porte l'appareil photo à la main. Sa mère le voit.

« Marius, c'est le bel appareil photo de ton père ? » demande-t-elle.

Il fait oui de la tête.

« Tu n'es pas censé lui demander la permission d'abord ? »

Marius opine de nouveau du chef.

« J'ai oublié, dit-il. Je peux le prendre s'il te plaît ? Je veux photographier mes copains en train de faire des figures à vélo. »

Sa mère tient bon. Elle sait que si elle cède, il le refera.

« Pas aujourd'hui, dit sa mère. Peut-être demain si tu demandes d'abord la permission.

– Allez, maman, supplie Marius. Pour cette fois, s'il te plaît. La prochaine fois, promis, je demanderai la permission.

– Désolée, Marius, dit sa mère. Pas cette fois-ci.

– Mais, ce n'est pas juste, affirme-t-il. C'est maintenant que mes copains font des figures. Tu ne peux pas faire une exception ? »

L'appât est séduisant. La mère de Marius est sur le point de mordre à l'hameçon et entamer une tirade sur ce qui est juste et ne l'est pas, lorsque lui revient à l'esprit ce qu'elle avait lu sur les danses familiales. « Oh non, se dit-elle. Nous n'allons pas encore endurer ça ! »

« Remets-le à sa place, Marius, dit sa mère d'un ton neutre. Si tu le ressors encore une fois, tu devras passer les dix prochaines minutes seul dans ta chambre. » Sa réponse est parfaitement claire. Marius ronchonne mais range l'appareil photo.

Si vous avez été permissif jusqu'à présent, vous serez certainement tenté, comme la mère de Marius, de fournir des explications si votre enfant s'oppose à votre demande en demandant « pourquoi ? ». Il n'y a pas de mal à discuter vos règles mais assurez-vous que la discussion intervienne bien après que votre enfant a obtempéré. Dites quelque chose de ce genre :

Il n'y a pas de mal à discuter vos règles mais assurez-vous que la discussion intervienne bien après que votre enfant a obtempéré.

« Je te dirai avec plaisir pourquoi une fois que tu auras fait ce que je t'ai demandé. » (Prenez ensuite un moment pour entamer la discussion.)

Dans la plupart des cas, vous découvrirez que le problème n'est pas le « pourquoi » mais bien l'exécution ou la non-exécution de la tâche. S'ils peuvent vous épuiser dans une discussion ou un débat, l'obéissance peut devenir facultative et non obligatoire.

En exigeant l'obéissance avant le début de la discussion, vous supprimez la probabilité de voir naître une lutte de pouvoir. Prenez cet exemple :

Julie, 8 ans, sait qu'elle doit faire ses devoirs avant de sortir jouer mais décide de jouer d'abord. Elle se dirige vers la porte.

Sa mère intervient :

« As-tu fini tes devoirs ? demande sa mère.

– Ouais », répond Julie.

Sa mère a quelques doutes.

« Je peux les voir, s'il te plaît ? » demande sa mère.

Julie est prise au piège.

« Je peux les faire plus tard, dit Julie. J'ai vraiment envie d'aller jouer avec mes amis.

– Je comprends, dit sa mère, mais tu connais la règle : on travaille d'abord et on joue ensuite.

– Pourquoi ? demande Julie. Donne-moi une bonne raison de les faire maintenant.

– Je t'en donnerai une avec plaisir une fois que tu auras fait ce que tu es censée faire », dit sa mère.

« Que se passe-t-il ? se demande Julie. Pas d'arguments ? Pas de débat ? Même pas une discussion ? » Elle retourne terminer ses devoirs afin de pouvoir ensuite rejoindre ses amis. Si Julie avait continué de parlementer, sa mère lui aurait dit que la moindre palabre se traduirait par un isolement temporaire.

Quand les enfants vous défient, offrez-leur un nombre limité d'options

Alex, 8 ans, a eu un camion à quatre roues motrices télécommandé pour Noël. Il a vraiment hâte de jouer avec mais son père lui fait part de quelques règles à respecter.

« Tu peux faire rouler ton camion partout dans le jardin de devant et derrière à l'exception des parterres de fleurs. Ton camion ne doit pas aller dans les parterres de fleurs, dit-il.

– D'accord », dit Alex et il respecte la consigne pendant un moment. Mais il découvre très vite que les parterres de fleurs sont le terrain idéal pour son camion. Il y a des monticules et des écorces d'arbre, ainsi que toutes sortes de fleurs et arbustes entre lesquels circuler. La tentation est grande et carrément irrésistible. Une fois son père rentré dans la maison, Alex dirige son engin vers les parterres de fleurs. Son père le démasque et lui donne un choix à faire.

« Soit tu fais rouler ton camion là où je te l'ai demandé, soit je te confisque le camion pour le restant de l'après-midi, dit son père d'un ton neutre. Tu as le choix entre ces deux options. Tu choisis laquelle ?

– Je n'irai plus dans les parterres de fleurs, répond Alex.

– Excellent choix, souligne son père. Merci de ta coopération. »

Le père offre à Alex un nombre limité d'options, méthode très efficace pour aider les enfants à prendre conscience des choix qu'ils font lorsqu'ils décident de contester ou tester nos règles. Grâce à la façon dont le père présente la situation, Alex ne peut être que responsable de ses choix et de son comportement. La règle est claire, tout comme les conséquences d'une éventuelle désobéissance. Alex dispose de toutes les informations nécessaires pour faire le choix acceptable de la coopération. Qu'il obéisse ou non, il retiendra la leçon.

La présentation d'un nombre limité d'options est une méthode très efficace pour aider les enfants à prendre conscience des choix qu'ils font lorsqu'ils décident de contester ou tester nos règles.

Les exemples suivants illustrent certaines des nombreuses utilisations de la méthode des options limitées. Cette approche favorise souvent les bons choix et la coopération, mais j'ai également inclus des exemples où l'enfant décide de tester ou défier les parents. Vous pourrez ainsi voir comment tenir bon en allant jusqu'à la conséquence logique du comportement indésirable.

Aïcha, 5 ans, pousse des grognements à table pour faire rire ses deux frères. Sa mère lui demande d'arrêter, ce qu'elle fait brièvement, avant de recommencer. La maman donne un nombre limité de choix à Aïcha.

« Soit tu arrêtes de pousser des grognements à table, dit sa mère, soit tu passes les cinq prochaines minutes dans ta chambre à te préparer à bien te tenir pendant les repas. Qu'est-ce que tu veux faire ? » Aïcha décide de coopérer.

Philippe, 8 ans, triche à un jeu de société. Quand ses sœurs lui demandent de jouer dans les règles, Philippe les ignore. Elles se plaignent et leur père intervient.

« Philippe, soit tu joues en respectant les règles, soit tu trouves autre chose à faire. Quel est ton choix ?

– Je joue en respectant les règles », dit Philippe, mais, cinq minutes plus tard, il triche de nouveau. Ses sœurs protestent et leur père accompagne son discours d'une action efficace.

« Philippe, tu vas devoir trouver autre chose à faire, dit son père. Tu ne peux plus jouer à ce jeu aujourd'hui. »

Deux frères se disputent violemment à propos de figurines de football. Ils se bousculent un peu puis se mettent à crier. Leur mère intervient.

« Les enfants, vous réglez ça en silence ou vous passez un peu de temps dans votre chambre pour retrouver votre calme », dit-elle. Ils décident de régler leur différend sans faire de bruit.

Maria, 12 ans, écoute la radio dans sa chambre le volume tellement fort que le reste de la famille ne peut pas regarder son émission de télévision au rez-de-chaussée. Sa mère intervient.

« Maria, baisse le son, s'il te plaît, dit-elle. Nous ne pouvons même pas écouter notre émission. »

Maria la regarde d'un air de défi. Sa mère lui offre donc un nombre limité d'options.

« Soit tu baisses le son de ta radio, soit je l'éteins et je la range dans ma chambre pour un moment, dit sa mère. Qu'est-ce que tu préfères ? »

Les options s'offrant à Maria sont claires. Elle décide à contrecœur de baisser le volume de la radio.

« Merci », dit sa mère.

Quand les enfants lambinent, sortez un minuteur ou chronomètre

Justine, 10 ans, est une artiste en herbe qui déteste ranger ses affaires. Elle met la touche finale à son dernier chef-d'œuvre, le montre fièrement à ses parents puis se dirige vers le salon afin de regarder la télévision. Ses outils sont éparpillés dans la cuisine. Son père intervient :

« Justine, range ton matériel immédiatement avant de faire quoi que ce soit d'autre », dit-il d'un ton neutre. Il connaît son petit jeu.

« Je vais le faire, dit Justine, mais je dois d'abord aller à la salle de bains. » Elle disparaît pendant environ dix minutes. Son père a quelques doutes. Il veut en avoir le cœur net et trouve Justine dans une autre pièce en train de jouer à un jeu sur l'ordinateur. Il exécute la procédure de vérification.

« Justine, tu m'as entendu ? Je t'ai demandé de ranger ton matériel avant de faire quoi que ce soit d'autre, demande-t-il.

– Je vais le faire », répond Justine d'une voix agacée tout en restant devant l'ordinateur. Elle essaie de voir quelle est la signification exacte de « immédiatement ». Quinze minutes ? Vingt minutes ? Peut-être jamais ? Elle sait comment le découvrir. Elle continue de lambiner.

Sans ajouter le moindre mot, le père entre dans la pièce et éteint l'ordinateur. « Je vais déclencher le chronomètre. Tu as dix minutes, dit-il. Si ce n'est pas fait avant la fin des dix minutes, tu passeras les dix minutes suivantes dans ta chambre à te préparer à venir ranger tes affaires. C'est bien clair ? »

« Zut alors ! » se dit Justine. Elle ne voit aucune issue au problème. Elle se dirige à contrecœur vers la cuisine afin de ranger son fouillis.

Directives pour l'utilisation d'un nombre limité de choix

1. **Limiter le nombre d'options présenté**. Choisissez-en deux ou trois en veillant à ce que la mesure souhaitée en fasse partie. Par exemple, si vous ne voulez pas que votre enfant joue au frisbee dans la maison, vous pouvez dire : « Tu peux jouer au frisbee dans le jardin de devant ou celui de derrière, mais si tu l'utilises dans la maison, je vais devoir te le confisquer. Qu'est-ce que tu veux faire ? »

Si votre enfant tente de proposer d'autres choix inacceptables, répondez la chose suivante : « Soit c'est le jardin, soit je te le confisque, c'est tout. Alors, tu préfères quoi ? » Les enfants difficiles essaient souvent de se lancer dans leur jeu favori : trouver un arrangement.

2. **N'oubliez pas, les choix proposés sont vos limites**. Exposez-les fermement, sans hésitation, sous peine de pousser votre enfant à tester les limites posées. Par exemple, si vous refusez que votre enfant mange une glace dégoulinante dans toute la maison, à l'exception de la cuisine, dites : « Tu peux manger une glace dans la cuisine ou dehors, mais si tu la manges ailleurs dans la maison, je te la confisque. » Les choix présentés avec des limites floues ruinent l'efficacité de cette technique.

3. **Rendez votre enfant responsable de la décision à prendre**. Une fois les choix présentés à votre enfant, demandez-lui : « Qu'aimerais-tu faire ? » Cette question place le fardeau de la responsabilité sur les épaules de votre enfant, pas sur les vôtres.

4. **Quand votre enfant témoigne son intention d'obéir mais ne le fait pas, tenez bon et allez jusqu'à la conséquence indiquée par votre palette d'options**. Par exemple, si vous dites « Tu peux faire de la trottinette sur le trottoir ou dans l'allée mais pas dans la rue. Si tu en fais dans la rue, je te la confisque pour le restant de la journée », ces choix sont clairs. Si votre enfant décide

de contester ou tester votre règle en faisant de la trottinette dans la rue, tenez bon et confisquez-lui son engin comme indiqué.

Le chronomètre s'est également avéré bien pratique lorsque Willy, 6 ans, a décidé de s'adonner à sa traditionnelle séance de tergiversations du matin au moment de s'habiller. Il s'attendait à ce que sa mère l'avertisse, le cajole, le supplie et le soudoie, comme d'habitude, mais elle l'a bluffé. « Nous partons pour l'école dans vingt minutes, que tu sois prêt ou non, dit-elle. Je mets le chronomètre en route. »

« Bah alors, elle ne me supplie plus, ne me secoue plus, ne me promet plus de récompenses si je me presse ? se demande Willy. Ce n'est pas vrai ! »

Une fois les vingt minutes écoulées, Willy a enfilé une chaussette, son slip et son t-shirt. « C'est l'heure de partir », dit sa mère d'un ton neutre. Elle rassemble les vêtements qu'il n'a pas mis ainsi que ses affaires d'école, les met dans un sac et fait avancer Willy vers la porte. Il se précipite dans la voiture en espérant qu'aucun de ses amis ne le verra dans cette tenue, puis finit de s'habiller à l'arrière. La prochaine fois que sa mère déclenchera le chronomètre pour qu'il s'active, Willy prendra probablement sa mère plus au sérieux.

Ignorer l'attitude, pas le mauvais comportement

Ronchonner, marmonner, faire les gros yeux, claquer des portes, s'impatienter ou prendre un air de dégoût sont des appâts face auxquels la plupart des adultes ont du mal à résister. Si vous mordez à l'hameçon et répondez à votre enfant sur le même terrain, vous entrez alors de nouveau dans la danse, et que lui avez-vous appris ? Vous lui avez donné une leçon de manque de respect ? Ça, il sait faire. Quand votre enfant tente de vous harponner avec une attitude irrespectueuse, pensez à la mère d'Anthony dans l'exemple ci-dessous. Ignorez l'attitude, pas le mauvais comportement.

Anthony, 12 ans, sait qu'il n'est pas censé jouer sur l'ordinateur avant d'avoir terminé ses devoirs, mais, sa mère étant dans une autre pièce, il décide de passer outre. Elle l'entend et intervient.

« Anthony, éteins l'ordinateur, s'il te plaît, et finis tes devoirs, dit-elle d'un ton neutre. Si tu n'obéis pas, tu seras privé d'ordinateur le restant de la soirée. »

Anthony regarde sa mère l'air dégoûté, roule des yeux, marmonne quelque chose dans sa barbe et pousse un gros soupir. « Ce n'est pas juste ! se plaint-il. La maman de Salim le laisse jouer sur l'ordinateur avant de faire ses devoirs. Je ne vois pas pourquoi il faudrait que je suive ta règle débile. »

La mère d'Anthony tient bon et attend. « C'est moi l'adulte, c'est lui l'enfant se répète-t-elle. Je ne vais pas me laisser piéger par cette mauvaise attitude. »

Quand Anthony se rend compte qu'elle restera intraitable et ne s'embarquera pas dans sa danse, il décide de coopérer, la mort dans l'âme. Il éteint l'ordinateur et commence ses devoirs.

« Merci, Anthony », dit sa mère.

Anthony a fait son possible pour attirer sa mère dans son piège avec une attitude irrespectueuse mais elle n'a pas mordu à l'hameçon. Celle-ci n'a pas lâché prise, a gardé son sang-froid et est demeurée focalisée sur l'objectif qu'elle s'était fixé : obtenir la coopération d'Anthony.

Ignorer l'attitude irrespectueuse d'un enfant signifie-t-il que celle-ci est dans les normes ? Non, elle ne l'est pas, n'a rien de bon et nous ne l'aimons pas. Mais, si vous y répondez, vous risquez de la subir plus souvent. Évitez l'erreur du renforcement. Ne mordez pas à l'hameçon.

Ignorer l'attitude, pas le mauvais comportement.

Quand l'attitude franchit-elle la ligne jaune et devient-elle un mauvais comportement à ne pas ignorer ? C'est à chaque parent de se faire son jugement. Je peux seulement vous donner des directives pour avoir un axe directeur. Marmonner, ronchonner, rouler des yeux, lancer un regard dégoûté, voire tirer la langue sont des appâts que j'ignore la plupart du temps. Pour moi, passer les bornes, c'est prononcer des jurons, des injures, des insultes, faire des déclarations blessantes ou des gestes obscènes. J'y réponds par un isolement temporaire.

Quand les enfants passent les bornes, tenez bon

Votre enfant essaie-t-il d'échapper à vos sanctions en vous suppliant de lui laisser une deuxième chance ou en promettant de ne plus recommencer ? Vous laissez-vous faire ? Les parents qui cèdent s'exposent à voir leurs limites testées et à des luttes de pouvoir. Quand les enfants tiennent le bon discours mais adoptent un comportement indésirable, ne lâchez pas prise et restez concentré sur le comportement. Voyons comment s'y prend la mère de Denis.

Denis, 8 ans, passe à côté de sa sœur cadette et lui donne un coup de pied. Elle se met à pleurer et leur mère arrive sur les lieux.

« Denis m'a donné un coup de pied », se plaint la sœur. La trace rouge sur sa jambe est encore visible.

« Je l'ai à peine touchée, dit Denis. Ça ne lui a pas fait mal.

– On ne donne pas de coups de pied aux autres, dit sa mère d'un ton neutre. Je veux te voir dans quinze minutes. » Elle l'envoie dans sa chambre pour un isolement temporaire.

« Je ne recommencerai plus, dit Denis d'un air penaud. Laisse-moi une autre chance. »

Sa mère tient bon.

« La prochaine fois, tu feras le bon choix, dit-elle, mais, pour le moment, tu vas aller dans ta chambre. »

Blandine, 12 ans, a vécu la même chose lorsqu'elle a essayé de prendre le téléphone portable de sa mère sans lui demander la permission.

« Blandine, ce ne serait pas mon portable, là, dans ton sac à dos ? demande sa mère. Tu sais que tu n'es pas censée l'utiliser sans me demander d'abord. Tu peux me le rendre s'il te plaît ? »

– Allez maman, dit Blandine d'un air contrit. J'ai oublié. Je ne le referai plus, je te le promets. Je peux le prendre, s'il te plaît ?

Sa mère tient bon.

« Pas cette fois, réplique-t-elle. Peut-être une autre fois si tu me demandes d'abord la permission. » Pas de deuxième chance, pas de danse. À l'avenir, Blandine y réfléchira probablement à deux fois avant de prendre le portable de sa mère sans son autorisation.

Quand les enfants s'emportent, calmez-les

Résoudre efficacement un problème est ardu pour quiconque, parent ou enfant, quand colère et émotions fortes sont de mise. Le retour au calme empêche les deux parties de prendre place sur la piste de danse et les fait patienter jusqu'à ce qu'elles soient en mesure de résoudre le problème. En cas de colère ou de fâcherie, prenez vos distances avec votre enfant en disant par exemple :

- (Quand les deux parties sont fâchées) « Je pense que nous avons tous deux besoin d'un peu de temps pour nous calmer. Attends-moi dans ta chambre (ou dans le salon, etc.) et nous en reparlerons dans cinq minutes environ ou plus selon le temps qu'il te faut pour te calmer. »
- (Quand le parent est fâché) « Je suis en colère et il me faut un peu de temps pour me calmer. »

Le retour au calme est le plus efficace quand parent et enfant prennent chacun place dans une pièce. Nous ne retrouvons pas nos esprits au même rythme. Ne pensez pas que votre enfant est prêt à parler parce que vous l'êtes. Laissez le temps à toutes les parties de se reprendre avant de passer à l'étape de la résolution du problème. Vous souhaiterez peut-être dire en préambule : « Tu es prêt à parler ? » Si le ton monte une deuxième fois, refaites la procédure. Utilisez-la aussi souvent que nécessaire. Prenez l'exemple suivant.

Quand j'ai rencontré Sam, 9 ans, et son père, pour la première fois, ils étaient enlisés dans une danse empreinte de colère. Quand Sam se comportait mal, son père se mettait à crier et disait très vite des choses blessantes qu'il regrettait par la suite.

Sam se sentait blessé par les commentaires de son père et devenait un orfèvre quand il s'agissait de lui rendre la monnaie de sa pièce. Ils avaient tous deux besoin de trouver un moyen de mettre un terme à leur danse. Je leur ai suggéré le retour au calme et leur ai montré comment fonctionnait la procédure. Ils sont convenus de l'essayer. Peu de temps après notre rendez-vous, Sam était dans le garage en train de construire quelque chose avec des clous. Une fois son projet terminé, il laissa plusieurs clous éparpillés à même le sol dans le garage. Quand son père vit les clous, il explosa.

« Sam, viens ici ! » cria-t-il. Mais, à peine ces mots lâchés, il se souvint de notre discussion.

Sam arriva, s'attendant au pire, mais, à son grand étonnement, son père dit : « J'ai besoin de quelques minutes pour me calmer. Attends-moi dans ta chambre, s'il te plaît. »

Il a fallu environ cinq minutes au père de Sam pour se calmer. Il est ensuite allé dans la chambre de Sam et lui a calmement demandé de ramasser les clous. Pas de cris, d'insultes ou de blessures morales ! Cela faisait bizarre à Sam d'être traité avec respect et il fut ravi de s'exécuter.

Le retour au calme a permis au père de Sam d'offrir un modèle de gestion de la colère et de résolution des problèmes. Les deux parties ont fait un grand pas en avant vers la fin de leur danse empreinte de colère.

Le retour au calme empêche les deux parties de prendre place sur la piste de danse et les fait patienter jusqu'à ce qu'elles soient en mesure de résoudre le problème.

Parents, quand vous passez les bornes, excusez-vous

Cécile, 9 ans, a une journée difficile. Elle s'est réveillée l'air grognon et n'a aimé aucune des tenues choisies par sa mère. Elle n'a pas arrêté de se plaindre pendant le petit-déjeuner. Quand sa sœur lui a envoyé un petit sourire narquois, Cécile lui a mis de la confiture dans son jus d'orange et a écopé d'un isolement temporaire. Au moment de partir pour l'école, Cécile est sortie en trombe en oubliant l'autorisation parentale qu'elle devait apporter à l'école pour effectuer une sortie éducative. Sa mère a dû retourner dans la maison.

Quand Cécile rentre de l'école, elle reprend tout bonnement là où elle s'est arrêtée le matin. Elle harcèle sa sœur, s'agite dans tous les sens, se plaint pendant toute la séance des devoirs et tire la langue à sa mère quand celle-ci lui demande de ranger ses livres et son sac à dos. C'est à ce moment que sa mère perd patience.

« Bon sang, Cécile ! hurle sa mère. Qu'est-ce que tu as ? J'en ai plein le dos que tu te conduises comme une sale gosse ! On dirait que tu as 2 ans. » Sa mère est sur le point de dire quelque chose d'encore plus blessant quand elle en prend conscience et s'interrompt.

« Va dans ta chambre et attends-moi, s'il te plaît, dit-elle. J'ai besoin d'un peu de temps pour me calmer. »

Une fois qu'elle a recouvré ses esprits, elle va dans la chambre de Cécile pour s'excuser.

« Je suis désolée pour mes paroles blessantes, commence sa mère. Je me suis mise en colère. Je pense que tu es une merveilleuse fille de 9 ans qui a eu une rude journée et je t'aime très fort. Tu acceptes mes excuses ? » Cécile fait oui de la tête et sert très fort sa mère dans ses bras. Après cet incident, pas de vengeance ni de luttes de pouvoir.

Élever un enfant difficile est une mission ardue et épuisante. De temps en temps, nous perdons tous patience, réagissons par frustration et disons ou faisons des choses que nous regrettons par la suite. Comment gérer la situation dans ce cas ?

Pour commencer, le meilleur moyen est de présenter vos excuses. Ce geste véhicule tous les bons messages : comment guérir les petites blessures infligées donnant souvent naissance au ressentiment et entraînant des luttes de pouvoir. Élément le plus important, les excuses présentées par un adulte aimant montrent aux enfants que l'on peut être humain et imparfait et leur donnent le sens de l'effort.

Les excuses présentées par un adulte aimant montrent aux enfants que l'on peut être humain et imparfait et leur donnent le sens de l'effort.

Certains parents pensent que s'excuser auprès d'un enfant est un signe de faiblesse qui diminue le respect que doit avoir l'enfant envers l'adulte. Mes années d'expérience en matière de consultation familiale ont montré que c'est exactement l'inverse. Pour les enfants, les excuses ne sont pas un signe de faiblesse, mais témoignent une force qui les pousse à persévérer dans ce qu'ils font. Les enfants respectent les adultes qui ont le courage d'être humains et assument leurs imperfections et erreurs.

Ne prenez pas pour vous le comportement indésirable

Quand votre enfant se comporte mal, vous demandez-vous parfois : « Pourquoi me fait-il ça ? » Oui ? C'est que vous le prenez pour vous. Et, du coup, vous favorisez une lutte de pouvoir. L'exploration agressive menée par votre enfant est usante mais n'a rien d'une attaque personnelle. Sylvain, 10 ans, est un excellent exemple.

La maman de Sylvain a répété de nombreuses fois à ce dernier de ne pas mettre ses rollers dans la maison car les roues laissent des traces. Mais Sylvain se démène comme un fou et il a très soif. Il attend que sa mère ne puisse pas le voir et se faufile dans la cuisine, rollers aux pieds. Elle le surprend.

« Sylvain ! Pourquoi fais-tu exprès de me désobéir ? lui demande-t-elle d'une voix irritée. Tu sais que je ne veux de rollers dans la maison. Ils laissent des marques difficiles à faire disparaître.

– J'ai fait très attention, répond Sylvain. Je ne pensais pas que cela t'embêterait si je n'allais que dans la cuisine.

– Eh bien si ! dit sa mère. Ce n'est pas gentil. J'ai assez de choses à faire pour ne pas devoir en plus nettoyer tes saletés. Tu as compris ? Maintenant, enlève-les, c'est fini pour cet après-midi.

– Ce n'est pas juste ! proteste Sylvain. Je ne recommencerai plus, je te le promets. Laisse-moi une deuxième chance, supplie-t-il.

– Tu pourras en faire demain, répond sa mère. Enlève-les, s'il te plaît.

– T'es méchante ! » ronchonne Sylvain en ôtant ses rollers.

Les tests répétés de Sylvain ne constituent pas une attaque personnelle envers sa mère. En fait, ces tests ne la visent absolument pas. C'est sa façon d'apprendre. Il a besoin de recueillir beaucoup de preuves, sous forme d'expérience, avant d'être convaincu du caractère obligatoire et non facultatif des règles de sa mère. Les tests permanents font partie de son processus d'apprentissage personnel.

Sa mère était dans le vrai en lui faisant ôter ses rollers pour violation de la règle, mais elle a transformé une leçon éducative en lutte de pouvoir en se sentant personnellement visée par les tests de son fils. Si vous avez tendance à prendre pour vous les tests de votre enfant, essayez de prendre du recul et de vous en tenir à une vision d'ensemble. L'exploration agressive est un processus d'apprentissage normal pour les enfants difficiles. Les parents se préparent à des luttes de pouvoir s'ils prennent les tests de leur enfant pour une attaque personnelle.

Si vous avez tendance à prendre pour vous les tests de votre enfant, essayez de prendre du recul et de vous en tenir à une vision d'ensemble. L'exploration agressive est un processus d'apprentissage normal pour les enfants difficiles.

Résumé du chapitre

Faisons le tour des nouveaux outils que vous avez acquis jusqu'à présent. Dans le chapitre 6, vous avez appris à véhiculer des messages clairs. Dans le chapitre 7, vous avez découvert comment tuer dans l'œuf les luttes de pouvoir. Votre discours est fin prêt, mais vos paroles ne sont qu'une partie du message. Si votre enfant continue de vous tester, le moment est venu d'agir. Les conséquences sont la seconde partie du message. Elles ont plus de portée que votre discours. Découvrons d'autres outils.

Chapitre 8

Être clair par ses actes

Pour être convaincus que le respect de vos règles est obligatoire et non facultatif, les enfants difficiles ont besoin d'autre chose que de paroles. Il leur faut se frotter à ce que vous dites avant d'y croire. Cela ne signifie pas que votre discours est moins important que vos actes. Vos paroles ne sont tout simplement que la première partie de votre message.

Votre enfant peut décider de tester le plus clair de vos messages. Dans ce cas, l'heure n'est plus aux palabres. Il faut agir et aider votre enfant à se confronter aux conséquences de son comportement. Ces dernières sont la seconde partie de votre message à propos des limites fixées. Leur portée est plus grande que celle de votre discours.

Ce chapitre va vous montrer comment utiliser ces outils éducatifs de la manière la plus claire et compréhensible possible. Apprenez à les connaître, apprivoisez-les. Vous devrez les utiliser souvent avec votre enfant difficile. Ils constituent votre passeport pour plus de crédibilité.

L'importance des conséquences

Les conséquences sont comme des murs : elles stoppent le comportement répréhensible, fournissent des réponses claires et définitives aux questions exploratoires des enfants et aident les enfants difficiles à apprendre les règles de la façon la plus efficace pour eux : la manière forte.

Les conséquences sont la seconde partie de votre message à propos des limites fixées. Leur portée est plus grande que celle de votre discours.

Les conséquences que vous allez découvrir dans ce chapitre vont permettre à vos enfants d'apprendre à se mettre en phase avec votre discours, à le prendre au sérieux et à coopérer plus souvent. Si vous avez plutôt fait preuve de permissivité par le passé, les conséquences vont vous apprendre à regagner crédibilité et autorité. Si vous avez opté pour la répression par le passé, les conséquences vont vous permettre de créer une relation empreinte de coopération et fondée sur le respect mutuel et non plus sur la peur et l'intimidation. Si vous étiez un adepte de l'approche mixte, les conséquences vont vous montrer comment faire preuve de cohérence.

Pour quiconque a déjà vécu l'expérience douloureuse associée à la fixation de limites floues, vous ferez un grand pas dans la bonne direction grâce aux conséquences présentées dans ce chapitre.

Quelles sont les caractéristiques des conséquences efficaces ?

Les conséquences peuvent constituer des outils hautement pédagogiques, mais leur efficacité est en grande partie conditionnée par la façon dont vous les utilisez. Si vous les appliquez de manière répressive, permissive ou incohérente, elles auront une portée éducative limitée et pourront même donner des leçons différentes de celles souhaitées. Employées avec logique, de manière respectueuse et dotées des caractéristiques présentées ci-dessous, elles auront une portée éducative maximale. Étudions quelques-unes des caractéristiques rendant efficaces les conséquences.

L'immédiateté

Tina, 4 ans, décide de se faire une moustache en buvant à grandes gorgées son bol de lait. C'est amusant la première fois, mais elle le fait à plusieurs reprises. Son père lui demande d'arrêter. Elle s'exécute dans un premier temps mais, après quelques minutes, elle décide de tester son père et de recommencer plusieurs fois. Sans rien ajouter, son père passe à la conséquence logique. Il retire de la table le bol de Tina.

Les conséquences ont une efficacité maximale quand elles sont appliquées le plus vite possible après le comportement indésirable. Dans l'exemple ci-dessus, la conséquence immédiate a permis à Tina de faire le lien de cause à effet entre son comportement et la confiscation du bol. Si son père avait décidé de lui retirer le bol lors du repas suivant, la conséquence aurait eu moins d'impact.

La cohérence

Tristan, 12 ans, sait qu'il ne doit pas sortir après le dîner en semaine mais il souhaite vraiment montrer quelque chose à son pote Kévin, qui habite en bas de la rue. « Est-ce que je peux passer voir Kévin quelques minutes ? demande-t-il à sa mère. Il faut que je lui montre quelque chose. Tristan espère qu'elle fera pour une fois une exception, mais elle ne cède pas.

– Tu le verras demain », dit-elle.

« Mince alors ! » se dit Tristan. Il décide de plaider sa cause auprès de son père, qui tient bon lui aussi.

Tristan se souvient ce qui lui est arrivé la dernière fois qu'il a décidé d'enfreindre la règle de ses parents en « faisant le mur » après le dîner. On lui a retiré ses privilèges du soir pendant trois jours. « Je n'en aurai que pour quelques minutes se dit-il. Ils n'en sauront rien. » Il se faufile dehors et se fait prendre. Il perd à nouveau ses privilèges du soir pendant trois jours. Et un apprentissage à la dure de plus pour Tristan !

L'incohérence invite les enfants difficiles à tester les limites.

La cohérence des conséquences est vitale pour obtenir une éducation efficace mais présente diverses dimensions. Il existe la cohérence entre les paroles et les actes, entre les deux parents et d'une fois sur l'autre. Toutes ces dimensions sont importantes. La portée éducative peut pâtir d'une incohérence dans l'un de ces domaines.

Les parents de Tristan ont affiché une solide cohérence dans les trois domaines. Tristan reçoit de la part de ses parents un signal à la clarté optimale sur leur règle et leur attente. L'obéissance est attendue et obligatoire.

Que pensez-vous qu'il se serait passé si les parents de Tristan ne s'étaient montrés qu'à moitié cohérents dans l'application de la règle des sorties en semaine ? Le fils aurait-il testé encore plus leurs limites ? Bien sûr. En réalité, la règle ne serait en vigueur que 50 % du temps. Comment Tristan saurait-il quand elle est en vigueur et quand elle ne l'est pas ? Il n'en saurait rien. Il lui faudrait tester pour le découvrir. L'incohérence invite les enfants difficiles à tester les limites.

La logique

Quand vous ne payez pas votre facture de téléphone six mois de suite, la compagnie de téléphone répond-elle en vous coupant l'eau ? Non. Cela ne vous empêcherait pas de vous servir du téléphone sans vous acquitter du montant dû. La compagnie de téléphone réagit avec logique. Elle suspend votre ligne. Cette conséquence envoie le bon message sur votre responsabilité : si vous voulez vous servir du téléphone, il faut payer le service.

Les conséquences sont les plus instructives lorsqu'elles sont en rapport logique avec le comportement incriminé.

Il n'est pas logique de priver un enfant de dessert ou de son émission de télévision préférée parce qu'il n'a pas rangé son vélo. Qu'est-ce que les desserts et les émissions de télévision ont à voir avec le fait de ranger son vélo ? Rien. Dans ce cas, la conséquence ne présente aucun lien avec le comportement.

Les conséquences sont les plus instructives lorsqu'elles sont en rapport logique avec le comportement incriminé. Qu'est-ce qu'une conséquence logique pour un enfant qui ne range pas son vélo ? La perte du droit de faire du vélo pour un jour ou deux, bien entendu. Le message est clair : occupe-toi de ton vélo ou tu n'auras plus le droit d'en faire pendant un moment.

Les conséquences répressives ne sont ni logiques ni accompagnées d'un raisonnement logique. Voici un raisonnement répressif : « Qu'est-ce qu'il aime ? Qu'est-ce qui est important pour lui ? Je vais lui montrer en le privant de ces choses. » L'objectif est alors de blesser et de forcer le respect de la règle. Au lieu d'enseigner le sens des responsabilités, les conséquences répressives génèrent colère, ressentiment et vengeance.

Les conséquences appliquées de manière permissive sont encore moins efficaces, car elles manquent de fermeté, de clarté, favorisent les tests et non la coopération. L'exemple de Seidou, 9 ans, en est une belle illustration.

Seidou sait qu'il ne doit pas inviter ses amis à venir nager dans la piscine de sa maison sans demander la permission à ses parents, mais deux d'entre eux sonnent à la porte en maillot de bain et leur serviette à la main.

« Seidou est là ? demande Romuald. Il nous a invités à venir nager dans votre piscine. » La mère de Seidou les fait entrer puis va chercher Seidou.

« Tu as encore invité des amis à venir nager dans notre piscine sans notre permission ? demande-t-elle. Tu sais ce que je pense de ça. C'est vraiment manquer d'égards. T'est-il venu à l'esprit que je pourrais avoir autre chose à faire que de surveiller tes amis ? Je ne suis pas du tout contente.

– Je suis désolé, dit Seidou d'un air penaud. Ils peuvent rester, s'il te plaît ?

– OK, cède sa mère, mais c'est vraiment la dernière fois, tu as compris ? Si cela se reproduit, je les renverrai chez eux. Je ne plaisante pas. ».

« Bien sûr maman », se dit Seidou un sourire aux lèvres. Il attrape sa serviette et part rejoindre ses amis.

Combien de fois pensez-vous que Seidou a entendu ce sermon ? Sa mère a-t-elle déjà tenu bon ? Pourquoi la prendrait-il plus au sérieux cette fois-ci ? Pensez-vous qu'il s'agisse de la dernière fois que Seidou invite des amis à nager sans demander la permission ?

Au lieu d'enseigner le sens des responsabilités, les conséquences répressives génèrent colère, ressentiment et vengeance.

Le caractère proportionnel

Les conséquences sont les plus efficaces lorsqu'elles sont proportionnelles au comportement, à savoir ni trop sévères ni pas assez sévères, ni trop longues ni trop courtes. Ce concept est difficile à saisir pour les adeptes des modèles répressif et permissif. Prenez l'exemple suivant.

Titouan, 8 ans, rentre du parc avec vingt minutes de retard. Son père pique une crise :

« Je t'avais dit de rentrer pour 5 heures ! hurle son père. Il est 5 h 20. Tu seras privé de sortie pendant trois semaines.

– Mais, papa, ce n'est pas juste, proteste Titouan. Je n'ai que vingt minutes de retard.

– Ne discute pas, dit son père avec sévérité. Tu veux prendre un mois ? »

Le père de Titouan est un bon exemple de pensée répressive. Il est profondément convaincu que si une petite punition convient, une grosse punition doit être parfaite. Il a donc tendance à aller trop loin dans le choix des conséquences.

Les conséquences de longue durée sont presque toujours plus difficiles à vivre pour les parents que pour les enfants. Pourquoi ? Parce que les parents doivent vivre pendant la durée de la sanction avec un enfant en colère et qui leur en veut. Une conséquence logique et proportionnelle, telle que priver Titouan de ses privilèges pendant une journée, lui aurait tout aussi bien permis de retenir la leçon.

Les conséquences appliquées d'une manière permissive sont souvent « trop brèves » ou « trop légères » pour être efficaces. Les enfants ne les prennent pas au sérieux, comme le montre l'exemple de Claire, 7 ans.

Claire s'est vu demander à plusieurs reprises de ne pas faire de vélo dans la rue, mais elle continue malgré tout de chevaucher sa machine. Sa mère intervient :

« Je t'ai répété à plusieurs reprises de ne pas faire de vélo dans la rue, mais tu continues de me désobéir. Range ton vélo et rentre à la maison. Tu devras y rester pendant dix minutes », dit sa mère.

« Dix minutes ! De la rigolade ! se dit Claire. J'avais envie de goûter de toute façon. »

Pensez-vous que priver Claire de vélo pendant dix minutes va l'empêcher de retourner faire du vélo dans la rue ? Probablement pas. Elle aurait bien mieux retenu la leçon si sa mère l'avait privée de vélo pour le restant de la journée.

Les conséquences sont les plus efficaces lorsqu'elles sont proportionnelles au comportement, à savoir ni trop sévères, ni pas assez sévères, ni trop longues, ni trop courtes.

Le sujet est ensuite définitivement clos

Une fois la conséquence appliquée, le sujet doit être vraiment clos. Pas de bilan, de sermon ou d'enquête. Pas de retour sur les événements ou de paroles du style : « Je te l'avais dit. » Si votre enfant n'est pas capable de se comporter de manière correcte, montrez-lui comment faire. Sinon, laissez-le tirer les enseignements de son comportement en se frottant aux conséquences associées. Vous n'obtiendrez probablement pas de meilleurs résultats avec votre discours.

En fait, en dire ou en faire plus peut diminuer l'efficacité de la conséquence mise en place. Si votre enfant a d'autres apprentissages à effectuer et choisit de mal se comporter une nouvelle fois, faites-lui vivre les conséquences de ses actes et répétez l'expérience.

Mais, une fois la conséquence appliquée, c'est de l'histoire ancienne et l'heure est au pardon.

Par exemple, Tanguy, 6 ans, sait qu'il n'a pas le droit de regarder la télévision avant le dîner mais décide de tenter sa chance malgré tout. Il se fait prendre par sa mère, qui éteint la télévision. Il essaie alors de parlementer.

« Le sujet est clos, Tanguy, dit sa mère. Si tu remets cela sur le tapis, tu devras passer cinq minutes seul dans ta chambre.

– Tu n'es pas juste ! proteste Tanguy, dans l'espoir de l'attirer dans le piège de la négociation. Je ne vois pas pourquoi je devrais respecter cette règle stupide. » Sa mère ne lâche pas prise et l'expédie dans sa chambre. Il revient cinq minutes plus tard, prêt à coopérer.

« Qu'as-tu appris de ce qui vient de se passer ? demande sa mère, agacée. N'aurait-il pas été plus simple que tu fasses tout de suite ce que je te demandais ? J'en ai marre de devoir sans arrêt te donner ces mêmes leçons. Quand est-ce que cela va te rentrer dans la tête ? »

Une fois la conséquence appliquée, c'est de l'histoire ancienne et l'heure est au pardon.

La mère de Tanguy ne semble pas disposée à tirer un trait sur l'affaire. Elle est obnubilée par sa volonté de mettre un terme au comportement inacceptable de Tanguy alors qu'elle devrait plutôt l'encourager à coopérer. Tanguy a besoin que l'on fasse table rase du passé et de se voir donner l'occasion de montrer qu'il est capable de coopérer. Maintenant que vous comprenez mieux ce qui conditionne l'efficacité des conséquences mises en place, étudions différents types de conséquences adaptées à un large éventail de comportements répréhensibles. Nous allons commencer par la conséquence qui demande le moins de temps, d'énergie et d'investissement de la part des parents.

Les conséquences naturelles

Wilfrid et son copain Alou, tous deux âgés de 8 ans, jouent sans se ménager. Ils entrent chez Wilfrid épuisés et assoiffés.

« On peut avoir deux milk-shakes ? demande Wilfrid, qui adore les milk-shakes bien frais lorsqu'il fait chaud.

– Bien sûr, dit sa maman. Elle les sort du réfrigérateur et introduit les pailles dans le couvercle. Voici, les gars », dit-elle. Ils la remercient et se dirigent vers la porte. La mère de Wilfrid regarde par la fenêtre et voit ce dernier se servir de la paille comme d'une sarbacane pour envoyer sa boisson préférée vers Alou. Alou réplique, puis Wilfrid riposte.

« Les boissons ne vont pas durer longtemps », se dit la maman. Elle a vu juste. Quelques minutes plus tard, les deux garçons rentrent dans la maison les gobelets vides.

« On peut en avoir chacun un autre ? » demande Wilfrid. La maman de ce dernier voit là une excellente occasion de lui donner une leçon avec une conséquence naturelle.

« Un seul suffit, dit-elle d'un ton neutre.

– Mais, maman, on meurt de soif ! la supplie Wilfrid.

– Quand vous vous aspergez, c'est sûr qu'il ne vous reste plus grand-chose à boire, réplique-t-elle. Si vous avez encore soif, vous pouvez boire autant d'eau que vous voulez. »

Les conséquences naturelles, comme leur nom l'indique, sont la suite naturelle d'un événement ou d'une situation à laquelle se frotte l'enfant pour acquérir de l'expérience.

La maman de Wilfrid laisse ce dernier se confronter à la conséquence naturelle afin qu'il tire les enseignements de la séance d'arrosage.

À l'instar de nombreux parents, elle a probablement été tentée de dire « Je te l'avais dit » ou de le sermonner sur le choix douteux consistant à s'asperger de milk-shake en se servant de la paille comme d'une sarbacane, mais elle se rend compte qu'ajouter quelque chose pourrait nuire à l'efficacité de la conséquence vécue par Wilfrid. Dorénavant, il y réfléchira probablement à deux fois avant d'asperger son copain de milk-shake.

Les *conséquences naturelles*, comme leur nom l'indique, sont la suite naturelle d'un événement ou d'une situation à laquelle se frotte l'enfant pour acquérir de l'expérience. Les conséquences naturelles ne requièrent que peu, voire aucun investissement de la part des parents. Un sermon, un « je te l'avais dit », la résolution du problème ou l'ajout de conséquences supplémentaires peuvent nuire à la valeur pédagogique de la leçon naturelle. La leçon parle d'elle-même.

Certains parents jugent les conséquences naturelles faciles d'utilisation et trouvent là une occasion en or de laisser les enfants apprendre de leurs mauvais choix et erreurs. Pour d'autres parents, elles sont difficiles à employer. Quand il se produit un événement, il leur faut résister à l'envie irrépressible de prendre les choses en main et d'en faire plus que nécessaire. Si vous êtes dans ce cas, entraînez-vous à limiter votre implication en analysant les éléments factuels de la situation. Par exemple, si le jouet est cassé, on ne peut plus jouer avec. Voyons quelques situations propices à l'application de conséquences naturelles.

Les situations dans lesquelles l'utilisation de conséquences naturelles s'impose

Les conséquences naturelles peuvent s'avérer des outils éducatifs très instructifs quand un objet est perdu, cassé ou volé à cause d'une négligence, quand un enfant oublie systématiquement quelque chose, lambine ou tergiverse et n'exécute pas les tâches dont il est responsable.

Un objet est perdu, cassé ou volé à cause d'une négligence

Conséquence naturelle : ne remplacez pas ou ne réparez pas immédiatement l'objet en question. Laissez passer suffisamment de temps pour que l'enfant ressente la perte de l'objet.

Pour son anniversaire, Jordan, 12 ans, a eu de la part de ses parents une console de jeu de poche qui coûte cher. Au bout de quelques jours, il l'a oubliée à la piscine. Quand il s'en est aperçu et est retourné voir sur place, elle avait disparu. Il en a pleuré et ses parents sont immédiatement allés lui en acheter une autre.

La seconde console ne dure que deux semaines, Jordan l'ayant oublié sur le siège de la voiture en plein soleil. Le boîtier en plastique a fondu, rendant la console inutilisable. Là encore, Jordan a pleuré et supplié ses parents de lui en acheter une autre. Ses parents avaient retenu la leçon, mais pas Jordan. Quand il a demandé une autre console, ses parents ont changé de stratégie.

« Nous contribuerons pour moitié à l'achat d'une nouvelle console si tu économises ton argent de poche pour payer l'autre moitié et si tu nous fais part de tes résolutions pour en prendre soin », a dit son père. Jordan a donné son accord à contrecœur. Cette fois-ci, il va tirer les enseignements de sa négligence.

Les enfants oublient systématiquement des choses

Conséquence naturelle : ne leur rappelez pas ou n'endossez pas une responsabilité qui est normalement la leur en faisant les choses à leur place.

Nadège a pour habitude d'oublier ses devoirs et son goûter à la maison. Chaque fois que cela se produit, l'un de ses parents fait un saut à l'école pour déposer ce que Nadège a oublié. Remarquant que c'est devenu une habitude, l'institutrice de Nadège a suggéré aux parents d'appliquer une conséquence naturelle pour régler le problème. Elle leur a conseillé de ne pas apporter à l'école les objets oubliés à la maison par Nadège pendant une période de deux semaines. Nadège travaillait bien. Si elle se passait de deux goûters ou manquait deux devoirs, cela ne lui porterait pas préjudice. Les parents de Nadège ont adhéré à la proposition.

Le mardi de la première semaine, Nadège a oublié son goûter. L'après-midi, au moment de la récréation, Nadège a demandé à sa maîtresse si ses parents avaient apporté son goûter. « Pas encore », a répondu son institutrice.

Ce soir-là, Nadège se plaint à ses parents :

« Vous avez oublié mon goûter ! Je n'ai rien pu manger aujourd'hui.

– Je suis sûr que tu y penseras demain », dit son père d'un ton neutre. Personne n'ajoute rien.

Nadège n'a pas oublié pas son goûter mais, le jeudi, elle a quitté la maison sans emporter ses devoirs. Comme d'habitude, elle a demandé à sa maîtresse si ses parents avaient apporté ses devoirs. « Pas encore », a répondu l'institutrice. Nadège a récolté un zéro.

Elle s'est plainte là aussi à ses parents :

« Vous avez oublié de m'apporter mes devoirs et j'ai eu un zéro !

– Tu es une très bonne élève, a dit sa mère. Je suis sûre que tu y penseras demain. » C'est ce qu'elle a fait.

Les enfants lambinent ou tergiversent

Conséquence naturelle : laissez-les se confronter aux répercussions de leurs tergiversations.

Vivien, 5 ans, sait comment attirer un maximum d'attention sur lui grâce à ses tergiversations matinales au moment de l'habillage. Ses parents ont essayé les rappels, les cajoleries, les explications, la corruption, le marchandage et les menaces de perte des privilèges et de confiscation des jouets. Rien n'y a fait. En plein désespoir, ils ont décidé d'appliquer une conséquence naturelle.

Un matin, alors qu'il commence, comme d'habitude, à lambiner, sa mère lui annonce : « Vivien, tu as quinze minutes pour finir de t'habiller. Une fois les quinze minutes écoulées, nous partons, que tu sois prêt ou non. Je vais déclencher le minuteur. »

« Elle n'est pas sérieuse, pense Vivien. Elle va me rappeler plusieurs fois de me dépêcher, puis viendra m'aider à finir de m'habiller. » Il continue de lambiner. Au bout de quinze minutes, il n'a enfilé que ses chaussettes, son slip et son tee-shirt.

« Il est l'heure de partir » dit sa mère d'un ton neutre. Elle met le restant de ses vêtements dans un sac et l'escorte vers la sortie. Le tapage attire l'attention d'autres enfants sur le chemin de l'école.

« Oh non ! » se dit Vivien. Sa comédie ne leur est pas destinée. Ils savent qu'il est capable de s'habiller et de partir à l'heure. Il file à toute vitesse vers la voiture.

« Voici le sac », dit sa mère alors qu'ils montent tous les deux dans la voiture. Des larmes coulant sur ses joues, Vivien s'évertue à finir de s'habiller. Il a fini d'enfiler son pantalon, sa chemise et ses chaussures avant même que la voiture ait fini de reculer de l'allée. Sa mère n'ajoute absolument rien. Le lendemain, Vivien est à l'heure.

Les enfants n'exécutent pas les tâches sous leur responsabilité

Conséquence naturelle : laissez-les se confronter au résultat.

Sylvie, 10 ans, sait qu'elle est censée rassembler son linge sale et le descendre le samedi afin de le mettre dans le bac situé dans la buanderie, mais ce n'est pas vraiment ce qui se passe. Elle laisse plutôt traîner ses vêtements dans sa chambre, à même le sol, et ses parents, énervés, les ramassent et les descendent eux-mêmes dans le bac. Ses parents pensent qu'il est temps pour leur fille d'exécuter cette tâche. Ils décident d'un commun accord de ne plus ramasser le linge sale de Sylvie. Désormais, si elle veut qu'il soit lavé, elle devra le descendre elle-même et le mettre dans le bac de la buanderie, le samedi. Deux semaines passent et Sylvie est à court de chaussettes propres et n'a presque plus de sous-vêtements.

« Maman, je n'ai plus de chaussettes propres, se plaint Sylvie.

– Je n'en ai vu aucune dans le bac samedi, répond sa mère. Si tu ne les mets pas dans le bac de la buanderie, elles ne peuvent pas être lavées. Tu n'as plus qu'à mettre des chaussettes sales. » C'est ce qu'elle a fait et elle n'a pas apprécié. Le week-end suivant, le bac contenait toutes les affaires sales de Sylvie.

Les conséquences logiques

Zora, 9 ans, sait qu'elle ne doit pas faire de vélo sans casque. La dernière fois qu'elle s'est fait prendre, sa mère lui a confisqué son vélo pour le restant de la journée. Mais Zora est une exploratrice accrocheuse. Elle décide de tenter de nouveau sa chance et se fait surprendre.

« Range ton vélo dans le garage, dit sa mère.

– Mais maman, j'ai dit à Julie que je serai chez elle dans cinq minutes, proteste Zora. Laisse-moi une autre chance, s'il te plaît. »

Sa mère tient bon.

« Demain, dit sa mère. Aujourd'hui, tu devras y aller à pied. »

La mère de Zora utilise une conséquence logique pour appuyer la règle du port du casque à vélo. Contrairement aux conséquences naturelles qui découlent naturellement d'un comportement, les conséquences logiques sont des situations d'apprentissage structurées. Elles sont mises en place par l'adulte, vécues par l'enfant et logiquement liées à la situation ou au comportement.

Les conséquences logiques sont des situations d'apprentissage structurées. Elles sont mises en place par l'adulte, vécues par l'enfant et logiquement liées à la situation ou au comportement.

Zora subit la suspension temporaire de son privilège (l'utilisation de son vélo) car elle a décidé de ne pas se conformer à la règle du port du casque instituée par ses parents. Pas de cris, ni de menaces, ni d'avertissements, ni de sermon, ni de deuxième chance, ni de perte de privilèges ou de confiscation de jouets sans rapport avec la règle. Le message de sa mère est limpide : mets ton casque ou tu ne pourras pas faire de vélo. Zora a choisi la conséquence qu'elle a vécue.

Les conséquences logiques sont des outils éducatifs idéaux avec les enfants difficiles. Elles mettent fin au comportement indésirable, apprennent aux enfants le sens de la responsabilité et favorisent l'apprentissage à la dure de la manière la plus claire et compréhensible possible. Utilisées avec cohérence, elles garantissent votre crédibilité.

Certains parents ont du mal à utiliser les conséquences logiques, mais ceux qui le font rencontrent généralement deux types de difficulté. Soit ils réfléchissent trop et essaient de trouver la conséquence parfaite dans chaque situation. Soit ils ne réfléchissent pas assez, laissent parler leurs émotions et appliquent des conséquences de manière permissive ou répressive.

Conseils d'utilisation des conséquences logiques

Si vous prenez un peu de temps pour découvrir ces outils, vous vous apercevrez que les conséquences logiques sont faciles d'utilisation. Elles sont à la portée de presque tout le monde. Pas besoin d'agir sur l'instant comme un avocat en pleine audience, ni de se creuser la cervelle pour trouver la conséquence idéale pour chaque situation. Il vous suffit de faire preuve de bon sens et de suivre quelques conseils très simples.

Prenez votre voix normale

L'efficacité des conséquences logiques est maximale quand celles-ci sont expliquées et appliquées d'un ton neutre. La colère, la théâtralisation et les émotions fortes traduisent une implication excessive de votre part et altèrent la valeur pédagogique de la conséquence mise en place. N'oubliez pas que les conséquences logiques sont destinées à mettre un terme au comportement néfaste et non à piquer l'amour-propre, condamner, humilier ou décourager votre enfant.

La colère, la théâtralisation et les émotions fortes traduisent une implication excessive de votre part et altèrent la valeur pédagogique de la conséquence mise en place.

Faites preuve de bon sens

Quand vous réfléchissez de manière simple et logique, généralement, la conséquence logique vous vient immédiatement à l'esprit. Par exemple, la plupart des comportements indésirables se produisent dans les contextes suivants : entre enfants, entre enfants et adultes, entre enfants et objets, entre enfants et activités ou entre enfants et privilèges. Dans la plupart des cas, vous pouvez appliquer la conséquence logique consistant à séparer temporairement un enfant d'un autre, un enfant d'un adulte, un enfant d'un objet tel qu'un jouet ou un vélo, un enfant d'une activité telle qu'un jeu vidéo ou un enfant d'un privilège tel que jouer après l'école.

Utilisez un chronomètre quand l'enfant lambine

Le chronomètre est utile dans des situations où les enfants nous testent et sont réfractaires à nos règles en lambinant ou en tergiversant. Prisca, 12 ans, est un bon exemple. Il est 20 h 30 et cela fait près d'une heure qu'elle est au téléphone.

« Il est temps de raccrocher et de te préparer à aller au lit, dit sa mère.

– Oui, je vais le faire », dit Prisca. Mais, il se passe cinq minutes et elle est encore au téléphone. Sa mère lui redemande de terminer sa conversation.

« Oui, je vais le faire », dit Prisca sur un ton insistant, mais sans pour autant manifester l'intention de raccrocher. Sa mère décide alors d'appuyer sa demande à l'aide d'une conséquence logique.

« Tu as une minute pour mettre fin à la conversation, dit sa mère. Si tu n'as pas raccroché dans une minute, tu seras interdite de téléphone les deux prochains jours. » Cette fois-ci, Prisca prend sa mère au sérieux et raccroche.

Les conséquences logiques fournissent des informations instructives, sous forme d'expérience devant convaincre les explorateurs accrocheurs, sur le caractère obligatoire et non facultatif de vos règles.

Utilisez les conséquences logiques aussi souvent que nécessaire

Les conséquences logiques sont des outils éducatifs qui fournissent des informations instructives, sous forme d'expérience devant convaincre les explorateurs accrocheurs, sur le caractère obligatoire et non facultatif de vos règles.

Ne partez pas du principe qu'une conséquence logique est inefficace pour la simple raison que votre enfant a besoin de s'y frotter plusieurs fois pour un même comportement répréhensible. C'est le signe que votre enfant doit encore faire son apprentissage. L'apprentissage par la manière forte prend du temps.

Quand utiliser les conséquences logiques

Les conséquences logiques conviennent à un large éventail de situations. En voici un petit échantillon.

Les enfants ne coopèrent pas avec d'autres enfants

Conséquence logique : séparez temporairement les enfants.

Romain, 7 ans, et son frère Paul, 5 ans, jouent aux dames. Romain tente de profiter de l'inexpérience de son frère et se fait prendre la main dans le sac.

« Tu triches, hurle Paul. Tu ne peux pas bouger un pion de deux cases à la fois. Je vais le dire à maman.

– C'est pas vrai, répond Romain. T'es vraiment un bébé !

– Ah ouais ? répond Paul. Toi, t'es un tricheur ! »

Romain pousse Paul, lequel réplique en poussant son frère à son tour. Quand leur mère arrive, les deux garçons sont en train de hurler et de s'insulter.

« Les enfants, vous allez jouer chacun de votre côté pendant les trente minutes à venir, dit leur mère. Je mets le minuteur. Paul, tu joues dans le salon et Romain dans ta chambre. »

Mauvaise utilisation de jouets ou d'objets

Conséquence logique : perte temporaire du jouet ou de l'objet.

Cyrielle, 3 ans, sait qu'elle ne doit pas jouer aux autos tamponneuses avec son tricycle, mais quand elle voit son amie assise sur un chariot, elle décide de lui rentrer dedans. Sa mère intervient.

« Les tricycles ne sont pas faits pour ça, dit sa mère d'un ton neutre. On va le ranger pour le restant de l'après-midi. »

Mettre le désordre

Conséquence logique : ranger.

Kamel, 8 ans, laisse ses outils et éléments de construction éparpillés à même le sol du salon et essaie de s'éclipser de la maison sans rien ranger. Il se fait prendre.

« Kamel, il faut que tu ranges tes outils avant de sortir jouer, dit son père.

– Je le ferai plus tard, dit Kamel. Promis. »

Son père tient bon :

« Tu n'iras pas jouer tant que ce ne sera pas fait », réplique son père. Il reste dans le salon pour vérifier si Kamel s'exécute. Kamel range ses affaires à contrecœur.

Les enfants ne s'occupent pas de leurs jouets

Conséquence logique : séparer temporairement l'enfant de ses jouets.

Alix, 7 ans, refuse de ranger les jouets qui sont éparpillés dans toute la maison.

« Tu as quinze minutes pour les ranger, dit sa mère. Si tu ne le fais pas, je devrai les mettre dans le “panier du samedi” et tu les retrouveras samedi prochain. » Alix ne bouge pas.

Une fois le temps imparti écoulé, sa mère rassemble les jouets qui restent et les place dans le « panier du samedi », qu'elle range sur une étagère en hauteur dans le garage. Alix les récupérera le samedi suivant. Si elle manque plusieurs fois à son devoir de rangement, la mère d'Alix glissera probablement ces objets dans le « panier des objets perdus » et ils ne manqueront sans doute pas à Alix. Le « panier du samedi » est une conséquence logique pédagogique qui permet d'apprendre aux enfants à prendre soin de leurs jouets. Les parents se servant de cette technique apprennent très vite quels sont les jouets que leurs enfants chérissent et ceux qu'ils n'aiment pas. Ils choisissent leurs jouets préférés et non ceux qu'ils n'apprécient pas.

Les enfants ne laissent pas les autres jouer

Conséquence logique : séparer temporairement l'enfant de l'activité.

Jean-Michel, 10 ans, est un as des jeux vidéo, mais n'est pas le roi du partage. Quand ses amis viennent jouer chez lui, ils se plaignent souvent que Jean-Michel ne laisse pas les autres jouer. Le père de Jean-Michel doit une nouvelle fois faire face à cette scène familière.

« Tu viens juste de jouer, dit un de ses amis. C'est au tour de Jacques, maintenant.

– Je suis chez moi, dit Jean-Michel. C'est moi qui décide à qui c'est le tour. »

Son père intervient :

« Jean-Michel, je vais régler le chronomètre sur trente minutes, lui dit-il. Tes amis vont jouer sans toi pendant un moment. Tu pourras de nouveau jouer dans trente minutes si tu acceptes que tout le monde joue chacun à son tour. Si tu refuses, je confisquerai le jeu jusqu'à demain. »

Les enfants ont un comportement destructeur

Conséquence logique : réparer, remplacer ou rembourser l'objet cassé.

Marie, 11 ans, est agacée par sa sœur de 5 ans, qui continue d'entrer dans sa chambre sans demander la permission.

« Si tu entres encore une fois dans ma chambre, je casse tous tes crayons, menace Marie.

– Je vais le dire à maman, dit sa sœur.

– Vas-y, réplique Marie. Je n'en ai rien à faire. » Quelques minutes plus tard, la sœur entre dans la chambre de Marie, laquelle met sa menace à exécution.

Leur mère vient s'enquérir de l'origine de tous ces cris.

« Elle a cassé tous mes crayons, dit la sœur de Marie.

– Mais elle m'a embêtée toute la matinée, dit Marie. Je lui ai dit ce qui arriverait si elle n'arrêtait pas.

– Casser tous les crayons de ta sœur n'était pas le meilleur moyen de régler le problème, dit la mère de Marie. Tu vas devoir lui racheter des crayons avec ton argent de poche. »

Mauvaise utilisation ou abus des privilèges

Conséquence logique : perte temporaire ou modification du privilège.

Sandra, 8 ans, sait qu'elle est censée informer sa mère de l'endroit où elle va après l'école, mais elle va au parc avec des amies et ne rentre à la maison que pour le dîner.

« Où étais-tu passée ? lui demande sa mère, morte d'inquiétude. Nous avons vu ton sac à dos, mais tu n'as laissé aucun mot et tu n'as pas appelé. Nous pensions qu'il t'était peut-être arrivé quelque chose. Ton père et moi étions sur le point d'appeler la police.

– Désolée, maman, dit Sandra. J'ai tout simplement oublié.

– Tu auras donc un peu de temps pour t'entraîner à ne pas oublier, dit sa mère. Tu n'as plus le droit de jouer après l'école jusqu'à la fin de la semaine. Tu pourras recommencer à jouer après l'école à partir de lundi prochain. »

Les enfants ne font pas leurs tâches ménagères ou devoirs

Conséquence logique : suspension temporaire des divertissements qui suivent généralement l'exécution de la tâche en question.

Jérôme, 11 ans, a depuis des années la même routine après l'école. Il est d'abord censé vider le lave-vaisselle puis faire ses devoirs. Une fois ces deux tâches accomplies, il peut regarder la télévision, jouer aux jeux vidéo ou avec ses amis dans le quartier.

Ses copains ont prévu de jouer au foot juste après l'école. Jérôme tient vraiment à se joindre à eux. Une fois arrivé à la maison, il avale un encas, se change puis se dirige vers la porte, ses gants de gardien de but à la main.

« Tu n'oublies pas quelque chose ? lui demande sa maman.

– Je ferai mes tâches ménagères en rentrant, dit Jérôme. Les copains jouent au foot et je veux vraiment les rejoindre.

– Je sais que tu en as envie, dit sa maman, mais tu connais la règle : les tâches ménagères et les devoirs d'abord et le jeu ensuite. Je te conseille de te dépêcher de faire tout ça pour pouvoir rejoindre tes copains.

– Mais maman ! proteste Jérôme. Je vais être en retard. »

Comme elle tient bon, Jérôme essaie de plaider sa cause en sortant une menace :

« Si tu ne me laisses pas sortir tout de suite, je ne les ferai même pas en rentrant ce soir », dit-il.

Sa mère ne mord pas à l'hameçon.

« À toi de voir », dit sa mère d'un ton neutre.

« Zut alors ! se dit Jérôme. Pas moyen d'y échapper. » Il prend quelques minutes pour passer en revue les possibilités, puis se dépêche de vider le lave-vaisselle et de faire ses devoirs afin de pouvoir rejoindre ses copains.

La maman de Jérôme applique une règle « à l'ancienne » : il faut travailler avant de jouer. Elle met en place une conséquence logique et lui donne une leçon essentielle sur les bonnes habitudes et la responsabilité de ses actes. Le message est clair : mène ta mission à bien et tu seras récompensé. En l'espèce, la récompense qu'obtient Jérôme est le jeu qui suit normalement l'exécution des tâches qui lui incombent.

Lamentations, tapage, remarques continuelles ou harcèlement

Conséquence logique : séparer temporairement l'enfant du parent.

Nadia, 4 ans, sait qu'il est interdit de manger des cookies avant le dîner. Mais, pendant que sa mère a le dos tourné, elle attrape le paquet et en prend plusieurs. Elle est démasquée.

« Remets-les à leur place », Nadia, dit sa mère.

Nadia obéit mais commence à se lamenter et à faire sa comédie.

« J'ai vraiment faim, proteste-t-elle.

– Tu peux manger un yaourt ou un morceau de fromage, propose sa mère, mais les cookies, c'est pour après le dîner.

– Mais c'est des cookies que je veux, dit Nadia en râlant. Elle continue son cinéma dans l'espoir que sa mère fatigue et lâche prise. Pas de chance, cette dernière tient bon.

– Si tu continues de te plaindre, Nadia, tu devras passer les cinq prochaines minutes toute seule », dit sa mère. Nadia continuant de geindre, sa mère va jusqu'au bout, l'emmène dans sa chambre et met le chronomètre en route. Le message est très clair. Nadia entend « stop » et voit ce que cela donne lorsqu'elle ne s'arrête pas.

Frapper les autres

Conséquence logique : séparer temporairement l'enfant des autres.

Paul-Henri, 9 ans, se fâche parce que sa sœur lui a emprunté sa trottinette. Il lui donne un coup de pied. Elle se met à crier et leur père intervient.

« On ne donne pas de coup de pied, dit le père. Je vais mettre le chronomètre sur dix minutes. Va dans ta chambre immédiatement. » Paul-Henri va dans sa chambre pour un isolement temporaire.

Questions courantes sur les conséquences logiques

Question : Quand je confisque les jouets que mon enfant refuse de ranger, il répond souvent « je m'en fiche ». Cela m'énerve vraiment. Comment gérer ce problème ?

Réponse : Il existe probablement deux possibilités. Votre fils ne tient pas aux jouets que vous confisquez. Voilà pourquoi il refuse d'en être responsable. Dans ce cas, il vaudrait mieux pour tous les deux que vous fassiez disparaître ces objets. Je vous conseille d'utiliser la méthode du « panier du samedi » pour savoir si ce sont les mêmes objets qui prennent régulièrement place dedans. Vous souhaiterez peut-être alors les mettre dans le « panier des objets perdus » et ils ne manqueront à personne.

La seconde possibilité, la plus probable, est que votre enfant essaie de vous entraîner dans une danse à l'aide de son commentaire « je m'en fiche ». Ne mordez pas à l'hameçon. Si vous faites preuve d'indifférence et agissez comme annoncé et d'une manière neutre, le fardeau de la responsabilité pèse alors sur ses épaules, pas sur les vôtres. La perte temporaire de l'objet la rendra responsable de son choix inacceptable de ne pas ranger ses jouets.

Q : Quand je confisque un jeu ou suspends temporairement un privilège, ma fille ergote et devient irrespectueuse. Que dois-je faire dans ce cas ?

R : Votre fille essaie très probablement de vous entraîner dans une danse dont l'objectif est de vous épuiser afin que vous cédiez. Ne mordez pas à l'hameçon. Restez ferme. Employez les procédures expliquées dans le chapitre 7, qui consistent à couper court à la discussion et à organiser un retour au calme. Si elle continue de vous tester, recourez à l'isolement temporaire. Quand vos règles sont testées ou violées, l'heure n'est pas aux palabres.

La perte temporaire de l'objet le rendra responsable de son choix inacceptable de ne pas ranger ses jouets.

Q : Je commence à penser que les conséquences logiques sont inefficaces. Quand je confisque un jouet ou suspends un privilège, mon enfant adopte de nouveau le comportement incriminé quelques jours plus tard. Que se passe-t-il ?

R : Appliquer les conséquences fait partie du processus enseignement-apprentissage. Le fait que votre explorateur accrocheur ait besoin que vous lui donniez de nombreuses fois la leçon ne traduit pas l'inefficacité de vos conséquences. Cela signifie plus probablement que votre enfant a besoin de recueillir plus de données ou de prolonger son apprentissage avant d'être convaincu du caractère obligatoire de vos règles. La cohérence de votre mesure d'accompagnement vous permettra de garantir votre crédibilité. Laissez votre enfant collecter toutes les informations dont il a besoin pour assimiler la règle que vous tentez de lui enseigner.

La procédure de l'isolement temporaire

Aline, 5 ans, et son frère cadet collent des vignettes d'animaux sur leurs albums. Quand son frère prend une vignette qu'elle voulait, Aline le frappe au visage avec son livre et se débat pour mettre la vignette hors de portée de son frère. Il se met à hurler et leur père intervient.

« Aline m'a frappé, dit le frère cadet en sanglotant.

– Mais il avait pris la vignette que je voulais, dit Aline.

– Ce n'est pas bien de frapper, Aline, dit son père d'un ton neutre. Tu vas devoir passer cinq minutes seule dans ta chambre. Je vais mettre le minuteur en route. Quand tu ressortiras, nous trouverons un moyen de mieux partager les vignettes entre toi et ton frère. » Aline se dirige vers sa chambre pour purger son isolement temporaire.

L'*isolement temporaire* est une procédure très efficace lorsqu'elle est utilisée à bon escient, à savoir comme conséquence logique. Il envoie aux enfants les bons messages concernant nos règles et attentes. Il met un terme au comportement indésirable, évite les danses et offre aux enfants le temps nécessaire pour retrouver leur sang-froid. Utilisé avec cohérence, l'isolement temporaire apprend aux enfants à gérer leur colère et à résoudre les problèmes dans un climat de non-violence.

Malheureusement, l'isolement temporaire est souvent mal utilisé et interprété. Pour les parents répressifs, il s'agit d'une peine d'emprisonnement destinée à forcer les enfants à obéir et à les humilier. La version répressive de l'isolement temporaire ressemble à ceci (le parent hurle) : « Va dans ta chambre, assieds-toi au coin et ne reviens que lorsque je te le dirai. Si j'entends le moindre son sortir de ta bouche, tu y resteras toute la journée ! » Les isolements temporaires répressifs tendent à durer longtemps (plusieurs heures, voire toute une soirée), à être fondés sur la confrontation et véhiculent beaucoup de colère, ont un caractère théâtral et s'accompagnent d'émotions fortes. Les enfants les prennent généralement pour une attaque personnelle et réagissent avec colère, en veulent à leurs parents et expriment un désir de vengeance. Cette procédure est plus que ferme : elle est dure.

A contrario, les parents permissifs considèrent l'isolement temporaire comme un outil que l'enfant peut utiliser comme il l'entend. Ce dernier décide de son début, de sa fin, voire de son existence proprement dite. Voici à quoi ressemble la version permissive de l'isolement temporaire (le parent fait une suggestion) : « Je pense qu'il serait souhaitable que tu ailles un moment dans ta chambre. D'accord ? Tu reviendras quand tu te sentiras prêt. » C'est l'enfant qui décide de la durée, généralement assez courte.

Les isolements temporaires permissifs ont peu de sens pour les enfants difficiles. Pourquoi ? Parce que c'est l'enfant, et non l'adulte, qui contrôle le recours à l'action et les choses apprises de cette expérience. La procédure manque de fermeté, l'obéissance est facultative et non obligatoire.

En réalité, les versions répressive et permissive de l'isolement temporaire ne sont pas vraiment des isolements temporaires. La procédure n'est pas censée aboutir à une incarcération ou un exil en Sibérie, ni être une conséquence facultative appliquée selon le bon vouloir de l'enfant. Dans ces deux cas, la responsabilité est mal orientée et la valeur pédagogique de la conséquence est en grande partie perdue.

L'isolement temporaire envoie aux enfants les bons messages concernant nos règles et attentes. Il met un terme au comportement indésirable, évite les danses et offre aux enfants le temps nécessaire pour retrouver leur sang-froid.

Recourir à l'isolement temporaire, c'est éloigner l'enfant de ce qu'il apprécie. Les professionnels de la consultation familiale appellent cela le « renforcement ». Dans la plupart des familles, ce qu'apprécie l'enfant prend la forme des nombreuses gratifications de la vie quotidienne : le temps passé avec la famille, les amis, les privilèges, les activités agréables ou simplement le temps libre. L'isolement temporaire permet donc de séparer l'enfant de ce qui lui tient à cœur.

L'isolement temporaire vous semble-t-il toujours ressembler à la prison ? Si les deux sont similaires dans la mesure où le placement entre quatre murs met un terme au comportement répréhensible et où l'individu auteur dudit comportement est mis à l'écart de joies de la vie quotidienne, ils n'en présentent pas moins des différences majeures.

L'isolement temporaire est généralement bref (entre cinq et vingt minutes) et peut être utilisé à plusieurs reprises. En quoi cette caractéristique est-elle utile ? La répétition des expériences pédagogiques multiplie les occasions d'apprendre pour l'enfant. Souvenez-vous : les enfants difficiles ont besoin de recueillir de nombreuses données pour être convaincus du caractère obligatoire des règles que nous dictons. Plus ils collectent de données, plus ils apprennent vite.

Les enfants difficiles ont besoin de recueillir de nombreuses données pour être convaincus du caractère obligatoire des règles que nous dictons. Plus ils collectent de données, plus ils apprennent vite.

En revanche, les peines carcérales ont tendance à être longues. Elles offrent peu, voire aucune possibilité aux enfants de recueillir des données et de développer de nouvelles habiletés. Moins ils collectent d'informations, moins ils apprennent vite. La prison est un processus d'apprentissage plus long et moins efficace.

Conseils d'utilisation des isolements temporaires

La procédure de l'isolement temporaire est rapide, simple et facile à mettre en place. Vous pouvez l'utiliser avec des enfants de presque tous les âges (des bambins de 3 ans aux adolescents) et dans de nombreuses situations. Voici ce qu'il faut savoir en préambule.

Présentez l'isolement temporaire avant de l'utiliser

Si vous n'y avez jamais eu recours ou l'avez utilisé de manière permissive ou répressive, expliquez-en le fonctionnement à votre enfant avant de l'appliquer. Voici un exemple de présentation de l'isolement temporaire : « J'ai un plan pour te permettre de coopérer et d'apprendre mes règles. Je pense que cela nous aiderait à mieux nous entendre.

Voici son mode de fonctionnement : quand tu refuseras d'adhérer à mes règles ou tu feras des choses qui ne conviendront pas, je te demanderai d'aller dans ta chambre pendant cinq, dix minutes ou le temps qu'il te faudra pour reprendre tes esprits et retrouver ton calme. Chaque fois, je mettrai le chronomètre et je t'avertirai quand le temps sera écoulé.

Tu pourras lire un livre, dessiner ou choisir une activité calme. Si tu sors de ta chambre avant la fin du temps, tu devras y retourner et la procédure recommencera de zéro. Nous utiliserons cette procédure aussi souvent que nécessaire. Tu as compris ? Décris-moi le fonctionnement de la procédure de l'isolement temporaire. »

Si la chambre de votre enfant est un véritable centre de loisirs high-tech ou s'il la partage avec un frère ou une sœur, choisissez un autre endroit.

Choisissez un endroit approprié

Le choix d'un endroit approprié est primordial pour l'efficacité de la procédure. À la maison, la chambre de votre enfant est l'endroit idéal car elle dispose de quatre murs, d'une porte et n'est normalement pas remplie de matériel de divertissement tel que la télévision, un lecteur de DVD ou une console de jeux. Rappelez-vous que l'isolement temporaire consiste à éloigner l'enfant de ce qu'il apprécie. Si la chambre de votre enfant est un véritable centre de loisirs high-tech ou s'il la partage avec un frère ou une sœur, choisissez un autre endroit, par exemple la salle de bains. La pièce la plus calme est le lieu idéal.

Utilisez toujours un chronomètre ou un minuteur

Sans chronomètre, vous ne pouvez appliquer l'isolement temporaire. Votre enfant ne tardera pas à exploiter la brèche que constitue le manque de rigueur de votre procédure. Il la jugera arbitraire et injuste.

Les minuteurs de cuisine conviennent parfaitement. Vous pouvez également vous servir de l'alarme de votre montre. Ne déclenchez le temps que lorsque votre enfant a pris place dans sa chambre. Si votre enfant quitte sa chambre avant l'expiration du délai, demandez-lui de réintégrer son antre et recommencez intégralement la procédure. Une fois le chronomètre déclenché, mettez-vous en retrait. L'histoire est maintenant entre votre enfant et le chronomètre.

Je ne vous conseille pas de permettre à l'enfant de mettre lui-même le chronomètre ou de laisser ce dernier dans sa chambre. Les parents qui s'y risquent assistent bizarrement aux isolements temporaires les plus courts du monde. Combien de temps doit durer un isolement temporaire ? Une minute par année constituant l'âge de votre enfant (cinq minutes pour un enfant de 5 ans), sans appliquer cette procédure avant l'âge de 3 ans. Mettez en place une condition : l'enfant ne doit pas quitter l'endroit où il est confiné tant qu'il n'a pas recouvré ses esprits. L'un des objectifs de l'isolement temporaire est d'aider l'enfant à retrouver son sang-froid. Si un enfant pique une colère pendant un isolement temporaire de dix minutes et demeure hors de lui bien après l'écoulement du délai imposé, il doit alors rester en isolement temporaire jusqu'à ce que la colère soit finie.

Combien de temps doit durer un isolement temporaire ? Une minute par année constituant l'âge de votre enfant (cinq minutes pour un enfant de 5 ans), sans appliquer cette procédure avant l'âge de 3 ans.

Pour les comportements répréhensibles plus graves (coups, coups de pied, morsures ou comportement destructeur), il est conseillé de doubler ou tripler (sans aller plus loin) la durée de l'isolement temporaire. Cela va séduire ceux qui ont utilisé des punitions par le passé, mais je vous encourage à vous garder de faire des longs isolements temporaires une habitude. Pour les comportements indésirables moins graves, une minute par année constituant l'âge de l'enfant permettra de faire passer votre message.

Clore le sujet

Une fois le temps écoulé, la conséquence doit être terminée, si tant est que votre enfant ait cessé de mal se comporter et retrouvé son calme. Si ce n'est pas le cas, c'est qu'il n'est pas prêt à sortir de sa chambre. Vous pouvez dire : « Le temps est écoulé. Tu pourras sortir quand tu seras calmé, mais pas avant. ».

Une fois votre enfant prêt, invitez-le à sortir d'un ton amical. Pas de bilan, d'enquête ou de sermon sur la coopération. Un « je t'avais prévenu » ou un sermon personnalise la leçon, crée du ressentiment et nuit à l'efficacité de la conséquence. En étant amical et accueillant, vous communiquez votre confiance en sa capacité à coopérer et faire de meilleurs choix.

L'isolement temporaire est un puissant outil éducatif s'il est utilisé à bon escient et avec cohérence.

Utilisez l'isolement temporaire aussi souvent que nécessaire

L'isolement temporaire est un puissant outil éducatif s'il est utilisé à bon escient et avec cohérence. Ne croyez pas que la procédure est inefficace parce que votre enfant continue de tester vos règles et votre autorité et qu'il vous faut imposer de nombreux isolements temporaires. Laissez votre explorateur accrocheur recueillir toutes les données dont il a besoin. L'exposition constante et répétée à vos conséquences va conduire votre enfant à retenir la leçon que vous souhaitez lui donner.

Quand utiliser l'isolement temporaire

L'isolement temporaire doit être utilisé pour gérer les comportements les plus extrêmes (tests qui se transforment en défiance, comportements très irrespectueux, provocations, comportements hostiles ou blessants et colères). Voici des exemples.

Tests

Célia, 11 ans, se voit notifier qu'elle ne pourra aller au parc avec ses amis tant qu'elle n'aura pas rangé sa chambre, mais elle s'efforce d'user sa mère et transforme un « non » en « oui ».

« Allez, maman, supplie Célia. Ce n'est pas juste ! Et pourquoi je ne pourrais pas ranger ma chambre en rentrant ? »

Sa mère ne lâche pas prise :

« Le sujet est clos, dit sa mère. Si tu persistes, tu passeras les dix prochaines minutes dans ta chambre. À toi de voir.

– Mais, maman ! proteste Célia. Tu es injuste ! »

Sa mère ne mord pas à l'hameçon.

« Je vais mettre le chronomètre, dit-elle. À dans dix minutes. » Célia se dirige à contrecœur vers sa chambre. Le message de sa mère était très clair.

Comportement irrespectueux

Philippe, 5 ans, est fâché parce que son père ne l'autorise pas à faire la roue dans la maison.

« Tu es méchant, hurle Philippe. Je te déteste ! Plus que tout !

– Tu as l'air très en colère, dit son père. Tu as besoin de quelques minutes pour te calmer ? »

Philippe lance un regard furieux à son père et continue de crier :

« Je n'ai besoin de rien de ta part, tronche de cake ! dit Philippe.

– Je déclenche le chronomètre, dit son père. Je te verrai dans cinq minutes. »

Philippe s'en va vers sa chambre.

Provocations

Cyril, 3 ans, laisse sa collection de dinosaures miniatures éparpillée à même le sol de la salle à manger.

« Tu as fini de jouer avec tes dinosaures ? demande sa mère. (Cyril fait oui de la tête.) Alors, range-les, dit sa mère.

– Je n'ai pas envie, dit Cyril.

– Range-les ! (Il s'assied les bras croisés avec une attitude de défi.) Soit tu fais ce que je te demande, soit tu passes les trois prochaines minutes dans ta chambre à te préparer à les ranger, réplique sa mère avec calme. Qu'est-ce que tu veux faire ?

– Je ne le ferai pas ! hurle-t-il.

– Je te verrai dans trois minutes », dit sa mère. Elle met le chronomètre en route et Cyril va vers sa chambre. Une fois les trois minutes écoulées, elle l'invite à revenir.

« Je ne le ferai pas ! dit Cyril avec insistance.

– À toi de voir, répond sa mère. Je vais de nouveau mettre le chronomètre. »

Soudain, Cyril change d'avis :

« D'accord, je vais ranger », dit-il, prenant conscience que sa mère est déterminée à se faire obéir.

Comportement hostile ou blessant

Malika, 9 ans, veut prendre sa douche avant de regarder son émission de télévision mais son adolescente de sœur est dans la salle de bains.

« Allez, dépêche-toi ! crie-t-elle depuis le couloir. Si tu n'avais pas une tête de lépreuse, tu ne serais pas si longue ! »

Son père entend par hasard son commentaire et intervient :

« Ce n'est pas bien d'insulter ta sœur, Malika. Je vais déclencher le chronomètre. Je te vois dans dix minutes. »

Malika va dans sa chambre pour un isolement temporaire.

Comportement violent ou agressif

Rachel, 5 ans, et sa copine Juliette font des châteaux dans le bac à sable lorsqu'une dispute éclate.

« C'est à moi d'utiliser le seau, dit Rachel.

– Non, tu viens de l'avoir, dit Juliette. C'est mon tour. »

Rachel arrache le seau des mains de Juliette. Cette dernière résiste et Rachel lui donne un coup de pied dans le ventre. Juliette laisse échapper un cri et la mère de Rachel mène l'enquête.

« Elle m'a donné un coup de pied dans le ventre, gémit Juliette.

– Mais elle ne voulait pas me rendre le seau ! dit Rachel.

– On ne donne pas de coups de pied, dit la mère de Rachel d'un ton neutre. Je vais régler le chronomètre sur dix minutes. Va dans ta chambre. Quand tu reviendras, nous verrons comment vous pouvez partager le seau. »

Rachel s'en va purger un isolement temporaire.

Colères

Gaël, 6 ans, sait qu'il ne doit pas jouer avec sa raquette de tennis dans la maison, mais, pensant que ses parents ne le verront pas, il transgresse l'interdit et décide de frapper dans sa balle molle. Son père lui demande d'arrêter. David s'exécute temporairement mais, dès que son père regarde ailleurs, il recommence. Son père voit son manège et applique une conséquence logique. Il confisque la raquette pour le restant de l'après-midi.

Gaël se plaint et proteste, mais son père tient bon. Il décide donc de jouer la carte de la comédie. Il se jette au sol et pique une bonne vieille colère bien sonore avec cris et pleurnicheries.

« Je ne vais pas céder », se dit son père. Il attrape Gaël, l'emmène dans sa chambre et lui dit : « Je vais régler le minuteur sur douze minutes. Si tu es calmé au bout des douze minutes, tu pourras sortir. Si ce n'est pas le cas, tu resteras dans ta chambre jusqu'à ce que tu sois calmé. » Cette colère n'aura pas porté ses fruits.

Utiliser l'isolement temporaire hors de la maison

Combien de fois avez-vous vu des enfants supplier qu'on leur achète des jouets ou autre chose à la caisse d'un magasin, puis trépigner ou piquer une colère si les parents refusent ? Les enfants savent que nous sommes vulnérables hors de la maison. Ils se demandent si les règles sont toujours en vigueur et ce qu'il adviendra s'ils décident de nous tester. Heureusement, l'isolement temporaire est également efficace en dehors de chez vous, mais vous devrez modifier l'exécution de la procédure. Voyons comment gérer certaines situations difficiles.

Les enfants savent que nous sommes vulnérables hors de la maison. Ils se demandent si les règles sont toujours en vigueur et ce qu'il adviendra s'ils décident de nous tester.

Au centre commercial

La maman de Sandrine redoute d'aller au centre commercial car sa fille de 4 ans saute souvent du chariot pour courir dans les allées. Elle gère alors ces situations à l'aide d'un isolement temporaire. Elle en explique le principe à Sandrine dans la voiture, en allant vers le centre commercial.

« Sandrine, pendant tout le temps que nous passerons dans le centre commercial, il faudra que tu restes près de moi. Je ne veux pas que tu coures dans les allées ou que tu te caches derrières les rayons de vêtements. Si tu fais cela, tu auras le droit à un isolement temporaire de cinq minutes. »

« Un isolement temporaire dans le centre commercial ? Comment elle va faire ? » se demande Sandrine.

Elle connaît le meilleur moyen de le savoir. Elle n'est pas dans le centre commercial depuis cinq minutes qu'elle décide de tester le plan de sa maman. Une fois celle-ci occupée à parler avec un vendeur, Sandrine s'échappe dans les allées.

« Excusez-moi, dit la maman de Sandrine au vendeur. Y a-t-il en endroit au calme où je pourrais m'asseoir avec ma fille pendant cinq minutes ? » Le vendeur montre du doigt un coin repos à proximité des toilettes.

Une fois Sandrine et sa maman parvenues au coin repos, cette dernière dit : « Tu vas devoir rester là dans le calme pendant les cinq prochaines minutes. » Pas de sermon enflammé, ni de menaces, ni de réprimandes. La maman ne répond à aucune question ou ne réagit à aucun commentaire de Sandrine.

« Hé, ce n'est pas marrant se dit Sandrine. Je préférais l'ancienne méthode, quand maman me courait après et se fâchait. » Cinq minutes passent.

« Es-tu prête à rester à côté de moi, maintenant ? demande sa maman.

– Oui, » dit Sandrine. Et c'est ce qu'elle fait.

Sandrine et sa maman devront peut-être répéter cette procédure plusieurs fois avant que Sandrine ne soit convaincue de la fermeté avec laquelle sa mère fait respecter sa règle, mais la fillette retiendra sans aucun doute la leçon. Sa mère dispose d'un nouvel outil pour rendre les courses plus agréables.

Au supermarché

Radoine, 3 ans, est un rapide. Il adore aller au supermarché avec sa mère. Quand elle passe dans un rayon où il voit une chose qu'il aime, il l'attrape et la jette dans le chariot. Cela amuse beaucoup Radoine, mais pas du tout sa mère. Elle décide d'adopter une nouvelle technique.

Alors qu'ils sont en voiture sur le chemin du supermarché, elle dit la chose suivante :

« Tu ne dois pas prendre les produits dans les rayons sauf si je te le demande, dit-elle. Si tu prends des choses sans ma permission, tu auras droit à un isolement temporaire. »

Radoine entend les mots mais ne les croit pas. « Comment elle va faire ? » se demande-t-il. Alors qu'ils se dirigent vers le rayon des céréales, il décide de le découvrir. Il attrape un paquet de ses céréales préférées et le jette dans le chariot.

« Excusez-moi, dit la mère de Radoine à un employé du supermarché. Est-ce que je peux laisser mon chariot ici pour quelques minutes ? Je reviens très vite.

– Bien sûr », répond l'employé.

Elle extirpe Radoine du chariot et l'emmène sur un banc derrière les caisses.

« Nous allons rester assis ici pendant quelques minutes, dit-elle. On n'attrape pas des choses dans les rayons », répète-t-elle. Elle n'ajoute rien pendant les trois minutes qui suivent. Radoine a obtenu la réponse qu'il cherchait.

Si trois minutes ne semblent pas longues pour un adulte, pour un enfant difficile de 3 ans, c'est une éternité. Il a hâte de retourner dans les rayons, mais, cette fois, il veille à montrer du doigt l'objet dont il a envie et demande la permission avant de l'attraper.

« Merci de faire les choses correctement », dit sa mère, satisfaite.

Radoine et sa mère auront peut-être besoin de répéter l'exercice plusieurs fois avant qu'il ne soit convaincu de respecter la règle sans la tester, mais la méthode employée produira le résultat escompté.

Au restaurant

Natacha, 7 ans, aime aller au restaurant avec ses parents mais elle essaie parfois de rapporter à la maison des objets qu'elle n'a pas le droit d'emporter. Un jour, elle essaie d'attirer l'attention en parlant très fort. Les autres tables la regardent.

« Natacha, parle doucement, s'il te plaît », lui demande sa mère. Mais Natacha n'en fait rien.

« Que va-t-elle faire ? se demande Natacha. Nous ne pouvons pas partir, nous avons déjà commandé. » Son père lui donne le choix entre deux options :

« Natacha, soit tu parles doucement, soit tu as le droit à un isolement temporaire dans la voiture. Que souhaites-tu faire ? » demande-t-il.

« Un isolement temporaire dans la voiture ? Comment va-t-il faire cela ? » s'interroge Natacha. Elle décide de le découvrir en parlant de nouveau très fort. Sans ajouter un mot, le père prend Natacha par la main et se dirige vers la voiture.

« Assieds-toi dans la voiture », dit-il en ouvrant la porte. Il monte ensuite à son tour dans la voiture. « Je te dirai quand l'isolement temporaire sera terminé », dit-il en s'asseyant comme pour faire la sieste. Aucun regard de désapprobation, pas de menaces de la priver de dessert, le silence, uniquement le silence.

« Ce n'est pas drôle », pense Natacha. Une fois les sept minutes écoulées, son père lui demande si elle prête à retourner au restaurant et à coopérer. Elle fait oui de la tête. Il est prêt à exécuter de nouveau la procédure si Natacha décide de le tester une nouvelle fois.

Dans la voiture

Gisèle et Stéphane, âgés respectivement de 7 et 9 ans, s'attrapent et se chatouillent à l'arrière de la voiture pendant que leur mère est au volant. Ils poussent des cris perçants et gloussent, puis Gisèle pousse un hurlement. Leur mère se gare sur le côté.

« Vous ne devez pas jouer à ce jeu en voiture, dit la mère. Si vous recommencez, vous aurez le droit à un isolement temporaire. »

« Dans la voiture ? pense Stéphane. Comment elle va s'y prendre ? »

Les deux enfants coopèrent pendant un moment puis Stéphane pince sa sœur, qui se remet à hurler. La mère se range sur le côté une nouvelle fois.

« Nous ne bougerons pas de là tant que vous ne coopérerez pas tous les deux, dit leur mère. Je vais compter dix minutes avec ma montre. » Les deux enfants se regardent, l'air incrédule.

« Ouah ! Elle l'a vraiment fait », se dit Stéphane. Soudain, l'autorité de sa mère prend tout son relief. Elle est complètement sous contrôle. Dix minutes se passent, dans le calme complet.

« Vous êtes prêts à coopérer ? » demande leur mère. Ils opinent du chef et les voilà repartis.

Questions courantes à propos de l'isolement temporaire

Question : Que dois-je faire quand mon enfant refuse de prendre place dans l'endroit réservé à l'isolement temporaire ?

Réponse : Il s'agit là d'une exploration agressive. Donnez le choix à votre enfant. Soit il va dans sa chambre tout seul, soit vous l'y conduisez et il devra y rester deux fois plus de temps que prévu au départ. Laissez-lui de vingt à trente secondes de réflexion. S'il ne bouge pas, conduisez-le ou portez-le dans sa chambre et doublez la durée de l'isolement temporaire. Votre enfant découvrira rapidement les avantages à se rendre seul dans sa chambre.

Q : Que dois-je faire si mes enfants quittent l'endroit réservé à l'isolement temporaire avant que le délai ne soit écoulé ?

R : Dites-leur de retourner dans leur chambre et remettez le chronomètre à zéro.

Q : Que dois-je faire s'ils en sortent une seconde fois ?
R : Vos enfants essaient de voir si votre discours exige qu'ils mettent un terme à leur comportement répréhensible. Votre mission est de faire en sorte qu'ils s'arrêtent. S'ils refusent de rester dans leur chambre, renvoyez-les pour deux fois le temps initialement prévu et dites-leur que vous n'avez d'autre choix que de les enfermer à clé pendant la durée de l'isolement temporaire. Non, ce n'est ni cruel ni singulier, et cela ne va pas les blesser moralement ou physiquement. Personne ne sera frappé ou humilié. Leur chambre est un endroit sûr et vous ne faites que renforcer votre discours à l'aide d'une action efficace. Quand vous aurez exécuté suffisamment de fois la procédure, vos enfants accepteront la limite fixée et resteront dans leur chambre quand vous leur demanderez.
Q : Que dois-je faire si mon enfant hurle pendant l'isolement temporaire ?
R : C'est généralement de la comédie destinée aux parents, à moins que votre enfant ne libère un trop-plein de frustration. Ne récompensez pas la comédie en lui cédant ou en allant proférer des menaces ou prononcer des sermons dans sa chambre. Patientez. Une fois l'isolement temporaire terminé, accueillez votre enfant.
Q : Que dois-je faire quand mes enfants jettent leurs jouets à travers leur chambre ou y sèment le désordre ?
R : Informez-les qu'ils ne pourront sortir de leur chambre qu'une fois celle-ci rangée. Donnez-leur vingt minutes. S'ils persistent à refuser de ranger leurs affaires une fois le délai écoulé, ne les laissez

pas transformer le problème en lutte de pouvoir. Indiquez-leur calmement que s'ils ne souhaitent pas prendre soin de leurs jouets, ils ne peuvent les garder dans leur chambre. Placez dans une caisse les objets que vos enfants ne veulent pas ranger et mettez le tout en lieu sûr. Dites à vos enfants que vous serez disposé à leur rendre les jouets écartés quand ils seront prêts à en prendre soin. Ils souhaiteront probablement que vous les leur rendiez immédiatement, mais je vous conseille de les conserver pendant au moins une semaine afin de bien faire passer le message.

Q : Que signifie le fait que mon enfant adopte de nouveau le comportement répréhensible pour lequel il vient d'écoper d'un isolement temporaire ?

R : Votre explorateur accrocheur nécessite très probablement plus de données pour être convaincu de votre détermination. Répétez la procédure aussi souvent que nécessaire.

Q : Quand je demande à mon enfant d'aller purger son isolement temporaire, il lui arrive de crier, de m'insulter ou de me parler irrespectueusement pendant qu'il se dirige vers sa chambre. Dois-je ajouter cinq minutes supplémentaires lorsqu'il fait cela ?

R : Non. Votre enfant essaie là de vous entraîner sur la piste de danse. Aussi tentant que soit l'appât, ignorez-le. Si votre enfant va dans sa chambre et y reste le temps prévu, la procédure aura parfaitement fonctionné.

Q : J'ai lu dans un magazine sur l'éducation des enfants que les enfants risquent d'associer leur chambre aux punitions si vous vous en servez comme lieu d'exécution des isolements temporaires. Est-ce vrai ? Si oui, comment éviter cela ?

R : La réaction de votre enfant aux isolements temporaires dépend en grande partie de la façon dont vous l'appliquez. Si vous lui donnez un caractère répressif avec beaucoup de colère, de cris et de remue-ménage, votre enfant associera certainement sa chambre ou la pièce utilisée à un endroit spécial pour les punitions. Si vous exécutez l'isolement temporaire comme conseillé dans le présent ouvrage, à savoir avec fermeté mais dans un climat de respect, ce ne devrait pas être le cas.

Quand vous aurez exécuté suffisamment de fois la procédure, vos enfants accepteront la limite fixée et resteront dans leur chambre quand vous leur demanderez.

Imposer un contrôle physique : le dernier recours

Qu'est-ce que le contrôle physique et comment l'imposer ? Le contrôle physique, comme il est présenté ici, est une méthode non violente qui consiste à stopper le comportement indésirable en évitant qu'il continue. À ne pas confondre avec le fait de frapper, fesser ou faire du mal aux enfants.

Quand les parents doivent-ils recourir au contrôle physique ? Imaginez une ligne qui sépare ces deux types de comportement répréhensible :

1. Le comportement répréhensible qui s'interrompt sans avoir besoin de recourir à la contrainte physique.

2. Le comportement répréhensible qui ne cesse que si vous imposez un contrôle physique.

Si vous exécutez l'isolement temporaire avec fermeté mais dans un climat de respect, votre enfant ne devrait pas associer le lieu où il se déroule à un endroit de répression.

Comment les parents savent-ils que la limite a été franchie ?

Si vos enfants se comportent mal et refusent l'isolement temporaire, ils ont alors dépassé la limite. S'ils n'obéissent pas quand vous leur demandez de mettre un terme à un comportement violent, destructeur ou dangereux pour eux ou les autres, ils ont également passé les bornes. Dans ces situations, les enfants ont besoin d'aide pour retrouver leur sang-froid.

Les enfants difficiles sont les plus susceptibles de parvenir à ces extrémités. Catherine, 7 ans, en est l'illustration. Sa mère a débarqué dans mon cabinet complètement découragée. Cela faisait des années qu'elle cédait face au comportement provocateur et irrespectueux de sa fille. Elle pensait qu'il s'agissait simplement d'un passage qui allait disparaître avec le temps, mais Catherine était de plus en plus effrontée. Leurs conflits se rapprochaient de l'extrémité tant redoutée par sa mère, à savoir la confrontation physique.

Catherine sentait bien que sa mère avait peur de la confrontation physique et s'en servait comme menace afin de la pousser à céder à ses caprices. Et cela fonctionnait ! Le frère cadet de Catherine commençait d'ailleurs à employer la même stratégie.

Nous avons dressé le profil du tempérament de chaque membre de la famille puis étudié la façon dont elle fixait les limites. Comme je le pressentais, Catherine était une enfant difficile réactive et faisant preuve de beaucoup d'intensité dans son comportement. En revanche, sa mère, au verbe bas, était docile et permissive. Nous avons parlé de l'inadéquation entre leur profil respectif et de ce qu'elle pouvait faire pour améliorer les choses avec sa fille. Elle était disposée à apprendre de nouvelles techniques.

Je lui ai montré comment émettre un message clair avec ses mots et utiliser la procédure de vérification afin d'éviter les sempiternels rappels et répétitions. Ensuite, Catherine avait besoin de murs pour mettre un terme à ses comportements indésirables. J'ai présenté à sa mère la procédure de l'isolement temporaire et lui ai montré comment celle-ci fonctionnait.

Il restait une étape importante. La mère de Catherine avait besoin de se préparer à gérer l'inévitable confrontation qui surviendrait quand Catherine réagirait à l'isolement temporaire par un « Tu ne peux pas m'y obliger ! ». Nous avons parlé de l'entrave physique et de son emploi. La mère de Catherine était prête à porter sa fille jusque dans sa chambre si nécessaire. La confrontation a eu lieu le lendemain après l'école. Catherine arrive à la maison portant une nouvelle tenue offerte par ses grands-parents.

« Je sors jouer, annonce Catherine.

– Pas dans cette tenue, dit sa mère. Change-toi d'abord, s'il te plaît.

– Allez, maman », proteste Catherine.

Sa mère tient bon :

« Tu connais la règle, Catherine, dit-elle d'un ton neutre. Il y a les vêtements pour l'école d'un côté et les tenues pour jouer de l'autre. »

Catherine ignore les paroles de sa mère et se dirige vers la porte.

Sa mère utilise la procédure de vérification :

« As-tu compris ce que je t'ai demandé de faire ? » demande-t-elle.

Catherine se tient devant la porte, les mains sur les hanches et regarde sa mère d'un air plein de défiance.

« Je te hais, toi et tes règles stupides, explose Catherine. Je n'irai pas me changer et tu ne peux pas m'y obliger ! » Elle lutte pour passer la porte mais sa mère demeure ferme.

« On dirait que tu as besoin de rester seule dans le calme un moment, dit sa mère. Je vais régler le minuteur sur dix minutes.

– Tu peux le mettre sur deux heures si tu veux, je n'en ai rien à foutre, crie Catherine d'un ton de défi. Je n'irai nulle part et tu ne pourras pas m'y obliger. »

À la stupéfaction de Catherine, sa mère la prend et la porte dans sa chambre. Catherine hurle et se débat en chemin.

Une fois dans la chambre, la mère assied Catherine sur le lit. Celle-ci essaie de foncer vers la porte. L'attrapant par le bras, sa mère dit :

« Tu pourras sortir dans dix minutes si tu as retrouvé ton calme. Sinon, ça prendra le temps qu'il faudra. »

Catherine crie en défiant sa mère. Dès que sa mère lui tourne le dos pour sortir, Catherine se précipite une nouvelle fois vers la porte.

« Je vais t'enfermer à clé pendant dix minutes ou le temps qu'il faudra pour que tu te calmes », dit sa mère.

Catherine hurle des insultes pendant les vingt minutes qui suivent et vérifie de temps en temps si la porte est toujours verrouillée. Elle est toujours fermée à clé. Après cinq minutes de silence, la mère de Catherine ouvre la porte et invite sa fille à sortir si elle est disposée à se changer. À la surprise de sa mère, Catherine est déjà changée, prête à aller jouer. Aucune des deux n'ajoute le moindre mot.

Catherine et sa mère avaient fait un grand pas vers la suppression de leurs danses affreuses et l'établissement d'un équilibre dans leur relation en termes de pouvoir et d'autorité. Il y avait encore du chemin à parcourir. Il a fallu trois autres confrontations cette semaine-là pour que Catherine se rende compte que l'intimidation et le défi ne fonctionnaient plus. À la fin de cette première semaine, Catherine se rendait seule purger ses isolements temporaires et restait dans sa chambre sans sortir jusqu'à expiration du délai.

Résumé du chapitre

Les conséquences sont des outils éducatifs essentiels pour les enfants difficiles. Elles mettent un terme aux comportements indésirables, envoient des signaux clairs sur nos règles et attentes et fixent des limites fermes pour garder les enfants sur le droit chemin. Appliquées avec fermeté, cohérence et de manière respectueuse, les conséquences apprennent aux enfants à nous prendre au sérieux et à coopérer plus souvent.

L'efficacité des conséquences tient à la façon de les employer. Lorsqu'elles sont utilisées dans un climat permissif ou répressif, leur valeur pédagogique est limitée et elles poussent les enfants difficiles à vous tester et à s'engager dans des luttes de pouvoir. Appliquées de manière démocratique, avec fermeté et respect, elles enseignent la coopération en rendant les enfants responsables de leurs choix et comportements.

Chapitre 9

Motiver l'enfant difficile

Les limites définissent le chemin sur lequel nous voulons voir évoluer nos enfants mais ne suffisent pas forcément à inciter les enfants difficiles à emprunter la direction souhaitée. La coopération demeure un acte volontaire. Que pouvons-nous faire de plus pour obtenir leur obéissance ?

Ce chapitre va vous montrer comment faire pencher la balance en votre faveur et inciter votre enfant à coopérer grâce au pouvoir positif des encouragements. Pas d'humiliation ni de reproches pour obtenir la coopération de votre enfant. Pas de corruption ou de récompenses spéciales pour leur faire exécuter les tâches qui leur incombent. Les méthodes sont rapides, efficaces, faciles à utiliser et constituent une solution de remplacement agréable aux séances de motivation par la répression ou la contrainte.

La motivation et la fixation de limites

Imaginez deux chemins devant vous. Sur l'un, votre patron essaie de vous surprendre en flagrant délit de comportement répréhensible et n'a de cesse de vous critiquer, de vous humilier, de vous faire des reproches et d'utiliser la contrainte pour vous faire emprunter la voie qu'il souhaite. Sur l'autre, votre patron essaie de vous surprendre en train de bien agir et utilise souvent les éloges et les encouragements et vous donne des conseils de manière respectueuse. Quel chemin choisiriez-vous ?

Cette question illustre une vérité élémentaire qui s'applique à nous tous, enfants compris. Plus notre chemin est parsemé d'éléments positifs, plus nous sommes susceptibles de l'emprunter, car il fait vraiment envie.

Les limites définissent le chemin sur lequel nous voulons voir évoluer nos enfants mais ne suffisent pas forcément à inciter les enfants difficiles à emprunter la direction souhaitée.

Pour motiver les enfants, la plupart des parents choisissent l'une des deux directions. Ils optent pour une approche positive et recourent aux compliments et encouragements pour susciter le comportement souhaité ou choisissent l'approche négative et essaient d'humilier et de forcer les enfants à coopérer. Il n'existe guère de solutions intermédiaires.

La méthode adoptée par les parents est en grande partie conditionnée par le type de limite imposé. Les parents plutôt inefficaces en termes de fixation de limites sont habitués à être confrontés aux séances de tests et de résistance. Ils s'épuisent, se mettent en colère, s'énervent et finissent par dire des choses décourageantes. Ils partent du principe que le problème est le manque de coopération de la part de leur enfant et non la façon dont ils demandent sa coopération. Messages négatifs et limites inefficaces vont de pair.

En revanche, les parents fixant des limites fermes attendent et exigent la coopération de l'enfant, mais savent que ce dernier est plus susceptible de coopérer si la demande est empreinte de respect. Les messages positifs suscitent la coopération. Messages positifs et limites fermes vont de pair.

Plus notre chemin est parsemé d'éléments positifs, plus nous sommes susceptibles de l'emprunter

Les messages positif et négatif ont des effets très différents sur le comportement des enfants. L'un provoque la coopération, tandis que l'autre génère une résistance. Si notre objectif est d'obtenir la coopération, les messages négatifs sont donc le meilleur moyen de ne pas l'atteindre.

Les messages négatifs favorisent la résistance

Renaud, 9 ans, taquine sa sœur Céline et obtient la réaction souhaitée. Elle hurle pour alerter sa maman, qui se trouve dans la pièce d'à côté. Celle-ci sait très bien ce qui se passe.

« Renaud, j'espère que tu n'es pas encore en train d'embêter ta sœur, dit sa mère. Tu sais que je n'aime pas ça. » Renaud continue de plus belle.

Sa sœur hurle de nouveau. La mère de Renaud entre fâchée dans la pièce et lance une salve de messages négatifs :

« Tu aimes énerver les autres ? lui demande-t-elle. Est-ce que tu crois que ce sont des larmes de joie sur les joues de Céline ? C'est le comportement d'un enfant de 3 ans. Tu voudrais bien grandir un peu et essayer d'être gentil avec ta sœur de temps en temps ?

– Et toi, tu aimes être pénible tout le temps comme ça ? » dit Renaud pour se venger. Leur danse blessante est lancée.

« Ça suffit ! hurle sa mère en guise de réponse. J'en ai marre de toutes tes conneries ! » Elle lui tend un crayon et une feuille et lui demande d'écrire cent fois "Je ne dois pas être insolent avec ma mère". Renaud garde son air de défi.

« Tu ne peux pas m'obliger si je ne veux pas le faire, réplique-t-il.

– Si tu ne le fais pas, tu n'auras pas le droit de jouer ou de regarder la télévision pendant le restant de la semaine ! menace-t-elle.

– Et alors ! Je n'en ai rien à foutre », hurle Renaud, toujours provocateur. Il reste assis les bras croisés alors que sa mère quitte la pièce.

L'idée de départ n'était pas de provoquer son fils afin d'entrer dans une lutte de pouvoir, mais de mettre un terme à son comportement répréhensible et de s'assurer sa coopération, mais elle a utilisé l'une des méthodes les plus radicales pour ne pas atteindre le but fixé. Analysons certaines choses dites par la mère de Renaud afin de pousser son fils à coopérer.

Elle commence par une limite floue et se met en colère face à la réaction prévisible, à savoir plus de tests. Elle essaie ensuite de l'obliger à coopérer en piquant son amour-propre à l'aide de commentaires blessants. L'accent est mis sur sa valeur et ses capacités et non sur son comportement. Le véritable message est le suivant : « Tu es méchant et insensible et je ne m'attends pas à ce que tu coopères. » C'est en effet ce qui se passe. Comment réagiriez-vous si quelqu'un vous disait ce genre de choses ? Est-ce que vous vous montreriez coopératif ? Peut-être si vous êtes du genre docile, mais sûrement pas si vous êtes un individu difficile à gérer. Il est probable que vous vous mettiez alors sur la défensive, que vous résistiez et que vous trouviez un moyen de vous venger. C'est ainsi que Renaud a réagi.

Les messages négatifs sont très ennuyeux car ils blessent, humilient, dévalorisent et mettent l'individu concerné à l'écart. Ils sont souvent perçus comme une attaque personnelle et non comme une tentative de décourager un comportement inacceptable. L'accent est mis sur le mauvais élément et c'est la raison pour laquelle les messages négatifs se retournent contre leur émetteur.

Nos actes sont autant d'enseignements pour autrui. Les méthodes que nous employons représentent une leçon en matière de communication et de résolution de problèmes.

Ne passons pas à côté d'un autre message, plus subtil, qui accompagne ses tentatives négatives de pousser son fils à coopérer. Nos actes sont autant d'enseignements pour autrui. Les méthodes que nous employons représentent une leçon en matière de communication et de résolution de problèmes. En adoptant des méthodes blessantes et coercitives, la mère de Renaud apprend à ce dernier que les énoncés blessants sont une façon acceptable d'inciter autrui à coopérer. Sans en avoir conscience, elle apprend à son fils à adopter le comportement qu'elle combat.

Exemples de messages de motivation

Il existe diverses formes de messages négatifs. Certains sont subtils et transmis via nos méthodes, tandis que d'autres sont explicites et directs, tels que ceux employés par la mère de Renaud dans l'exemple précédent. Tous les messages négatifs véhiculent peu de confiance dans la capacité de l'enfant à faire les bons choix et à coopérer. Ils comprennent tous en filigrane les notions de honte, de reproche et de rejet. Étudions le message sous-jacent dans chacun des cas suivants :

– « Tu ne pourrais pas coopérer pour une fois ? »

Le message sous-jacent est le suivant : « Je ne pense pas que tu puisses coopérer. » Il a pour effet de marginaliser, piquer l'amour-propre, condamner, dévaloriser et humilier.

– « Ça, c'est intelligent ! Pour une fois, montre-moi que tu as un cerveau en faisant le bon choix ! »

Le message sous-jacent est le suivant : « Je n'ai pas confiance dans ta capacité à prendre de bonnes décisions. » Il a pour effet de dévaloriser, piquer l'amour-propre et humilier.

– « Ce serait trop te demander de me montrer un peu de respect ? »

Le message sous-jacent est le suivant : « Je ne m'attends pas à ce que tu me témoignes du respect. » Il a pour effet de condamner et dévaloriser.

– « C'est tout ce que tu peux faire ? » Le message sous-jacent est le suivant : « Tu es incompétent et je ne m'attends pas à ce que tu répondes à mes attentes. » Il a pour effet de piquer l'amour-propre, condamner, dévaloriser et humilier.

– « Ce n'est pas possible ! Tu as fait ce que je t'ai demandé, pour une fois. »

Le message sous-jacent est le suivant : « Je ne m'attends pas à ce que tu coopères. » Il a pour effet de piquer l'amour-propre, gêner, humilier et marginaliser.

– « Vas-y, je t'en prie, continue ! »

Le message sous-jacent est le suivant : « Continue de mal te comporter pour que je te montre qui commande. » Il a pour effet de défier, provoquer, piquer l'amour-propre, condamner, marginaliser et humilier.

– « Je savais que je ne pouvais pas compter sur toi ! »

Le message sous-jacent est le suivant : « Tu es un incapable, sur qui l'on ne peut pas compter. Je n'ai pas confiance en tes capacités. » Il a pour effet de piquer l'amour-propre, condamner, dévaloriser et humilier.

Les messages positifs favorisent la coopération

Victor, 6 ans, entre dans la cuisine quand sa sœur de 4 ans se bute contre lui sans faire exprès. Il la pousse et elle tombe. Leur mère intervient :

« Victor, on ne pousse pas les autres pour les écarter de son chemin, dit-elle d'un ton neutre.

– Elle m'est rentrée dedans, répond Victor.

– Qu'es-tu censé faire quand une personne te rentre dedans ? » demande sa mère.

Victor fixe sa mère d'un air ébahi. « Je ne sais pas, répond-il.

– Tu es censé dire "excusez-moi" et attendre que la personne se déplace, dit sa mère.

– Mais parfois, elle ne bouge pas, souligne Victor.

– Tu as raison, signale sa mère. Dans ce cas, tu dois demander à un adulte de t'aider. Tu as deux bons choix à ta disposition. Que feras-tu la prochaine fois ?

– Je dirai "excusez-moi" et j'attendrai que la personne bouge, répond Victor. Si elle ne bouge pas, je te demanderai de l'aide.

– Bien ! réplique sa mère. Je suis sûre que tu te débrouilleras très bien. Maintenant, que dois-tu dire à ta sœur ?

– Pardon, Karine, dit Victor.

– Merci, Victor », dit sa mère. Elle le serre dans ses bras et lui lance un sourire satisfait.

Les messages positifs nous font nous sentir bien et nous incitent à coopérer. Ils satisfont notre besoin de nous sentir à notre place, réaffirment notre sentiment de compétence et renforcent la confiance en soi nécessaire pour résoudre par nous-même les problèmes difficiles.

La mère de Victor utilise une approche positive afin de pousser son enfant à coopérer. Mais elle doit une grande partie de sa réussite à sa première intervention. Elle commence par un message ferme et empreint de respect qui fixe une limite. Personne n'est accusé ou marginalisé. En quelques phrases courtes, elle crée un climat positif propice à la résolution du problème. Ses paroles d'encouragement ont alors un impact maximal.

Son message est axé sur les choix à la disposition de l'enfant et l'action rectificative et non sur la valeur ou les capacités de Victor. Elle fournit les informations et habiletés dont il a besoin pour se comporter correctement, puis exprime sa confiance en la capacité de son fils à mieux gérer la situation la prochaine fois. Son message est positif et motivant : « Tu en es capable. J'ai confiance en toi. J'attends ta coopération. » Il coopère.

Que ressentiriez-vous si quelqu'un vous disait la même chose ? Auriez-vous envie de coopérer ? Victor l'a fait et la plupart des enfants y consentiraient. Les messages positifs nous font nous sentir bien et nous incitent à coopérer. Ils satisfont notre besoin de nous sentir à notre place, réaffirment notre sentiment de compétence et renforcent la confiance en soi nécessaire pour résoudre par nous-même les problèmes difficiles.

Conseils d'utilisation des messages positifs

La clé de l'utilisation efficace du message positif est la connaissance des éléments à promouvoir. Notre message doit être axé sur nos objectifs éducatifs élémentaires : faire de meilleurs choix, mieux se comporter, coopérer et être autonome. Tous ces éléments favorisent une plus grande attitude responsable.

Inciter l'enfant à faire de meilleurs choix

Il arrive que les enfants se comportent mal parce qu'ils n'ont pas conscience de l'existence d'autres choix, plus efficaces, pour gérer la situation à laquelle ils sont confrontés. Les parents sont dans une position idéale pour aider les enfants à explorer les choix à leur disposition et à opter pour les meilleurs.

Par exemple, Éric, 8 ans, entre dans la maison en courant, très énervé.

« Que se passe-t-il ? lui demande son père.

– Avec Pierre-Yves, on jouait aux billes dans l'allée et il n'a pas arrêté de me charrier. Il a d'abord dit que j'avais une coupe de cheveux de débile et ensuite que j'étais le joueur de billes le plus nul du quartier. Quand je l'ai battu, il m'a dit que c'était de la chance. Et puis il disait "coupe de naze" à chaque point qu'il marquait et ça m'a énervé.

– Qu'as-tu fait ensuite ? interroge son père.

– Je l'ai traité de gros connard et je lui ai jeté une motte de terre, répond Éric. Je ne l'ai pas touché. Je voulais juste lui faire peur. Il est rentré chez lui le dire à sa maman.

– Pourquoi penses-tu que Pierre-Yves te taquinait ? demande son père.

– Parce qu'il aime quand je m'énerve, répond Éric.

– On dirait qu'il a réussi, dit son père. La prochaine fois que Pierre-Yves te cherche, quelle autre réaction pourrais-tu avoir ?

– Je pourrais essayer de l'ignorer, répond Éric, mais ça ne le fera peut-être pas arrêter.

– C'est une bonne solution, dit son père, mais il ne s'arrêtera peut-être pas. Que pourrais-tu faire d'autre s'il ne s'arrête pas ?

– Je pourrais lui dire que je ne jouerai plus avec lui s'il continue de me charrier, propose Éric.

– Tu as deux bons choix à ta disposition, dit son père. Les deux devraient fonctionner la prochaine fois. Penses-tu que tu devrais t'excuser auprès de Pierre-Yves pour lui avoir lancé une motte de terre et l'avoir insulté ?

– Je suppose, dit Éric à contrecœur.

– Je crois que c'est un bon choix », ajoute son père. Éric s'est senti soutenu et encouragé par les messages positifs de son père. Il a pris connaissance des options existantes et s'est dit prêt à réagir différemment la prochaine fois qu'il se trouve dans la situation à l'origine de son énervement.

Les parents sont dans une position idéale pour aider les enfants à explorer les choix à leur disposition et à opter pour les meilleurs.

Inciter l'enfant à mieux se comporter

Faire un choix acceptable est un premier pas important mais encourager l'enfant à s'y conformer est l'objectif éducatif principal. La maman de Pénélope montre comment procéder.

Des amis ont demandé à Pénélope, 7 ans, d'aller à la piscine avec eux, et elle se précipite chez elle pour demander la permission à sa mère. Elle entre en trombe dans la maison alors que sa mère est en train de discuter avec un voisin. Pénélope sait qu'elle ne doit pas les interrompre mais elle est folle de joie et leur coupe la parole.

« Maman, dit Pénélope d'une voix excitée, est-ce que je peux aller à la piscine ? » Elle voit bien à la tête de sa mère que son interruption n'a pas fait un tabac.

« Pénélope, qu'es-tu censée faire quand tu veux me parler alors que je suis en pleine conversation ? demande sa maman.

– Attendre un blanc et dire “excusez-moi”, répond Pénélope.

– Exact, dit sa maman. Maintenant, refais ton entrée. »

Pénélope ressort et entre de nouveau dans la maison. Elle s'approche de sa mère et attend patiemment une pause dans la conversation.

« Oui, Pénélope, dit sa maman. Qu'y a-t-il ?

– Est-ce que je peux aller à la piscine avec mes amis ? demande Pénélope.

– Bien sûr, dit la mère, et merci pour la façon dont tu as procédé pour me demander. » Elle sourit à Pénélope, satisfaite. Pénélope a reçu le message d'une manière très positive. Si elle oublie de nouveau les bonnes manières, sa mère répétera la leçon de la même façon positive. L'approche positive permettra à coup sûr d'obtenir le résultat souhaité.

Faire un choix acceptable est un premier pas important mais encourager l'enfant à s'y conformer est l'objectif éducatif principal.

Inciter l'enfant à coopérer

Pas besoin d'un comportement répréhensible pour encourager l'enfant. À chaque fois qu'il aide, coopère ou apporte sa contribution, c'est l'occasion pour les parents de délivrer un message d'encouragement, ce dernier augmentant la probabilité que l'enfant poursuive dans la voie de la coopération.

Par exemple, Mélanie, 6 ans, et sa sœur de 2 ans prennent leur petit-déjeuner quand le téléphone sonne. Sans qu'on lui demande, Mélanie s'occupe de sa petite sœur pendant que sa mère répond. Cette dernière apprécie son aide et lui fait savoir.

« Merci de t'être occupée de Sarah, dit sa mère. J'apprécie vraiment. J'ai hâte de raconter à ton père comment tu m'as aidée aujourd'hui. » Elle la serre dans ses bras et lui sourit. Mélanie rayonne de fierté. Cela lui fait du bien de sentir que sa contribution est reconnue. La prochaine fois que sa maman sera au téléphone, Mélanie apportera probablement de nouveau son aide.

Quelques mots d'encouragement au moment opportun peuvent avoir un impact fort. Voici quelques messages d'encouragement que les enfants adorent entendre :

« J'aime la façon dont tu as géré la situation. »

« Ta chambre est superbe aujourd'hui. »

« Ton aide a été très précieuse. »

« Excellent travail ! »

« Je savais que je pouvais compter sur toi. »

« J'ai hâte de raconter à ta mère l'excellent travail que tu as fourni. »

Inciter l'enfant à être autonome

En tant que parents, l'une de nos missions les plus importantes est de préparer les enfants à gérer seuls des problèmes et tâches difficiles. Pour cela, il faut leur apprendre les techniques adaptées et se mettre en retrait afin qu'ils aient l'occasion de s'exercer. Les encouragements jouent un rôle important dans le processus car ils offrent aux enfants le courage et le soutien nécessaires pour prendre des risques et agir en autonomie. Lilian, bientôt 4 ans, en est une bonne illustration.

Lilian est installé pour prendre son petit-déjeuner et décide de verser du jus d'orange dans son gobelet. Avant d'essayer, il regarde son père.

« Vas-y Lilian », dit son papa sur un ton encourageant.

Lilian soulève le pichet à deux mains et vise le gobelet avec soin. Il commence à verser le jus d'orange mais le pichet est tellement gros qu'il l'empêche de voir le gobelet. Il renverse un peu de jus d'orange sur la table et repose le pichet d'un air abattu. Son père l'encourage à réessayer.

« Tu avais presque réussi, dit-il. Réessaye, mais, cette fois-ci, mets-le gobelet sur le côté pour que tu puisses le voir plus facilement. »

Il déplace le gobelet et tend le pichet à Lilian.

Lilian semble quelque peu hésitant mais saisit le pichet, vise et verse le jus d'orange. Bingo ! Dans le mille !

« Très bien, Lilian ! dit son père. Je savais que tu pouvais y arriver. »

Lilian est radieux. Il a désormais suffisamment de courage pour le faire seul. Le soutien et les encouragements de son père lui donnent la confiance nécessaire pour maîtriser une tâche difficile.

Résumé du chapitre

Du point de vue de la motivation, il est bien plus efficace de surprendre les enfants en train de bien faire et les encourager à réussir plutôt que de les surprendre en train de mal faire et mettre l'accent sur leur échec. Dans ce chapitre, nous avons étudié deux approches opposées pour inciter les enfants à coopérer. L'approche négative, qui va souvent de pair avec les limites floues, a l'effet inverse de celui prévu avec les enfants difficiles. Elle favorise la résistance et non la coopération et nuit à l'adoption du comportement souhaité.

L'approche positive fondée sur les encouragements est très efficace pour amener l'enfant à coopérer, surtout lorsqu'elle est utilisée avec des limites fermes. Les messages positifs et encourageants font du bien à l'enfant car ils satisfont son besoin de se sentir à sa place, consolident son sentiment de compétence et de confiance en soi et l'incitent à gérer seul des problèmes et des tâches difficiles. Un message encourageant envoyé au moment opportun permet d'obtenir la coopération de l'enfant et non sa résistance (voir le tableau 6).

Savoir sur quoi doivent porter les encouragements est essentiel à l'efficacité de ces derniers. Les messages d'encouragement ont un impact maximal lorsqu'ils sont axés sur l'adoption de meilleurs choix, l'amélioration du comportement, la coopération et l'autonomie.

Tableau 6. Les approches positive et négative pour motiver un enfant

Messages encourageants	Messages décourageants
Suscitent la coopération	Suscitent la résistance et la vengeance
Motivent et responsabilisent	Découragent et humilient
Véhiculent le respect, la confiance et le soutien	Dévalorisent, condamnent et excluent
Donnent naissance à des relations marquées par la coopération	Créent des relations conflictuelles
Satisfont les besoins d'appartenance, de compétence et de confiance en soi	Sont perçus comme une attaque personnelle
Sont axés sur les choix et les comportements	Sont axés sur la valeur et les capacités de l'enfant

Chapitre 10

Enseigner des habiletés – Le mieux, c'est leur montrer

Combien de temps passez-vous à reprendre votre enfant pour le comportement répréhensible prévisible qu'il adopte à plusieurs reprises pendant la semaine ? Sur la route pour aller au centre commercial, quand le téléphone sonne ou lorsque l'on frappe à la porte, quand vous êtes au restaurant, quand vous allez chez des gens, quand vous faites la queue à l'épicerie, pendant les repas, lors des préparatifs pour partir à l'école et quand il rentre de l'école le soir. Ce sont des points de friction prévisibles pour la plupart des enfants difficiles et leurs parents.

Dans chacune de ces situations, vous pouvez certes mettre un terme à ces comportements indésirables grâce à des conséquences naturelles et logiques, mais ces seules conséquences ne vous permettent pas d'enseigner à vos enfants les habiletés nécessaires pour mieux se comporter. Pour sortir du terrain disciplinaire, vous devez passer à l'étape suivante du processus éducatif, à savoir leur enseigner les habiletés dont ils ont besoin pour mieux se comporter en société.

Le présent chapitre va vous montrer comment procéder. Vous allez bénéficier de conseils simples mais très efficaces pour leur apprendre des habiletés sociales. Vous découvrirez ensuite comment mettre en pratique ces principes dans les situations difficiles auxquelles vous êtes confronté dans la semaine. Pour sortir du camp disciplinaire, votre salut passe par la formation efficace de vos enfants aux habiletés sociales.

Informer ne suffit pas

Souvent, les parents pensent que dire à leurs enfants comment gérer une situation difficile équivaut à leur enseigner l'habileté associée. Cela ne revient pas au même pour bon nombre d'enfants. Fournir les informations est une première étape importante du processus d'enseignement, mais les informations seules ne suffisent pas à permettre à de nombreux enfants de maîtriser des habiletés nouvelles ou inconnues. Il faut leur montrer quoi faire et ils ont souvent besoin de s'exercer et d'instructions supplémentaires avant de totalement maîtriser les habiletés que nous tentons de leur enseigner.

Pour sortir du camp disciplinaire, votre salut passe par la formation efficace de vos enfants aux habiletés sociales.

J'ai tiré cette leçon de l'enfant la plus étrange que l'on m'est jamais envoyée. Katia, 6 ans, et sa mère ont débarqué dans mon cabinet avec un dilemme en tête. Chaque matin, Katia partait pour l'école avec un déjeuner soigneusement préparé par sa mère : délicieux sandwichs, chips, fruits, desserts appétissants et boissons. Malheureusement, les morceaux de choix semblaient toujours finir dans les mains d'un autre enfant. Katia rentrait chez elle en larmes.

« Je ne comprends pas, dit sa mère, énervée. Elle sait quoi faire. Je lui ai dit et redit de refuser quand des enfants plus grands essaient de parlementer avec elle pour obtenir le contenu de son panier-repas, mais elle continue de le distribuer. Chaque jour, c'est pareil ! Son institutrice m'a dit qu'elle ne pouvait rien faire si Katia décidait de distribuer son repas. »

Je soupçonnais sa mère d'avoir raison. Katia savait probablement quoi faire, mais je souhaitais le vérifier avec elle. « Katia, qu'es-tu censée faire quand des enfants te demandent de leur donner ton panier-repas ? » ai-je demandé. Elle a répété comme un perroquet les paroles de sa mère.

Les informations seules ne suffisent pas à permettre à de nombreux enfants de maîtriser des habiletés nouvelles ou inconnues. Il faut leur montrer quoi faire.

Sa mère était dans le vrai. D'un point de vue intellectuel, Katia comprenait ce qu'elle était supposée faire, mais il y a une différence entre savoir quoi faire et passer à l'action. L'enseignement de cette habileté n'avait peut-être pas été complet. J'ai donc approfondi la chose.

« Parfois, c'est difficile de dire non aux enfants plus grands », ai-je dit.

Katia a fait oui de la tête.

« J'ai peur, a-t-elle ajouté.

– Exerçons-nous un peu à dire non aux grands, lui ai-je suggéré. Tu pourras peut-être apprendre à te sentir plus à l'aise. » Je souhaitais que Katia voie, entende, ressente et vive la chose demandée par sa maman et exécutée par ses soins.

J'ai divisé l'habileté à acquérir en plusieurs étapes simples puis ai demandé à sa maman de jouer le rôle d'un de ces enfants plus grands. J'ai endossé le rôle de Katia et me suis servi d'un livre pour représenter le panier-repas. Quand sa mère s'est approchée et m'a baratiné pour récupérer mes chips, j'ai dit : « Non, c'est à moi. Désolé, mais je ne souhaite pas négocier. » Nous avons effectué l'exercice plusieurs fois et j'ai montré diverses manières de dire non.

Puis nous avons inversé les rôles avec la maman. J'ai alors joué le rôle de l'enfant plus grand et elle celui de Katia. Sa mère a montré de nombreuses manières de dire non et de conserver son panier-repas.

« À toi de t'exercer maintenant, Katia, ai-je dit. Je serai le grand et tu tiendras ton panier-repas. » Je l'ai encouragée à dire « non » en parlant fort, ce qu'elle a fait mais d'une voix très douce, et à me regarder dans les yeux, ce qu'elle n'a jamais fait. Mais elle a prononcé ce « non » et s'est accrochée au livre.

« C'était un “non” très clair », ai-je souligné. Cela conviendra parfaitement. Essayons de nouveau. »

Nous avons répété l'exercice à de nombreuses reprises. À chaque fois, je l'ai encouragée à dire « non » d'une manière différente afin de trouver la façon qui la mettait le plus à l'aise. Elle a préféré la méthode consistant à prononcer simplement deux mots, « non, désolée », et a découvert qu'elle se sentait mieux si elle ne me regardait pas en disant cela. Sa confiance se renforçait.

« Tu es prête à essayer de le faire à l'école ? lui ai-je demandé.

– Je pense que oui », dit Katia.

J'ai demandé à la mère de Katia d'exécuter plusieurs fois la procédure le matin avant de partir pour l'école et de prononcer des paroles d'encouragement. Nous avons programmé une séance pour faire le bilan de l'opération plus tard dans la semaine. « Comment cela s'est-il passé ? » ai-je demandé quand elles sont arrivées au cabinet pour faire le point. À la fierté qui se lisait sur le visage de Katia, je pouvais deviner que l'opération avait été un succès.

« Ça s'est bien passé, a dit sa mère. L'entraînement a vraiment porté ses fruits. Elle a conservé son déjeuner chaque jour de la semaine.

– Félicitations ! » ai-je rétorqué. Katia avait maîtrisé une habileté importante qu'elle allait pouvoir exploiter dans d'autres situations.

Katia est une enfant docile désireuse de coopérer et de faire plaisir. Elle a décroché des succès rapidement et sans histoires. Les enfants difficiles ont généralement besoin de plus de temps pour maîtriser de nouvelles habiletés et le processus d'apprentissage est bien plus chaotique. Pourquoi ? Parce que les enfants difficiles apprennent les habiletés sociales comme ils se familiarisent avec nos règles, à la dure.

Quand vous commencez à enseigner des habiletés et techniques à votre enfant difficile, il est possible que ce dernier fasse plus de mauvais choix que de bons choix. Ne vous découragez pas. C'est normal. Les enfants difficiles ont besoin de vivre plusieurs fois les conséquences de leurs mauvais choix avant d'être convaincus qu'il est préférable de coopérer. Le processus d'apprentissage est moins harmonieux mais le résultat final reste le même pour tous les enfants.

Les enfants difficiles apprennent les habiletés sociales comme ils se familiarisent avec nos règles, à la dure.

Tous les enfants ont besoin de notre aide pour explorer des choix d'action, diviser l'habileté en morceaux « enseignables », ériger en modèle un comportement acceptable, avoir l'occasion de s'exercer et, surtout, les surprendre en train d'être bons et reconnaître leurs succès. Si vous suivez ces étapes simples et permettez à votre enfant de recueillir les données dont il a besoin, il parviendra au résultat souhaité. Détaillons chaque étape du processus d'acquisition des habiletés.

Explorer les choix

Parfois, les enfants se comportent mal tout simplement parce qu'ils ne connaissent pas l'existence d'autres choix plus efficaces afin de résoudre un problème ou d'adopter un comportement acceptable. Coline, 5 ans, est un bon exemple. Elle est assise à la table de la cuisine en train de dessiner, pendant que son frère cadet Théo la regarde et essaie de participer. Chaque fois que Coline repose un crayon, Théo le prend et gribouille sur sa feuille. Son dessin prend plus de temps que prévu et elle s'énerve. Lorsque Théo attrape un autre crayon, elle le frappe et lui arrache le crayon. Il se met à hurler et leur mère intervient.

« Elle m'a frappé et a pris mon crayon », dit Théo en pleurnichant.

– Il prend tous mes crayons, dit Coline.

– On ne tape pas pour récupérer ses crayons, dit sa mère avec calme. Elle inflige à Coline un isolement temporaire de cinq minutes.

Coline a besoin de faire table rase de ce qui s'est passé mais également d'acquérir de nouvelles habiletés. Une fois l'isolement temporaire effectué, sa mère explore d'autres choix afin de gérer différemment la situation rencontrée.

« Que peux-tu faire d'autre quand ton frère veut jouer avec l'un de tes jouets ? » demande sa mère. Coline la regarde d'un air ébahi parce que taper son frère et arracher le crayon qu'il venait de prendre était la seule solution à laquelle elle avait pensé. Elle n'avait pas d'autres choix au programme. Sa mère lui en suggère donc de meilleurs :

« Tu pourrais lui demander gentiment de ne pas prendre les crayons que tu veux utiliser, dit sa mère. Ça, c'est un bon choix. Tu pourrais aussi lui donner les crayons que tu ne veux pas utiliser. Voilà un autre bon choix. Si Théo ne veut pas, tu pourrais me demander que je t'aide. Tu as trois bons choix à ta disposition, mais si tu frappes Théo, tu recevras toujours un isolement temporaire. Que feras-tu la prochaine fois ?

– Je lui donnerai les crayons dont je ne me sers pas, dit Coline, et je lui parlerai gentiment aussi.

– Excellents choix ! dit sa mère. Maintenant, retourne à la table et redonne à Théo ses crayons. Tu pourras finir ton dessin. » Coline reprend place à table et offre à son frère la moitié des crayons figurant dans la boîte.

« Joli travail ! » lâche sa mère, un sourire aux lèvres.

Parfois, les enfants se comportent mal tout simplement parce qu'ils ne connaissent pas l'existence d'autres choix plus efficaces afin de résoudre un problème ou d'adopter un comportement acceptable.

Comme l'illustre cet exemple, l'exploration des choix en termes d'action est une première étape importante du processus d'enseignement d'une habileté. Elle aide les enfants à prendre conscience des choix à leur disposition et à faire la distinction entre les bons et mauvais choix, tout en préparant le terrain pour le passage aux étapes suivantes.

Du point de vue du développement de l'enfant, l'exploration des choix est plus efficace avec les préadolescents et adolescents car ils disposent des capacités intellectuelles pour envisager les hypothèses existantes et anticiper. La méthode fonctionne bien avec les jeunes enfants mais les parents doivent généralement suggérer la plupart des choix. Vous pouvez mettre en place cette étape après l'application de conséquences ou afin d'apprendre à l'enfant les habiletés permettant de résoudre des problèmes, sans qu'aucun comportement répréhensible ne soit à déplorer. Procédez comme suit :

1. Explorez avec votre enfant, sous forme de questions, les autres choix acceptables existant pour résoudre le problème ou gérer la situation.
2. Passez en revue les conséquences de mauvais choix et de la désobéissance.
3. Encouragez votre enfant à opérer l'un des meilleurs choix.

Par exemple, Tim, 6 ans, rentre à la maison en pleurs parce que l'un de ses amis l'a insulté. Sa mère le réconforte puis passe en revue les choix qu'il aura pour réagir aux insultes à l'avenir.

« Quelles sont les choses que tu peux faire s'il recommence ? demande la mère de Tim.

– Je pourrais le dire à sa mère et il aurait des ennuis, répond Tim.

– C'est une possibilité, dit sa mère, mais ça le rendra probablement furieux et il trouvera sans doute d'autres moyens de se venger. Que pourrais-tu faire d'autre ? demande-t-elle.

– Je ne sais pas, dit Tim, plutôt perplexe.

– Tu pourrais essayer de l'ignorer et voir si cela fonctionne, propose sa mère. Ou tu pourrais lui dire que s'il recommence, tu arrêteras de jouer avec lui ce jour-là. S'il recommence malgré tout, tu pourrais rentrer à la maison. » Tim apprécie ce choix.

« Que feras-tu la prochaine fois ? demande encore sa mère.

– J'essaierai d'abord de l'ignorer, dit Tim. S'il recommence, je rentrerai à la maison.

– Excellents choix, dit sa mère. Exerçons-nous quelques instants. »

Ils répètent la scène plusieurs fois jusqu'à ce que Tim se sente à l'aise.

« Joli travail ! dit sa mère. Je crois qu'il comprendra le message. »

Autre cas : Anne-Charlotte, 10 ans, est en plein isolement temporaire pour avoir frappé son frère. Son papa prend quelques minutes pour passer en revue les choix qu'Anne-Charlotte a à sa disposition pour gérer le problème différemment la prochaine fois.

« À chaque fois que tu frapperas Maxime parce qu'il te taquine, tu écoperas d'un isolement temporaire, commence son père. Comment pourrais-tu gérer la situation différemment la prochaine fois ?

– Je pourrais lui demander d'arrêter, dit Anne-Charlotte, mais il ne m'écoute jamais. Je pourrais aussi essayer de l'ignorer, mais il m'énerve tellement quand il est comme ça !

– Oui, ignorer quelqu'un n'est pas facile, confirme son père, mais ça fonctionne si tu y arrives. Tu pourrais aussi demander mon aide s'il continue de te taquiner après lui avoir demandé d'arrêter. S'il persiste, c'est lui qui devra se soumettre à un isolement temporaire. Tu as plusieurs choix qui sont bons. Que feras-tu la prochaine fois ?

– Je lui demanderai d'arrêter. S'il ne le fait pas, je te demanderai ou je demanderai à maman de m'aider, dit Anne-Charlotte.

– Excellente tactique ! dit son père. Je sais que Maxime t'offrira plein d'occasions de t'exercer ! »

Diviser les habiletés en morceaux « enseignables »

Une partie essentielle du processus d'enseignement est de rendre l'habileté compréhensible pour l'enfant. Il s'agit pour cela de la diviser en morceaux « enseignables » que vous traitez ensuite un par un. Lorsque les parents négligent cette phase, ils rencontrent souvent le type de problème auxquels sont confrontés ceux de Julien dans l'exemple ci-dessous.

Julien, 8 ans, a la manie d'interrompre les autres. Quand il était plus petit, ses parents pensaient que cela passerait avec l'âge. Mais il n'en est rien et cela a même empiré. Les enseignants ont commencé à se plaindre. Les parents de Julien ont estimé qu'il était temps de faire quelque chose.

Ils ont commencé par se plaindre et critiquer Julien à chaque fois qu'il les interrompait. Cela n'a eu aucun effet. Ensuite, ils lui ont demandé de dire « excusez-moi » lorsqu'il voulait attirer leur attention. Rien n'a changé. Julien se contentait de dire « excusez-moi » avant de les interrompre.

Cela ne s'est amélioré qu'à partir du moment où l'institutrice de Julien a recommandé la lecture d'un ouvrage sur la fixation de limites avec les enfants difficiles. Ses parents l'ont lu et se sont rendu compte qu'ils avaient sauté une étape importante du processus d'enseignement des habiletés. Ils ont échafaudé un nouveau plan et convoqué Julien dans le salon.

« Julien, nous souhaitons que tu apprennes à ne pas interrompre les autres, commence son père. Voici les étapes que nous souhaiterions te voir suivre. Pour attirer l'attention d'une personne en train de parler ou occupée, nous aimerions que tu t'approches en silence d'elle et que tu cherches son regard. Puis nous voulons que tu guettes une pause dans la conversation, que tu dises "excusez-moi" et que tu attendes qu'elle te réponde. Lorsqu'elle te regarde, tu peux alors parler. Tu comprends comment cela fonctionne ? »

Julien fait oui de la tête.

« Bien, fait son père, parce que nous allons maintenant nous exercer. Si tu oublies la procédure et nous interromps, nous te demanderons de repartir afin de recommencer de zéro. Si tu nous interromps volontairement, nous te demanderons d'aller dans ta chambre pour un isolement temporaire. C'est clair ? »

Julien fait de nouveau oui de la tête.

Julien a eu pour la première fois l'occasion de s'exercer à utiliser cette nouvelle habileté le soir même. Il arrive en courant dans la pièce, complètement excité, et interrompt la conversation de ses parents. Son père l'arrête avant qu'il ait pu terminer sa première phrase.

« Qu'es-tu censé faire pour attirer notre attention ? » demande son père.

Julien se souvient.

« Maintenant, tu ressors et tu réessayes », indique son père.

Julien sort de la pièce et revient peu de temps plus tard. Il s'approche de ses parents, toujours en train de parler, cherche le regard de son père et attend une pause dans leur conversation. « Excusez-moi », dit Julien. Son père le regarde et sourit. « Merci, dit son père. Que veux-tu nous dire, Julien ? »

Julien et ses parents ont répété l'exercice de nombreuses fois lors des semaines et mois qui ont suivi. Tout ne s'est pas toujours passé sans heurts. Il est arrivé que Julien se mette en colère et manque de respect à ses parents quand ces derniers mettaient un terme à ses interruptions. Ils ont alors systématiquement réagi en lui imposant un isolement temporaire. Au bout de quelques semaines, Julien réussissait plus souvent qu'il n'échouait. Il était sur la bonne voie de la maîtrise d'une nouvelle habileté essentielle.

Une partie essentielle du processus d'enseignement est de rendre l'habileté compréhensible pour l'enfant. Il s'agit pour cela de la diviser en morceaux « enseignables » que vous traitez ensuite un par un.

Définir un modèle de comportement correctif

Les enfants ont parfois besoin de voir, entendre, ressentir et expérimenter l'habileté que nous souhaitons leur apprendre avant de pouvoir la maîtriser. La définition d'un modèle de comportement correctif est une technique simple mais efficace particulièrement adaptée aux jeunes enfants et à ceux qui effectuent leur apprentissage en se frottant aux conséquences de leurs actes. La méthode est concrète, facile d'utilisation et possède diverses applications. Elle peut servir à enseigner les habiletés nécessaires pour résoudre des problèmes, sans qu'aucun comportement répréhensible ne puisse être reproché à l'enfant, ou un comportement correctif acceptable si l'enfant s'est mal conduit.

La définition d'un modèle de comportement correctif est une technique simple mais efficace particulièrement adaptée aux jeunes enfants et à ceux qui effectuent leur apprentissage en se frottant aux conséquences de leurs actes.

Si votre objectif est d'enseigner des habiletés sans que cela ne fasse suite à un comportement indésirable, procédez comme suit :

1. Définissez le modèle de comportement correctif que vous souhaitez voir utilisé par votre enfant.
2. Encouragez votre enfant à « réessayer » d'utiliser le comportement correctif.
3. Assistez aux tentatives réussies et faites-lui part de son succès.

Par exemple, Amandine est une petite fille de 3 ans et demi très précoce qui pense être prête à répondre au téléphone. Vient une première occasion de le faire lorsque sa maman se trouve dans le bain au moment où le téléphone sonne. Amandine décide de répondre.

« Bonjour, c'est Amandine, dit-elle d'une voix gaie. J'ai presque 4 ans. Ma maman est dans la salle de bains. Parfois, elle met beaucoup de temps. Je vais lui dire qu'on l'appelle. » Elle court jusque vers la salle de bains.

« Maman ! crie Amandine, survoltée. Il y a quelqu'un au téléphone. Je lui ai dit que tu étais dans la salle de bains. » Sa mère s'aperçoit que le moment est venu d'enseigner à sa fille une habileté importante.

Une fois sa conversation téléphonique terminée, la mère d'Amandine montre comment répondre correctement au téléphone. « Entraînons-nous à répondre au téléphone, dit sa mère. Quand ça sonne, tu dois dire "Bonjour, vous êtes chez les Mercier". À ton tour d'essayer maintenant. » Elle imite le bruit du téléphone et fait signe à Amandine de répondre.

« Bonjour, vous êtes chez les Mercier, dit Amandine.

– Très bien ! dit sa mère. Fais-le encore une fois. »

Elles répètent l'exercice à plusieurs reprises et, à chaque fois, Amandine le fait parfaitement. « Je pense que tu es prête, déclare sa mère. La prochaine fois que le téléphone sonne et que je ne suis pas disponible, tu pourras décrocher. Je suis sûre que tu le feras très bien. »

Étudions maintenant la seconde utilisation de cette technique. Votre objectif est d'enseigner une habileté corrective après un mauvais comportement de la part de votre enfant. Procédez comme suit :

1. Envoyez un message destiné à fixer une limite ferme.
2. Définissez un modèle de comportement correctif.
3. Encouragez votre enfant à « réessayer » en adoptant le bon comportement.
4. Assistez aux tentatives réussies et faites-lui part de son succès.

Vianney, 6 ans, pousse sa sœur Christine car elle est dans l'entrée et lui barre le passage. Son père intervient. « On ne pousse pas les personnes qui sont sur notre chemin », dit-il. Puis il lui inflige un isolement temporaire.

Une fois l'isolement temporaire terminé, le père de Vianney explore d'autres moyens que celui de pousser les gens pour se frayer un chemin, puis il définit la bonne façon de gérer la situation. « Quand des personnes sont sur notre chemin, on dit "Excuse-moi" ou "Tu peux te pousser s'il te plaît ?". » Il a indiqué un modèle de comportement correctif, puis il fait rejouer la scène à Vianney.

Vianney s'approche de Christine et dit : « Excuse-moi, Christine, je veux passer.

– Merci Vianney, dit son papa, un sourire de satisfaction aux lèvres. Tu t'y es très bien pris ! »

Quelques jours plus tard, la famille s'apprête à sortir de la maison pour aller au supermarché et le père de Vianney surprend ce dernier à utiliser spontanément l'habileté récemment acquise. Il fait un signe de tête approbateur à Vianney et lui sourit, l'air satisfait. « Joli travail ! » ajoute-t-il.

La multiplication des tentatives

L'apprentissage de nouvelles habiletés demande de l'exercice. La multiplication des tentatives est une méthode d'apprentissage simple, concrète et très efficace qui permet aux enfants de s'exercer à maîtriser les habiletés que nous essayons de leur enseigner. La procédure est facile à mettre en œuvre. Après un comportement inadapté mineur, envoyez un message ferme qui fixe la limite, montrez le comportement correctif puis incitez votre enfant à mettre plusieurs fois en pratique le comportement adapté. Votre enfant a tout simplement l'occasion de démontrer qu'il est capable de faire un meilleur choix et de coopérer. S'il décide plutôt de résister, offrez-lui un nombre de choix limité ou passez aux conséquences logiques.

La multiplication des tentatives est une méthode d'apprentissage simple, concrète et très efficace qui permet aux enfants de s'exercer à maîtriser les habiletés que nous essayons de leur enseigner.

Par exemple, Tony, 10 ans, court dans la maison en criant et en riant aux éclats, alors que son petit frère dort. La mère de Tony intervient.

« Tony, ce n'est pas une façon d'entrer dans la maison alors que ton frère fait la sieste, dit-elle. Tu es censé parler à voix basse. Maintenant, tu vas me faire le plaisir de ressortir puis de rentrer normalement, s'il te plaît. »

Tony ressort, puis rentre dans le calme.

« Merci, mon chéri, dit sa mère. J'apprécie cela. » Elle prononce cette phrase à chaque fois que Tony se comporte ainsi spontanément.

Jeanne, 12 ans, ne supporte pas que son père insiste pour qu'elle finisse ses tâches ménagères avant de sortir jouer avec ses amis. Elle termine ce qu'elle a à faire puis se tourne vers son père.

« Est-ce que ta petite esclave peut sortir jouer maintenant ? demande-t-elle d'un ton irrespectueux.

– Pas si tu me le demandes comme cela, répond son père. De quelle façon es-tu supposée me demander l'autorisation ? Recommence. » Jeanne secoue la tête, roule des yeux et regarde son père d'un air impatient.

« Tu as besoin de passer un peu de temps seule pour réfléchir à la manière appropriée de me poser la question ? » lui demande-t-il. Il est prêt à aller jusqu'à l'isolement temporaire si nécessaire. Jeanne se rend compte que toute résistance ne la mènera nulle part.

« Est-ce que je peux aller jouer avec mes amis, maintenant, s'il te plaît ? demande-t-elle.

– Bien sûr, dit son père, et merci d'avoir demandé ainsi. C'est bien mieux. »

Surprendre les enfants à bien faire

Les enfants affichent une motivation naturelle pour l'apprentissage de nouvelles habiletés et aiment que leur réussite soit reconnue par les personnes qui comptent le plus à leurs yeux. Ils n'ont pas besoin de cadeaux, de jouets ou de récompenses spéciales pour progresser. Ils sont déjà désireux de vous montrer ce qu'ils savent faire. L'acquisition d'habiletés est la tâche essentielle dans leur développement à la petite et moyenne enfance. L'un des moyens les plus efficaces de motiver les enfants à apprendre de nouvelles habiletés est aussi l'un des plus simples. Surprenez-les à bien faire et reconnaissez leur réussite. Voyons comment la mère de Vincent s'y prend.

Vincent, 6 ans, voit la voiture de sa mère remplie de courses se garer dans l'allée. Il accourt spontanément pour l'aider à décharger, attrape deux sacs et les rentre dans la maison. Sa mère apprécie son aide et lui fait savoir.

« Tu es vraiment d'une grande aide ! dit-elle avec un sourire satisfait. J'ai hâte de le dire à ton père. » Vincent affiche un air radieux.

Les enfants affichent une motivation naturelle pour l'apprentissage de nouvelles habiletés et aiment que leur réussite soit reconnue par les personnes qui comptent le plus à leurs yeux.

Que pensez-vous qu'il se passera la prochaine fois qu'elle déchargera la voiture pleine de paquets ? Quelle leçon vont tirer ses frères et sœurs de l'attitude de Vincent ?

Autre exemple. La mère de Tania fait beaucoup d'efforts pour que sa fille de 7 ans se tienne mieux à table : prendre de plus petits morceaux, bien mâcher, mettre sa serviette et débarrasser la table à la fin du repas. La progression a été lente mais régulière.

Un soir, après le dîner, Tania se lève de table et commence à rassembler son assiette et ses couverts sans qu'on lui demande ou rappelle. « Joli travail, dit son père. Je suis fier de toi. » Tania rougit, satisfaite de son initiative.

Enseigner des habiletés pour affronter les situations difficiles

Maintenant que vous avez découvert les étapes vous permettant de sortir du terrain disciplinaire, voyons comment les parents les mettent en œuvre afin de se sortir des situations épineuses qu'ils rencontrent tout au long de la semaine : les courses au centre commercial ou à l'épicerie, la visite à des gens, le prétexte du téléphone, le jeu du rapporteur et la dispute entre frères et sœurs, le départ pour l'école le matin et le retour le soir.

Aller au centre commercial ou à l'épicerie

La maman de Nora redoute toujours d'aller au centre commercial avec sa fille de 4 ans car, à chaque fois, celle-ci se comporte mal. Elle s'échappe, se cache dans les rayons et derrière les portants de vêtements, réclame des cadeaux aux caisses et pique des colères lorsqu'elle ne les obtient pas. C'est véritablement épuisant.

Un voisin prête à la mère de Nora un livre qui va lui permettre de faire les courses avec un peu plus de sérénité. Elle le lit et décide d'utiliser les nouveaux outils préconisés.

Le matin avant de partir pour le centre commercial, la maman appelle Nora dans la cuisine et commence à lui enseigner les habiletés dont elle a besoin pour bien se comporter.

« Je voudrais te montrer comment les grands enfants doivent se comporter lorsqu'ils vont au centre commercial ou à l'épicerie, commence sa mère. Premièrement, tu es censée parler sans crier, comme à la maison. Deuxièmement, tu dois rester à côté de moi dans le magasin. Il ne faut pas courir dans les rayons ou te cacher. Si jamais tu t'enfuis ou tu te caches, je devrai te tenir la main ou tu devras rester assise tout le temps dans le chariot. Enfin, tu ne dois pas réclamer des bonbons ou des cadeaux quand on arrive à la caisse. Si tu t'agites ou tu cries, tu auras le droit à un isolement temporaire comme à la maison, mais, si tu coopères, nous fêterons ça. Tu as compris ? » Nora fait oui de la tête. « Très bien. Nous allons nous exercer avant de partir. » Nora et sa mère révisent la procédure et s'exercent plusieurs fois avant de prendre le chemin du centre commercial.

Une fois arrivées au centre commercial, Nora parle doucement et demeure à côté de sa mère pendant toute la durée des courses. « Excellent travail ! » dit sa maman, lui lançant des regards reconnaissants. Tout se passe à merveille jusqu'à ce qu'elles arrivent à la caisse. Nora voit quelque chose qu'elle voudrait bien. Elle demande à voix basse mais, quand sa mère dit « non », Nora commence à faire du tapage, puis se met à pleurer et à piquer une colère.

« Excusez-moi, dit la maman de Nora à la caissière. Est-ce que je peux laisser mon chariot ici ? Je reviens dans quelques minutes pour régler mes achats. » La caissière manifeste son approbation par un signe de tête. La mère de Nora prend sa fille par la main et se dirige vers la voiture. Pas d'humiliation ni de reproches. Elle ne dit absolument rien. Une fois parvenues à la voiture, elle informe Nora qu'elle a cinq minutes, ou plus si nécessaire, pour se calmer et retrouver son sang-froid. Elle prend un magazine et commence à lire. Au bout des cinq minutes, Nora et sa maman reviennent dans le magasin, règlent leurs achats et partent. « Ça s'est beaucoup mieux passé, dit sa maman. Ton comportement a été très bien cette fois-ci. »

À table ce soir-là, la maman de Nora raconte que leur visite au centre commercial s'est bien mieux passée que d'habitude. Elle n'évoque pas la colère piquée dans la file d'attente.

« Bien ! dit son papa. Je savais que tu pouvais le faire. »

Nora est radieuse.

Son comportement au centre commercial et à l'épicerie s'améliore un peu plus à chaque sortie. Il lui arrive de n'avoir aucun comportement répréhensible. Parfois, elle doit rester assise dans le chariot ou aller dans la voiture pour un isolement temporaire. La maman fête toujours les succès de Nora en lui faisant part de sa satisfaction et applique des conséquences si nécessaire, mais ne redoute plus de sortir avec sa fille.

Rendre visite à des gens

Quand les parents de Luc vont chez quelqu'un, leur fils de 5 ans se conduit comme un petit sauvage. Il court partout et crie, dit des gros mots qui lui sont interdits à la maison et fait son intéressant à table à coups de bruits lorsqu'il boit. Le comportement de Luc est gênant. Ses parents sont bien décidés à y mettre un terme. Avant de partir chez sa tante Alice, ils s'assoient avec Luc et parlent des règles à respecter pour que tout se passe bien. « Chez tante Alice, tu devras parler doucement et marcher dans la maison, pas courir. Si tu cries ou tu cours, tu devras t'isoler pour te calmer. À table, nous voulons que tu te comportes comme à la maison. Ne fais pas ton intéressant ou des bruits bizarres. Si tu fais cela, nous te demanderons à chaque fois de sortir de table. Tu as compris ? » Luc fait oui de la tête.

« Ils ne sont pas sérieux pense Luc. Ils vont me courir après et se plaindre comme d'habitude. »

Une fois chez tante Alice, Luc met tout de suite ses parents à l'épreuve. Il court dans la maison en poussant des cris comme un cow-boy qui rassemble le troupeau. D'une voix calme, ses parents lui demandent de retourner dans la voiture puis de refaire correctement son entrée. Il obtempère.

« Merci, dit sa mère. C'était bien mieux. » Sa tante le remercie également.

« Qu'est-ce qui leur a pris ? » se demande Luc.

Une heure plus tard, Luc décide de faire l'intéressant devant ses cousins en parlant comme un charretier. Quand son père l'entend, il l'envoie dans la buanderie pour un isolement temporaire de cinq minutes.

« Jamais je n'aurais pensé qu'il ferait ça », se dit Luc. Il revient ensuite jouer avec ses cousins en employant un langage moins fleuri.

Tout se passe bien jusqu'au milieu du dîner, moment que choisit le cousin de 7 ans pour faire l'idiot. Luc ne peut résister à la tentation de faire des bruits bizarres. Aussitôt, sa mère lui demande de quitter la table et d'aller passer cinq minutes seul dans la buanderie. Elle met le chronomètre de sa montre en route.

« Ce n'est pas marrant », pense Luc. Une fois les cinq minutes écoulées, Luc reprend place à table et coopère pendant le restant du dîner. La soirée se poursuit parfaitement bien. Sur le chemin du retour, Luc s'attendait à entendre les reproches habituels sur son comportement et la honte faite à ses parents, mais il n'en a rien été. Ils ont plutôt mis l'accent sur toutes les choses positives dans son comportement. Ils n'ont pas évoqué les isolements temporaires. « Oui, ça s'est beaucoup mieux passé », étaient d'accord pour dire ses parents. Ils ont remercié Luc de sa contribution.

Les parents de Luc ont utilisé cette approche lorsqu'ils se sont rendus chez d'autres personnes pendant les mois qui ont suivi. Avant chaque visite, ils ont passé en revue les règles et attentes pour que tout se passe bien et ont exprimé leur fierté pour tous les progrès réalisés par Luc. Ils ont également fait le point sur les conséquences appliquées en cas de comportement répréhensible de la part de leur fils. La conduite de Luc s'est régulièrement améliorée. Ses parents ont commencé à apprécier de l'emmener chez d'autres personnes.

Le prétexte du téléphone

Avez-vous remarqué que, dans bon nombre de foyers, la sonnerie du téléphone s'apparente à un signal qui pousse les enfants à mal se comporter ? Ils jouent ou mangent sereinement, puis, lorsque le téléphone sonne, un phénomène étrange se produit. Il leur faut satisfaire soudainement des besoins qui n'existaient pas quelques secondes avant. Ils pleurnichent, font du raffut et exigent l'attention pleine et entière de leurs parents. C'est ce qu'Aline vivait à chaque fois que le téléphone sonnait chez elle. Elle suppliait ses enfants de la mettre en sourdine, leur lançait des regards furieux, leur criait après et les menaçait de confisquer leurs jouets et de les priver de télévision.

La situation ne s'améliorait pas, jusqu'au jour où Aline a décidé d'opter pour une nouvelle approche. Un matin, au petit-déjeuner, elle annonce : « Je voudrais vous montrer ce que vous êtes censés faire lorsque le téléphone sonne. Vous devez vous parler à voix basse. Si vous voulez attirer mon attention, levez la main calmement et je vous parlerai dès que j'aurai raccroché. Si vous m'interrompez, je vous enverrai dans votre chambre pour un isolement temporaire. C'est bien clair ? Maintenant, dites-moi ce que vous êtes supposés faire lorsque le téléphone sonne. »

Les enfants ont répété ses instructions, puis, ensemble, ils se sont exercés plusieurs fois.

« Joli travail ! dit Aline. C'est exactement ce que je veux que vous fassiez désormais. »

La première occasion de mettre en pratique les recommandations d'Aline survient moins d'une heure plus tard. Le téléphone sonne et Albane, 3 ans, se met à hurler. Aline est sur le point d'interrompre sa conversation et d'infliger un isolement temporaire à Albane quand Lucas, son frère de 5 ans, intervient et conduit Albane dans une autre pièce.

« Merci, Lucas, dit Aline, une fois sa conversation téléphonique terminée. J'ai hâte de raconter à ton père comme tu m'as bien aidée aujourd'hui. »

Lucas est fier de lui.

Aline a continué d'utiliser cette approche dans les semaines et mois qui ont suivi. Lucas, son fils de 5 ans particulièrement docile, a saisi très vite le principe. Pour Albane, en revanche, il a fallu beaucoup d'isolements temporaires et d'entraînement, mais ses succès ont commencé à devenir plus nombreux que ses échecs.

Avez-vous remarqué que, dans bon nombre de foyers, la sonnerie du téléphone s'apparente à un signal qui pousse les enfants à mal se comporter ?

Jouer au rapporteur

Mélodie, 8 ans, a l'habitude de venir rapporter à ces parents ce qu'ont fait son frère et sa sœur. Ses parents en ont marre de jouer constamment le rôle d'arbitres dans leurs disputes. Ils décident donc d'expérimenter une nouvelle approche. Ils prennent place à table avec Mélodie et lui font part de leur nouveau plan :

« Nous souhaitons t'aider à mieux résoudre les problèmes avec Christian et Carole, commence sa mère. Quand ils font des choses mal, nous voulons que tu leur demandes d'arrêter avant de venir nous voir. Si tu viens d'abord nous voir, nous te renverrons vers eux. S'ils ne coopèrent pas quand tu leur demandes gentiment, là, nous serons heureux de t'aider. »

Mélodie a l'occasion de mettre en pratique la nouvelle habileté plus tard au cours de cette même journée. Son frère lui emprunte ses feutres sans lui demander la permission. Elle court le dire à sa maman.

« Christian m'a pris mes feutres sans me demander, dit Mélodie.

– Lui as-tu demandé de te les rendre ? demande sa mère.

– Il ne m'écoutera pas, répond Mélodie, dans l'espoir que sa mère s'en mêle.

– Moi non plus, réplique sa maman, tant que tu ne lui auras pas demandé d'abord. » Mélodie ressort de la pièce et ne revient pas. Quand sa maman va voir ce qu'il en est, elle voit la boîte de feutres posée comme d'habitude sur le bureau de Mélodie.

Ses parents ont utilisé cette approche fréquemment dans les semaines qui ont suivi et ont commencé à percevoir un changement. Mélodie venait moins souvent rapporter. Un jour, sa mère a vu Mélodie demander à Carole d'arrêter de l'embêter et celle-ci coopérer.

« Tu as très bien géré la situation avec Carole ! a souligné sa mère. Je suis fière de toi. » Mélodie a répondu par un sourire. Elle faisait de gros progrès en matière de résolution des conflits sans l'aide de ses parents.

Le retour de l'école

Les transitions au cours de la journée, telles que le départ pour l'école le matin ou le retour de l'école le soir, demandent de la part des enfants des habiletés que certains parents ne se donnent pas la peine d'inculquer. J'ai été l'un de ces parents à avoir compris la leçon.

J'arrivais chaque jour à la crèche de mes fils vers les 17 heures et j'assistais à un événement étonnant. Quand ils me voyaient arriver, ils se jetaient dans mes bras, puis, sans qu'on leur demande, ils allaient ranger soigneusement dans leurs boîtes et sur une étagère les objets qu'ils étaient en train d'utiliser ! Puis ils récupéraient leur sweat-shirt et leur panier-repas et nous partions.

Je n'étais pas le seul parent qui assistait, admiratif, à cette scène. À plusieurs reprises, j'ai entendu des parents dire : « Ah, si mon enfant pouvait faire ça à la maison ! » Mais tous les enfants procédaient ainsi, et tous les jours !

Vu la fierté qui se lisait sur leur visage, cette routine gratifiante leur donnait le sentiment d'accomplir la mission qui leur avait été assignée. Ils se sentaient utiles et capables et ils rayonnaient de fierté quand leur éducatrice les remerciait.

Quand nous rentrions à la maison, mes fils reprenaient leurs habitudes comportementales. Ils jetaient leur sweat-shirt au sol, posaient leur panier-repas n'importe où et filaient vers la cuisine pour goûter. D'après vous, qui ramassait les sweat-shirts, les paniers-repas et rangeait le fouillis qu'ils laissaient dans la cuisine ? Exact : maman et papa ! Nous passions aux alentours de vingt minutes chaque jour à ranger derrière eux. Cela commençait à nous énerver.

Un jour, après être une nouvelle fois tombé sur leur petit fouillis, j'ai décidé de les exposer au problème. « Qu'est-ce qui se passe les gars ? ai-je demandé. Vous ne semez pas une pagaille comme ça à l'école.

– Bien sûr que non, papa, a répondu mon fils aîné, Scott. Ils ne nous laissent pas faire. »

J'étais prêt à dire « Mais, nous non plus à la maison ! », mais c'était faux. J'ai constaté que le personnel de la crèche faisait une chose que nous ne faisions pas : faire part clairement de ses attentes et apprendre aux enfants à ranger seuls leurs affaires.

Ce soir-là, une fois les enfants au lit, j'ai fait part des commentaires de Scott à ma femme. Nous sommes convenus qu'il était temps que nos garçons apprennent à ranger leur désordre. J'ai fabriqué des étagères dans le placard de l'entrée, afin qu'ils puissent disposer d'un endroit où ils pourraient placer une boîte contenant leurs affaires, comme à l'école. Une fois le placard aménagé et les boîtes prêtes, nous avons tenu un conseil familial.

« Les gars, maman et moi souhaitons vous parler de nouvelles règles, ai-je annoncé. Nous allons commencer à faire des choses que vous faites déjà à l'école. Nous avons fabriqué et disposé des boîtes dans le placard de l'entrée. Quand vous rentrerez de l'école, votre mission sera d'y mettre vos sweat-shirts et panier-repas. Quand vous aurez fini de goûter, vous devrez ranger le désordre que vous aurez mis, c'est-à-dire mettre vos ordures dans la poubelle et les verres et les assiettes dans l'évier. C'est compris ?

– Qu'est-ce qui se passera si on oublie de le faire ? a demandé Scott.

– Ça ne devrait pas arriver, a répondu ma femme. Vous y pensez toujours à l'école. Mais, si vous oubliez, nous vous le dirons et vous n'aurez pas le droit de jouer tant que ce ne sera pas fait. »

Je m'attendais à ce qu'ils testent les nouvelles règles, mais quand nous sommes rentrés le lendemain, Scott a suspendu son sweat-shirt, placé son panier-repas sur l'étagère et s'est dirigé vers la cuisine pour goûter. Une fois terminé, il a rangé. Ian a suivi l'exemple de son frère, mais il a toutefois fallu le pousser à plusieurs reprises.

« Cela a été facile », me suis-je dit. Puis, je me suis rendu compte que les éducatrices leur avaient déjà enseigné l'habileté en question. J'avais le beau rôle : veiller à ce qu'ils demeurent responsables et qu'ils respectent les consignes.

Les tests auxquels je m'attendais ne sont intervenus que la semaine suivante, une fois atténué le caractère nouveau de l'espace de rangement, à moins qu'ils n'aient vraiment oublié, comme Scott en a évoqué l'éventualité. Quoi qu'il en soit, il nous a suffi de dire « Et votre sweat-shirt, c'est là qu'il se range ? » ou « Vous ne jouerez pas tant que vous n'aurez pas rangé vos affaires » pour qu'ils obtempèrent. Grâce à leur crèche, nos garçons ont appris à ranger leurs affaires et cette habitude est maintenant bien ancrée. Ils nous testent certes de temps en temps, surtout Ian, et il arrive que tombent des conséquences logiques, mais les garçons ont assimilé la règle selon laquelle le rangement de leurs affaires est de leur responsabilité et non de la nôtre.

Les transitions au cours de la journée, telles que le départ pour l'école le matin ou le retour de l'école le soir, demandent de la part des enfants des habiletés que certains parents ne se donnent pas la peine d'inculquer.

Résumé du chapitre

Dire aux enfants quoi faire est différent de leur enseigner l'habileté correspondante. La divulgation des informations est une première étape importante du processus, mais ces seules données ne permettent pas à nombre d'enfants de maîtriser une habileté. Il faut leur montrer et ils ont souvent besoin de s'exercer et de recevoir des instructions supplémentaires avant de maîtriser totalement les habiletés que nous essayons d'enseigner. Au début, les échecs sont plus fréquents que les succès.

Pour sortir du terrain disciplinaire, vous devez passer à l'étape suivante du processus d'éducation, à savoir enseigner les habiletés dont votre enfant a besoin pour se comporter différemment, lui offrir les occasions de s'exercer, le surprendre en train de bien faire et reconnaître ses réussites.

Chapitre 11

Les changements peuvent-ils intervenir rapidement ?

Résoudre rapidement notre problème ? C'est une perspective très séduisante. Nous voulons tous que le comportement de nos enfants s'améliore aussi vite que possible, mais admettons tout de même que les conduites néfastes ne sont pas apparues du jour au lendemain. Corriger le tir et inculquer les bons principes prend du temps, non seulement pour les enfants, mais également pour les parents.

D'un point de vue intellectuel, vous admettrez peut-être que les méthodes apprises dans cet ouvrage vous permettront d'opérer le type de changement souhaité, mais vous ou votre enfant ne serez pas forcément à l'aise face à ces nouveaux outils éducatifs. Votre enfant sera susceptible de résister et vous serez probablement tenté de céder à l'envie irrésistible de reprendre vos vieilles habitudes.

Les sources de résistance seront probablement multiples : vos enfants, les autres membres de la famille et, surtout, vous-même.

Ce chapitre va vous préparer aux changements qui s'annoncent, en vous permettant de mieux comprendre le processus, d'apprendre à faire face à la résistance, de développer des attentes réalistes et de reconnaître votre besoin de soutien pour rester sur le bon chemin

Ce qui vous attend

Quand vous commencerez à appliquer les méthodes présentées dans ce livre, vous mettrez rapidement un terme aux comportements répréhensibles, mais modifier les croyances de votre enfant à propos de vos règles prendra du temps. En attendant, vous serez sans doute d'abord confronté à un accroissement des tests et de la résistance de la part de votre enfant. Ne vous inquiétez pas : c'est temporaire et tout à fait normal. Ce n'est pas le signe que vos méthodes sont inefficaces. Cela signifie simplement que votre explorateur accrocheur doit recueillir beaucoup de données. La phrase de « recyclage » initiale, qui dure généralement de huit à douze semaines, est une période pendant laquelle votre enfant recueille énormément de données. Accrochez-vous, faites preuve de constance et de cohérence. Laissez le processus d'enseignement et d'apprentissage se dérouler normalement.

Après tout, les croyances de votre enfant sur vos règles et la façon dont vous êtes censé vous comporter reposent, la plupart du temps, sur des années d'expérience. Votre enfant n'est pas susceptible de modifier du jour au lendemain des croyances bien ancrées simplement parce que vous dites que des choses vont changer. Votre histoire commune joue dans ce cas contre vous. Les enfants devront vivre ces évolutions sur une durée assez importante avant de modifier leurs croyances et d'accepter les changements opérés.

Les croyances de votre enfant sur vos règles et la façon dont vous êtes censé vous comporter reposent, la plupart du temps, sur des années d'expérience.

Pendant ce recyclage, attendez-vous à ce que votre enfant vous teste souvent et fasse son maximum pour que « vous vous comportiez de la façon dont vous êtes censé vous comporter ». Si vous aviez l'habitude de danser, attendez-vous à ce que votre enfant essaie de vous faire mordre à l'hameçon afin de vous ramener sur la piste de danse. Il vous faudra probablement vous appuyer solidement sur les outils présentés au chapitre 7 afin de stopper la danse avant même qu'elle ne débute.

Les conséquences joueront un rôle important pendant la période de recyclage initiale. Vous devrez y avoir souvent recours afin d'interrompre les luttes de pouvoir, de stopper les comportements répréhensibles et de faire en sorte que votre enfant prenne vos paroles au sérieux. Apprivoisez ces merveilleux outils, ce sont votre « assurance crédibilité ». Plus vous ferez preuve de cohérence entre vos paroles et vos actes, plus votre enfant apprendra rapidement à se conformer à votre discours et à coopérer.

L'exemple de Roxanne en est la parfaite illustration. Ses parents ont suivi l'un de mes ateliers afin d'apprendre à gérer plus efficacement le comportement provocateur et ergoteur de leur fille de 12 ans.

Ils ont vite admis que leur approche était permissive, leurs limites floues et qu'ils appliquaient toujours tardivement des conséquences peu efficaces. Ils se sont assis autour d'une table avec Roxanne et ont annoncé que les choses allaient changer.

« Nous ne te répéterons ou rappellerons plus les choses à faire plusieurs fois, dit son père. Nous le demanderons une seule fois. Il n'y aura pas de disputes, ni de débats, ni de sermons, ni d'éclats de voix. Si tu choisis de ne pas coopérer, nous utiliserons de nouvelles conséquences. » Ils lui ont expliqué les conséquences logiques et l'isolement temporaire.

« J'y croirai quand je le verrai », se dit Roxanne, plutôt sceptique. Au vu de son expérience, elle n'avait aucune raison de prendre leurs propos au sérieux.

Mais les parents de Roxanne ont tenu leur parole. Quand ils lui demandaient de faire quelque chose, ils formulaient une seule fois leur requête, avec fermeté. Quand Roxanne les ignorait ou essayait de parlementer, à savoir la plupart du temps, ils utilisaient la procédure de vérification ou coupaient court à la discussion. Les répétitions et rappels avaient disparu, tout comme les palabres et les débats. Si elle continuait de résister, ils passaient aux conséquences logiques ou à l'isolement temporaire.

Ces méthodes fonctionnaient bien. Pour la première fois, Roxanne était responsable de ses mauvais choix ou comportements répréhensibles et non ses parents. Elle a commencé a à en prendre conscience. Mais ses tests incessants n'ont pas cessé immédiatement.

En fait, sa résistance s'est même accrue pendant le premier mois et les conflits ont presque systématiquement conduit à l'application de conséquences. Elle recueillait beaucoup de données. Quand ses parents tenaient bon, Roxanne faisait des commentaires tels que « Vous n'êtes pas justes ! » ou « Je vous déteste ! » afin d'user et de pousser ses parents à abandonner. Mais c'était en pure perte car ils tenaient bon.

Au bout de six semaines environ de recyclage, les parents ont remarqué un léger changement de comportement chez Roxanne. Elle testait moins et coopérait plus. Elle commençait à être à l'écoute de ses parents et à les prendre au sérieux.

La recrudescence initiale des tests est une phase normale du processus d'apprentissage. Après tout, ses parents lui ont signifié que les règles avaient changé. Comment pouvait-elle savoir s'ils étaient sérieux sinon en testant les nouvelles règles ? Lors de ces tests, ses parents lui fournissaient les données dont elle avait besoin pour tirer les bonnes conclusions. Leurs nouveaux outils modifiaient son comportement.

Vous pouvez faire pencher la balance en votre faveur en faisant preuve de cohérence, mais ne tablez pas sur une résolution rapide du problème, sous peine d'être déçu.

Modifier le comportement de votre enfant sera la phase facile, mais faire évoluer ses croyances concernant vos règles prendra plus de temps. Combien de temps ? Cela dépend de plusieurs facteurs : l'âge et le tempérament de votre enfant, votre cohérence, votre histoire commune et le volume de données dont votre enfant a besoin de recueillir. Dans le cas de jeunes enfants (entre 3 et 7 ans), votre histoire commune est généralement moins fournie, et les données à recueillir, moins nombreuses. Chez les enfants plus âgés (de 8 à 12 ans), votre histoire commune est plus riche et les données à collecter, plus importantes.

La plupart des parents remarquent une diminution substantielle des tests pendant les huit à douze premières semaines. Avec certains enfants, il faut plus de temps. Vous pouvez faire pencher la balance en votre faveur en faisant preuve de cohérence, mais ne tablez pas sur une résolution rapide du problème, la déception serait au rendez-vous.

Comprendre le processus du changement

Les thérapeutes familiaux et autres spécialistes de l'aide psychosociale s'accordent à dire que les familles essaient de maintenir un équilibre par leur façon de communiquer, de résoudre les problèmes et d'entretenir des rapports avec autrui. Cet équilibre détermine la norme en termes de comportement acceptable, à savoir la façon normale de procéder pour la famille.

Les styles éducatifs répressif, permissif et mixte et les danses familiales entrent souvent dans cette norme. Il s'agit de modèles familiers et acceptés que la plupart des membres de la famille rechignent à abandonner, même s'ils génèrent contrariété et stress. Le bouleversement de ces modèles pousse les membres de la famille à adopter un comportement de résistance et à essayer de rétablir l'équilibre initial. Tout changement, même positif, est source de stress. La résistance est une réaction normale au changement.

Tout changement, même positif, est source de stress. La résistance est une réaction normale au changement.

Les méthodes que vous avez apprises dans ce livre vont mettre un terme aux comportements répréhensibles et interrompre votre danse, mais peuvent aussi perturber l'équilibre familial pendant quelque temps. Attendez-vous à de la résistance de la part de tous les membres de votre famille, y compris vous. En particulier, votre enfant fera probablement tout son possible pour que vous repreniez vos vieilles habitudes. Vous serez sans doute parfois tenté de baisser les bras face à la pression.

Vous ne pouvez modifier le comportement ou les croyances de votre enfant sans afficher la volonté de changer les vôtres.

Comment résister à la pression ? En restant concentré sur vos objectifs et en vous engageant à mener à bien le processus. L'apprentissage des méthodes présentées dans cet ouvrage permet à la fois aux parents et aux enfants de corriger le tir. Les nouveaux outils vous conduiront à la réalisation de vos objectifs, à condition que vous les utilisiez avec cohérence. Vous ne pouvez modifier le comportement ou les croyances de votre enfant sans afficher la volonté de changer les vôtres.

Les changements de premier et second ordre

Il existe généralement deux types de changement au sein d'une famille. Pour les thérapeutes familiaux, il s'agit d'abord du *changement de premier ordre*, qui implique un ajustement temporaire du comportement des membres de la famille, sans influence durable sur leurs croyances concernant les règles familiales. Le changement de premier ordre est bref et superficiel. Si vous l'abandonnez, les vieilles habitudes ressurgissent.

Par exemple, si vous employez les méthodes de ce livre pendant deux ou trois semaines seulement, vous allez mettre un terme au comportement indésirable de votre enfant, mais ce changement temporaire aura peu d'impact sur ses croyances concernant vos règles. Il adoptera probablement de nouveau son ancien comportement dès que vous cesserez d'utiliser les nouvelles méthodes. Pourquoi ? Parce que votre enfant n'aura pas recueilli suffisamment de données, sous forme d'expérience, pour modifier ses croyances. Le processus d'apprentissage n'aura pas été assez loin.

Le changement de premier ordre est bref et superficiel. Si vous l'abandonnez, les vieilles habitudes ressurgissent.

Pour mener à bonne fin le processus et offrir à votre enfant les données dont il a besoin pour modifier ses croyances, vous pouvez passer du changement superficiel au changement de second ordre, à savoir un changement durable qui s'intègre à la façon normale de procéder de la famille. Le changement de second ordre requiert un emploi cohérent de vos méthodes sur la durée.

Vous devriez être sur la voie du changement de second ordre entre le troisième et le sixième mois de ce programme. Vous remarquerez les phénomènes suivants : moins de tests, une coopération plus rapide et un besoin moins marqué de recourir aux conséquences. C'est le signe que vous avez franchi un palier. Les croyances de votre enfant commencent à évoluer. À ce stade, le changement est fragile car l'apprentissage n'est pas terminé. Si vous commencez à vous égarer et à reprendre vos vieilles habitudes, les séances de test reprendront probablement.

En revanche, si vous gardez le cap et restez cohérent, vous et votre enfant devriez atteindre un nouveau niveau de confort et d'acceptation dans les semaines et mois à venir.

Faire face à la résistance

Si vous avez déjà essayé d'abandonner une mauvaise habitude, vous savez que le changement est possible mais rarement facile. Cela demande de la motivation, de la persévérance et, surtout, des attentes réalistes afin de contribuer à faire face au découragement qui vous assaille en cas d'obstacles et d'échecs.

Le changement de second ordre, à savoir un changement durable qui s'intègre à la façon normale de procéder de la famille, requiert un emploi cohérent de vos méthodes sur la durée.

Quand vous commencez à utiliser vos nouveaux outils éducatifs, vous êtes susceptible de rencontrer plus de résistance que de soutien. Les sources de résistance peuvent être multiples : vos enfants et, surtout, votre enfant difficile, votre conjoint et les autres membres de la famille, les amis et vous-même.

À quoi pouvez-vous vous attendre de la part de votre enfant difficile ? Si vous faites preuve d'efficacité, vous n'entendrez probablement pas de commentaires du style « Eh bien, maman, tu as géré ça super-bien ! » ou « Joli travail, papa ! » ou « j'apprécie vraiment ». Vous recevrez plutôt des protestations telles que « Tu es méchant ! » ou « Tu n'es pas juste ! » ou « Je préférais comme tu étais avant ! ». Les encouragements et retours positifs dont vous avez besoin pour vous sentir efficace ne viendront probablement pas de votre enfant.

Les tentatives de changement de méthode peuvent aussi générer une résistance de la part de votre conjoint. Si ce dernier est plutôt réticent, vous devrez peut-être le convaincre en apportant la preuve de votre efficacité. Jouer les modèles est un redoutable outil persuasif. Laissez à votre conjoint l'occasion de vous voir à l'œuvre et obtenir des résultats.

Il arrive que les autres membres de la famille souhaitent de tout leur cœur nous soutenir, mais estiment que leur aide ne doit pas inclure un changement de méthode. C'est le dilemme auquel Barbara a dû faire face. Quand je l'ai rencontrée, elle élevait seule deux enfants de 4 et 7 ans. Sa fille de 4 ans lui donnait du fil à retordre. Barbara devait composer avec sa mère et son ex-mari pour son éducation.

Pour Barbara, le déclic s'est produit en participant à l'un de mes ateliers. C'est là qu'elle a décidé que l'heure du changement avait sonné. Cela faisait des années qu'avec sa fille, elle multipliait les séances de raisonnement, explications, disputes et négociations, en vain. Elle fatiguait. Elle a rapidement admis qu'elle utilisait une approche permissive, reconnu sa danse familiale perpétuelle et l'inadéquation entre ses méthodes et le tempérament de sa fille difficile de 4 ans. Elle avait hâte de démarrer.

Les encouragements et retours positifs dont vous avez besoin pour vous sentir efficace ne viendront probablement pas de votre enfant.

En peu de temps, Barbara a mis un terme au comportement indésirable contre lequel elle luttait depuis longtemps et en a retiré une très grande satisfaction. Elle n'avait cependant pas pris en compte l'influence de sa mère, qui s'occupait de sa fille chaque jour après l'école, ni celle de son ex-mari, qui l'avait un week-end sur deux. Ces deux personnes avaient une approche permissive et aucune ne souhaitait y déroger. Ses enfants, surtout sa fille de 4 ans, testaient plus leur mère après avoir côtoyé leur grand-mère et père. Quand Barbara s'est rendu compte que les changements prendraient plus de temps que prévu, elle s'est découragée.

Vous êtes également susceptible de vous heurter aux influences d'autres membres de la famille au début de l'utilisation de nouveaux outils. Vous n'en contrôlerez pas certaines et, à l'instar de Barbara, il est possible que vous cédiez au découragement. Accrochez-vous. Vous pouvez travailler au corps ceux qui ne vous apportent pas leur soutien. Leur résistance va certes vous ralentir mais ne doit pas vous dissuader d'atteindre vos objectifs à long terme. Vous serez récompensé de votre persévérance.

Les amis, voisins et collègues de travail peuvent également s'avérer une source de résistance. Leur influence est parfois insidieuse. Certains peuvent avoir des croyances solidement ancrées sur la façon d'éduquer les enfants et d'autres, être en désaccord avec vos méthodes et vous donner des conseils spontanés tels que « Une bonne claque, c'est tout ce qu'il mérite ! » ou « Si c'était mon enfant, je le prendrais à part et il entendrait parler du pays ». Ces commentaires sont peut-être faciles à faire de l'extérieur, mais ils ajoutent de la pression et ne valident pas ce que vous essayez d'entreprendre. Les amis et collègues bien intentionnés peuvent être source de découragement.

Le plus gros obstacle au changement vient de nous-même, de par notre lutte contre le désir de reprendre nos vieilles habitudes et d'agir comme nous l'avons toujours fait.

Cependant, pour la plupart d'entre nous, le plus gros obstacle au changement ne vient pas de nos amis ou proches, ni même de nos enfants réfractaires, mais de nous-même, de par notre lutte contre le désir de reprendre nos vieilles habitudes et d'agir comme nous l'avons toujours fait. Les vieilles croyances et habitudes sont difficiles à changer.

Si vous avez toujours été permissif, vous devrez résister à l'envie irrépressible d'essayer de parlementer pour obtenir la coopération de votre enfant, même si vos méthodes ont échoué par le passé. Si vous êtes du genre répressif ou autocratique, vous devrez résister à l'envie d'intimider, de contraindre ou de forcer votre rejeton à coopérer, même si cette méthode n'a jamais porté ses fruits. Si vous êtes adepte de l'approche mixte, vous devrez résister à l'envie d'employer les deux méthodes. La tentation de reprendre les anciennes habitudes est grande.

Accrochez-vous. Restez concentré sur votre objectif et faites-vous aider si besoin est.

Développer des systèmes de soutien

Attendez-vous à de la résistance et à sentir le découragement vous gagner à cause de cette résistance. Si celle-ci devient trop forte, vous aurez peut-être besoin de vous faire aider pour garder le bon cap.

De quel type de soutien aurez-vous besoin ? Probablement l'un des deux types de soutien suivants, voire les deux :

Du soutien pour votre nouveau programme de fixation de limites.

Du soutien pour vous-même quand vous rencontrez de la résistance.

Le soutien pour votre programme peut consister en la mise en adéquation de vos méthodes avec celles des adultes jouant un rôle important dans la vie de votre enfant (enseignants, proches et personnel de crèche). Plus la cohérence est grande, plus le processus de changement est simple pour vous et votre enfant. Les enfants tirent plus rapidement des enseignements lorsque les adultes essentiels dans leur vie leur donnent la même leçon. Révélez-leur vos nouveaux outils éducatifs.

Les parents de Marc ont reçu de la part du personnel de crèche un grand soutien qui a permis à l'enfant de bien se préparer à l'entrée en maternelle. Marc n'avait que 3 ans quand je l'ai rencontré pour la première fois, mais il avait déjà été renvoyé de deux crèches en raison d'un comportement provocateur et agressif.

Les parents de Marc cherchaient désespérément une solution. Son entrée en maternelle était prévue à l'automne, mais ses parents l'imaginaient difficilement vu son comportement versatile. Nous avons immédiatement étudié leurs tempéraments, les approches éducatives et les danses qu'ils adoptaient pour obtenir la coopération de Marc.

Les parents de Marc employaient une approche mixte. Ils commençaient par un mode permissif, avec beaucoup de répétitions et rappels. Quand Marc leur tenait tête, à savoir la plupart du temps, ils se mettaient en colère, criaient et donnaient une fessée.

Je leur ai montré comment démarrer par un message clair, interrompre leur vilaine danse à l'aide de retours au calme et mettre un terme au comportement indésirable de Marc grâce aux conséquences logiques et aux isolements temporaires plutôt qu'avec des fessées. Je leur ai demandé de compter les isolements temporaires infligés à Marc chaque jour afin que je puisse mesurer les progrès réalisés par l'enfant.

Nous avons ensuite essayé d'accélérer le processus d'apprentissage de Marc en développant une cohérence entre ce qui se pratiquait à la maison et ce qui avait cours à l'école. Les parents de Marc ont fait part de leurs nouveaux outils éducatifs au personnel de la crèche, véritablement ravi d'apporter sa contribution et prêt à compter le nombre d'isolements temporaires afin de pouvoir suivre sa progression.

Les enfants tirent plus rapidement des enseignements lorsque les adultes essentiels dans leur vie leur donnent la même leçon.

Comme prévu, Marc a multiplié les tests lors des premières semaines, puis a commencé à montrer progressivement des progrès. Quatre mois après le début du programme, Marc affichait une diminution de 70 % de son comportement provocateur et agressif à l'école, la tendance étant encore meilleure à la maison. Son comportement a continué de s'améliorer dans les mois qui ont suivi. Ses parents ont commencé à voir son entrée imminente à la maternelle d'un œil plus rassuré.

Les éducatrices de Marc ont été d'un précieux soutien pour les parents. La cohérence entre la maison et la crèche, en termes de méthodes, a été pour beaucoup dans les progrès réalisés par Marc.

Si le comportement de votre enfant n'est peut-être pas aussi versatile que celui de Marc et votre désir de changement, pas aussi fort que celui de ses parents, l'implication des adultes essentiels dans la vie de Marc peut s'avérer très utile et contribuer à accélérer le processus de changement.

Obtenir un soutien pour la mise en œuvre de votre programme est parfois très utile mais cela ne suffit pas pour certains parents, qui ont personnellement besoin d'aide pour faire face à la résistance rencontrée. Comment savoir si vous avez besoin d'aide à titre personnel ? Plusieurs facteurs sont à prendre en compte :

1. L'aide de votre conjoint et des autres membres de la famille.
2. Votre motivation et votre volonté d'opérer un changement.
3. L'ampleur de la résistance exercée par votre enfant difficile.
4. La quantité d'antécédents entre vous et vos enfants.
5. Le degré de blocage généré par votre danse.

Les deux premiers facteurs appartiennent à la catégorie du soutien et les trois derniers, à celle de la résistance.

Si vous bénéficiez d'un soutien élevé et subissez une faible résistance, vous êtes face au scénario idéal. Vous serez probablement en mesure de mettre un terme au comportement répréhensible de votre enfant et à vos danses sans recourir à une aide supplémentaire. Si le soutien et la résistance sont tous deux élevés, vous avez peut-être besoin d'aide pour surmonter vos échecs et ne pas céder au découragement. Si l'aide est faible et la résistance élevée, vous avez toutes les chances de vous décourager et d'abandonner. Si vous appartenez à cette catégorie, le soutien personnel sera utile et même essentiel.

Si vous bénéficiez d'un soutien élevé et subissez une faible résistance, vous êtes face au scénario idéal.

Où les parents peuvent-ils trouver cette aide ? Auprès de groupes de soutien, d'ateliers éducatifs et de thérapeutes familiaux.

La fixation de limites est une interaction entre trois facteurs primordiaux : le tempérament de votre enfant, votre propre tempérament et l'approche que vous employez.

Comment passer de la résistance au soutien ? Si vous finissez la lecture de ce livre, il vous faudra peut-être quatre à six semaines supplémentaires avant de pouvoir répondre à cette question. Vous devrez d'abord expérimenter vos nouveaux outils et observer la réaction de votre enfant. Si vous découvrez que vous appartenez à la catégorie des personnes faisant face à une résistance importante, ne perdez pas courage. Vous pouvez atteindre vos objectifs mais vous aurez peut-être besoin d'un soutien personnel pour y parvenir.

Apprécier la récompense finale

Si le présent ouvrage a rempli sa mission, vous devriez disposer des informations et outils nécessaires pour parfaire l'adéquation entre vos méthodes éducatives et le tempérament et style d'apprentissage de votre enfant difficile.

Vous avez conscience que la fixation de limites est une interaction entre trois facteurs primordiaux : le tempérament de votre enfant, votre propre tempérament et l'approche que vous employez. S'il vous est impossible de contrôler le tempérament de votre enfant, vous pouvez le façonner et l'orienter dans la bonne direction grâce à des outils adaptés.

Vous disposez des bons outils et pouvez gérer votre propre tempérament. Vous avez le contrôle de deux de ces trois facteurs et pouvez influer sur le troisième ! Vous êtes désormais en position de changer profondément les choses. Vous vous êtes préparé en prenant conscience du problème. Vous comprenez les obstacles majeurs à un enseignement et à un apprentissage efficaces : les approches répressive, permissive et mixte, les limites floues, la motivation négative et les danses familiales.

Vous avez considérablement enrichi votre boîte à outils éducative. Vous savez comment fixer des limites claires, envoyer des messages clairs, réduire les tests, éliminer les luttes de pouvoir et mettre un terme aux comportements indésirables grâce à des actions efficaces. Vous êtes capable de susciter la coopération de votre enfant à l'aide d'une motivation positive et de lui apprendre les habiletés permettant de résoudre des problèmes s'il est incapable d'accéder à vos demandes.

Vous avez anticipé le processus de changement qui s'annonce, envisagé les nombreux obstacles qui pourraient se dresser sur votre route et savez quoi faire pour les surmonter. Votre préparation est complète. La prochaine étape est de mettre en pratique vos connaissances et nouveaux outils et de commencer à apprécier les fruits de votre travail.

Les récompenses immédiates seront la diminution des luttes de pouvoir et une coopération plus rapide de la part de votre enfant. Vous mettrez fin aux comportements répréhensibles qu'il vous était impossible de gérer auparavant sans vous adonner à toutes ces danses épuisantes et sans offenser votre enfant.

Les récompenses à long terme seront les plus gratifiantes car vous jetterez les bases d'une relation empreinte de coopération et qui vous apportera énormément de satisfaction. Vous enseignerez à votre enfant les habiletés dont il a besoin pour vivre heureux à la maison et réussir sa vie. Bien guidé, votre enfant difficile pourra grandir et devenir une personne responsable, coopérative, respectueuse et dynamique. Alors, posez des limites avec plaisir !

Annexe

Bien démarrer

Je vous conseille de commencer par inculquer les habiletés suivantes (qui diffèrent selon l'âge de l'enfant). J'ai également inclus un exemple de programme destiné à enrichir votre boîte à outils éducative. Ces propositions reposent sur des expériences vécues avec des clients et parents dans le cadre de mes ateliers.

Le rythme d'acquisition de nouvelles habiletés varie d'une personne à l'autre. Choisissez un rythme qui vous convient. Pour certains, il s'agit d'ajouter une ou deux habiletés par semaine au bout de quelques semaines. Pour d'autres, ce sera plutôt trois ou quatre habiletés par semaine, mais je vous mets en garde contre le désir d'enseigner trop de choses trop rapidement. Tout changement, même positif, est source de stress.

Au début, attendez-vous à commettre des erreurs. C'est tout à fait normal. Votre objectif doit être de progresser et non d'atteindre la perfection. Plus vous vous exercerez, plus vite vous maîtriserez les nouvelles habiletés. Si une habileté vous donne du fil à retordre, reportez-vous au chapitre concerné. Prêtez attention au langage employé dans les exemples.

Démarrer avec des enfants de 2 ans	
Semaine 1	
Discours clair	Chapitre 6
Messages positifs	Chapitre 9
Montrer comment procéder	Chapitre 10
Conséquences logiques	Chapitre 8
Semaine 3 ou 4	
Ajouter la multiplication des tentatives	Chapitre 10
Semaine 6 ou 7	
Ajouter les choix limités	Chapitre 7
Démarrer avec des enfants de 3 à 7 ans	
Semaine 1	
Discours clair	Chapitre 6
Vérification, cessation des discussions, retour au calme (choisir les méthodes nécessaires)	Chapitre 7
Messages positifs	Chapitre 9
Conséquences logiques, isolement temporaire	Chapitre 8
Semaine 3 ou 4	
Ajouter la multiplication des tentatives	Chapitre 10
Utilisation du minuteur ou chronomètre	Chapitre 7
Semaine 6 ou 8	
Ajouter les conséquences naturelles	Chapitre 8
Ajouter les choix limités	Chapitre 7
Semaine 10 ou 12	
Ajouter la phase « Montrer comment procéder »	Chapitre 10
Ajouter l'exploration des choix	Chapitre 10
Démarrer avec des enfants de 8 à 12 ans	
Semaine 1	
Discours clair	Chapitre 6
Vérification, cessation des discussions, retour au calme (choisir les méthodes nécessaires)	Chapitre 7
Utilisation du minuteur ou chronomètre	Chapitre 7
Messages positifs	Chapitre 9
Conséquences logiques	Chapitre 8
Procédure de l'isolement temporaire	Chapitre 8
Semaine 4 ou 5	
Ajouter la phase « Montrer comment procéder »	Chapitre 10
Ajouter la multiplication des tentatives	Chapitre 7
Semaine 6 ou 8	
Ajouter les choix limités	Chapitre 7
Semaine 10 ou 12	
Ajouter l'exploration des choix	Chapitre 10
Ajouter les conséquences naturelles	Chapitre 10

Index

Table des matières

Impression et façonnage réalisé en mai 2009 par
Snel (Vottem)
pour le compte d'Ixelles Publishing SA

N° d'impression : 47590
Dépôt légal : 2e trimestre 2009

Imprimé en Belgique